个人信息保护法

条文解读与适用要点

孙　莹/主　编
赵精武/副主编

法律出版社 LAW PRESS · CHINA
北京

图书在版编目(CIP)数据

个人信息保护法条文解读与适用要点 / 孙莹主编. -- 北京 : 法律出版社, 2021
ISBN 978 - 7 - 5197 - 5958 - 2

Ⅰ. ①个… Ⅱ. ①孙… Ⅲ. ①个人信息 - 法律保护 - 法律解释 - 中国②个人信息 - 法律保护 - 法律适用 - 中国 Ⅳ. ①D923.75

中国版本图书馆 CIP 数据核字(2021)第 190420 号

个人信息保护法条文解读与适用要点
GEREN XINXI BAOHUFA TIAOWEN JIEDU YU SHIYONG YAODIAN

孙　莹 主　编
赵精武 副主编

责任编辑 李　群 翁潇潇
装帧设计 汪奇峰

出版发行 法律出版社
编辑统筹 法规出版分社
责任校对 张红蕊
责任印制 张建伟
经　　销 新华书店

开本 A5
印张 10.375　**字数** 280 千
版本 2021 年 10 月第 1 版
印次 2021 年 10 月第 1 次印刷
印刷 三河市龙大印装有限公司

地址:北京市丰台区莲花池西里 7 号(100073)
网址:www.lawpress.com.cn
投稿邮箱:info@lawpress.com.cn
举报盗版邮箱:jbwq@lawpress.com.cn
销售电话:010 - 83938349
客服电话:010 - 83938350
咨询电话:010 - 63939796

书号:ISBN 978 - 7 - 5197 - 5958 - 2　**定价**:46.00 元
凡购买本社图书,如有印装错误,我社负责退换。电话:010 - 83938349

个人信息保护法条文解读与适用要点适用提要

自2018年9月7日首次被列入十三届全国人大常委会立法规划起算，历时三年，《个人信息保护法》终于在2021年8月20日审议通过并自2021年11月1日起施行。在互联网和大数据时代，这部备受关注的法律应时而生，回应了人民群众的呼声，构筑起比较完备的个人信息保护体系，成为我国关于个人信息保护的专门法和基本法。

《个人信息保护法》共8章74条，从一般规定和个人信息处理规则、个人信息跨境提供的规则、个人在个人信息处理活动中的权利、个人信息处理者的义务、履行个人信息保护职责的部门、法律责任等方面对个人信息保护作了全面规定。

一、一般规定和个人信息处理原则

第1章“总则”是本法的一般规定和个人信息处理原则。其中第4条规定，“个人信息是以电子或者其他方式记录的与已识别或者可识别的自然人有关的各种信息，不包括匿名化处理后的信息。”这确定了个人信息的内涵及外延。与《网络安全法》及《民法典》的规定不同，这一定义兼具“识别性”和“关联性”，在外延上较为宽泛，更利于个人信息的保护。此外，这一定义规定匿名化处理后的信息不属于个人信息，与《网络安全法》及《民法典》的规定一致，兼顾了个人信息的保护与合理利用。第4条第2款规定，“个人信息的处理包括个人信息的收集、存储、使用、加工、传输、提供、公开、删除等”，有效地涵盖了个人信息处理的全流程。

第5条至第10条则规定了个人信息处理的各项原则。其中第5条规定了合法、正当、必要和诚信原则，不得通过误导、欺诈、胁迫等方式处理个人信息，与《网络安全法》及《民法典》的规定保持一致，且整体更为完善。第6条规定了目的明确与最小化原则，处理个人信息应当具有明确、合理的目的，并应当与处理目的直接相关。不仅在收集个人信息时范围应最小，在处理方式上对个人权益的影响也应最小，以此约束过度收集个人信息的行为。第7条规定了公开、透明原则，要求公开个人信息处理规则，明示处理的目的、方式和范围，奠定了"告知—同意"规则的基础。第8条规定了信息质量原则，确保个人信息准确完整。第9条规定了安全责任原则，要求个人信息处理者应当采取必要措施保障所处理的个人信息的安全，为后续规定个人信息处理者的义务提供了正当性依据。第10条规定了依法处理个人信息的原则。

此外，为与国际趋势相适应，本法第3条还对本法的域外适用效力作了相应规定。

二、确立"告知—同意"为核心的各项个人信息处理规则

第2章规定了个人信息处理的各项规则。

（一）一般规定

本法第13条规定个人信息处理者处理个人信息应当取得个人的同意，第17条规定个人信息处理者在处理个人信息前，应当以显著方式、清晰易懂的语言真实、准确、完整地向个人告知重要事项。这正式确立了个人信息处理的"告知—同意"规则，对个人信息保护具有重大意义。基于此，本法规定了一系列个人信息处理规则。如第15条规定了个人可撤回同意的规则，第16条规定个人信息处理者不得以个人不同意或撤回同意处理其个人信息为由拒绝提供产品或者服务，第22条规定个人信息处理者因合并、分立、解散、被宣告破产等原因需要转移个人信息的，应当向个人告知接收方的名称或者姓名和联系方式。接收方变更原先的处理目的、处理方式的，应当依照本法规定重新取得个人同意。此外，针对处理敏感个人信息，则规定了更为严格的单独同意规则与告知特别规定事项。

与此同时，第13条还规定了无须取得个人同意即可处理个人信息的六种情形，如为订立、履行合同以及法定职责或者法定义务所必需，在突发公共卫生事件或者紧急情况下为保护自然人的生命健康和财产安全所必需，为公共利益实施新闻报道、舆论监督等行为而在合理的范围内处理个人信息等。这较好地兼顾了个人信息的保护与合理利用。

此外，针对“大数据杀熟”“个性化推荐”之类侵害个人权益的现象，第24条规定个人信息处理者利用个人信息进行自动化决策，应当保证决策的透明度和结果公平、公正；通过自动化决策向个人进行信息推送、商业营销，应当同时提供不针对其个人特征的选项。与此同时，个人有权拒绝个人信息处理者仅通过自动化决策的方式作出决定。在最终审议通过的法条中新增了“不得对个人在交易价格等交易条件上实行不合理的差别待遇”的规定，有力地保护了个人权益。

（二）敏感个人信息的处理规则

鉴于敏感个人信息与个人人格尊严和人身、财产安全密切相关，本法第2章第2节在“告知—同意”规则的基础上对敏感个人信息作了特别规定。第28条对敏感个人信息的定义作了规定，并在最终审议时将不满14周岁未成年人的个人信息列为敏感个人信息。与此同时，第31条还规定，个人信息处理者处理不满14周岁未成年人个人信息的，应当取得其父母或者其他监护人的同意，并且应当制定专门的处理规则，这进一步加强了对未成年人个人信息的保护。

对于敏感个人信息的处理，第28条同时规定，“只有在具有特定的目的和充分的必要性，并采取严格保护措施的情形下，个人信息处理者方可处理敏感个人信息。”此外，依照第29条和第30条的规定，处理敏感个人信息应当取得个人的单独同意，并告知处理敏感个人信息的必要性以及对个人权益的影响。在有法律、行政法规有规定的情形下，还应当取得书面同意。

（三）国家机关处理个人信息的特别规定

本法第2章第3节专门规定了国家机关处理个人信息的特别规定，第33条明确规定，除本节的特别规定之外，国家机关处理个人信息的活动同样适用本法。对于法律、法规授权的具有管理公共事务职能的组织，因履行法定职责需处理个人信息的，依第 37 条规定，适用本法关于国家机关处理个人信息的规定。

国家机关为履行法定职责处理个人信息时的特别规定包括：应当依照法律、行政法规规定的权限、程序进行，不得超出履行法定职责所必需的范围和限度（第 34 条）；在依法应当保密或者不需要告知的情形，或者告知将妨碍国家机关履行法定职责的，处理个人信息可不履行告知义务（第 35 条）；处理的个人信息应当在境内存储，确需向境外提供的，应当进行安全评估，安全评估可以要求有关部门提供支持与协助（第 36 条）。

三、规定了个人信息跨境提供的规则

对于个人信息的跨境提供，本法第 3 章规定了全面而完善的规则。一方面，依第 39 条规定，向境外提供个人信息的，应当向个人告知境外接收方的相关信息和有关个人信息处理的重要事项以及个人向境外接收方行使本法规定权利的方式和程序等事项，并取得个人的单独同意。另一方面，还应具备第 38 条规定的条件之一，即“（一）依照本法第四十条的规定通过国家网信部门组织的安全评估；（二）按照国家网信部门的规定经专业机构进行个人信息保护认证；（三）按照国家网信部门制定的标准合同与境外接收方订立合同，约定双方的权利和义务；（四）法律、行政法规或者国家网信部门规定的其他条件。”我国缔结或者参加的国际条约、协定有相关规定的，可从其规定。

另外，第 40 条规定，对于关键信息基础设施运营者和处理个人信息达到国家网信部门规定数量的个人信息处理者，原则上应当将个人信息存储在境内，确需向境外提供的，应当通过国家网信部门组织的安全评估。

此外，第 41 条、第 42 条和第 43 条还分别对出于司法协助需要向境外提供个人信息、为维护国家安全与发展利益、公共利益和个人利益时可采取的措施等情形作了相应规定。

四、明确个人在个人信息处理活动中的权利

第 4 章规定了个人在个人信息处理活动中的权利。

与“告知—同意”这一核心规则相呼应，本法第44条赋予了个人对其个人信息的处理享有的知情权、决定权，并有权限制或者拒绝他人对其个人信息进行处理。由第17条规定可知，个人享有知情权的事项至少包括个人信息处理者的名称或者姓名和联系方式、个人信息的处理目的、处理方式，处理种类、保存期限等。第45条则规定个人有权向个人信息处理者查阅、复制其个人信息。发现其个人信息不准确或者不完整的，个人可依第46条规定请求个人信息处理者更正、补充其个人信息。对于符合法定条件的，第47条规定了个人的删除权，个人有权请求个人信息处理者删除其个人信息。

此外，在最终审议时，第45条还新增了“个人信息可携带权”的规定，即对于符合国家网信部门规定条件的，个人请求将个人信息转移至其指定的个人信息处理者时，个人信息处理者应当提供转移的途径。这强化了个人对个人信息处理的决定权。

第49条则在二审稿的基础上，完善了近亲属对死者个人信息行使权利的规定。除死者生前另有安排外，近亲属只有在为了实现自身的合法、正当利益的情形下，可以对死者的相关个人信息行使本法第4章规定的查阅、复制、更正、删除等权利。此规定维护的并非死者的个人信息权益，而是其近亲属的合法、正当利益。

为了便于个人实现本章规定的各项权利，第50条规定了个人信息处理者应当为个人行使权利建立便捷的申请受理和处理机制。个人信息处理者拒绝个人行使权利的请求的，个人可以依法向人民法院提起诉讼。

五、全面的个人信息处理者义务

第5章规定了个人信息处理者的各项义务。

为了确保个人信息的安全，第51条规定了个人信息处理者应当采取必要措施确保个人信息安全的义务，并对相应的措施作了列举。第54条还规定了应当定期对其处理个人信息遵守法律、行政法规的情况进行合规审计的义务。

此外，区分不同规模和条件的个人信息处理者，本章对其设立了不同的义务。对于处理个人信息达到规定数量的个人信息处理者，依据第52条规定，应当指定个人信息保护负责人对个人信息处理活动以及采取的保护措施等进行监督。对于大型互联网平台这类个人信息处理者，对其课以更严格的义务的呼声也一直很高，因此，本法二审稿新增了关于大型互联网平台特别义务的规定，经过修改完善，形成了第58条的规定。依据该条文，提供重要互联网平台服务、用户数量巨大、业务类型复杂的个人信息处理者，须按照国家规定成立主要由外部成员组成的独立机构对个人信息保护情况进行监督，同时还需履行"守门人"义务，即大型互联网平台应当制定平台规则，明确平台内产品或者服务提供者处理个人信息的规范和保护个人信息的义务，在平台内产品或者服务提供者严重违反法律、行政法规处理个人信息时停止对其提供平台服务。

第59条则是鉴于受托处理个人信息的受托人，其很可能不属于个人信息处理者而不适用本法，因而为了加强个人信息的保护，二审稿新增了关于接受委托处理个人信息的受托人应当履行的相关义务，并在正式颁布的法律中完善了这一规定。

本章还对规定情形下应进行个人信息保护影响评估、个人信息发生或可能发生泄露、篡改、丢失时采取补救措施和通知义务、境外个人信息处理者应当在我国境内设立专门机构或者指定代表负责处理个人信息保护相关事务等作出了规定。

六、确定专门的个人信息保护部门及其职责

本法第60条规定了履行个人信息保护职责的部门。其中国家网信部门负责统筹协调个人信息保护工作和相关监督管理工作，国务院有关部门依照本法和有关法律、行政法规的规定，在各自职责范围内负责个人信息保护和监督管理工作。而县级以上地方人民政府有关部门的个人信息保护和监督管理职责，按照国家有关规定确定。由此建立了由国家网信部门负责统筹协调的，从中央到地方的，多层级、宽领域的监督管理体系。

在具体职责上，本章第 61 条列举了五项职责，包括“（一）开展个人信息保护宣传教育，指导、监督个人信息处理者开展个人信息保护工作；（二）接受、处理与个人信息保护有关的投诉、举报；（三）组织对应用程序等个人信息保护情况进行测评，并公布测评结果；（四）调查、处理违法个人信息处理活动；（五）法律、行政法规规定的其他职责”。同时，第 62 条列举了由国家网信部门统筹协调有关部门依据本法推进的具体个人信息保护工作，如制定个人信息保护具体规则、标准以及支持研究开发和推广相关技术和公共服务。为开展调查、处理违法个人信息处理活动，第 63 条规定了履行个人信息保护职责的部门可采取的措施。第 65 条与第 61 条第 2 项相呼应，对其作了细化的规定。

此外，值得注意的是，第 61 条在审议通过时新增了第 3 项规定，即明确赋予履行个人信息保护职责的部门组织对应用程序等个人信息保护情况进行测评，并公布测评结果的权力。这是对实践中移动应用程序（App）过度或违法采集个人信息、滥用个人信息侵害个人权益现象的回应。

七、严格的法律责任

本法第 7 章规定了各类法律责任，包括民事责任、行政责任，并在第 71 条中通过设置引致条款的方式，将违反个人信息保护的行为纳入治安管理处罚和刑事责任的规范。

对于违反本法规定处理个人信息，或者处理个人信息未履行本法规定的个人信息保护义务的，本法第 66 条规定，由履行个人信息保护职责的部门责令改正，给予警告，没收违法所得，对违法处理个人信息的应用程序，责令暂停或者终止提供服务；拒不改正的，并处 100 万元以下罚款；对直接负责的主管人员和其他直接责任人员处 1 万元以上 10 万元以下罚款。对于情节严重的，除责令改正，没收违法所得，吊销相关证照，处罚相关人员之外，对个人信息处理者的罚款金额可达到 5000 万元以下或者上一年度营业额 5% 以下罚款。该条具有鲜明的特点，包括采取个人与企业双罚制，区别“情节严重”（第 2 款）与一般违法（第 1 款）从而适用不同的“天花板”最高限额、行政罚款与其他行政处罚及民事、刑事责任综合适用。此条规定将大幅提高违法者的违法成本，并将促使个人信息处理者加强个人信息保护。

对于处理个人信息侵害个人信息权益并造成损害的，本法草案规定“个人信息处理者能够证明自己没有过错的，可以减轻或者免除责任”，但是鉴于个人的弱势地位，二审稿明确规定实行过错推定责任，即在第 69 条规定，个人信息处理者不能证明自己没有过错的，应当承担损害赔偿等侵权责任。这一规定大大减轻了个人信息权益侵权损害中个人的举证负担。此外，该条款还对损害赔偿金额的确定方式作了规定。

对于个人信息处理行为同时侵犯众多个人的权益的，本法第 70 条规定了个人信息侵权公益诉讼制度，规定人民检察院、法律规定的消费者组织和由国家网信部门确定的组织可以作为适格主体依法向人民法院提起诉讼。

此外，第 67 条还规定了失信约束的责任形式，第 68 条则对国家机关不履行本法规定的个人信息保护义务时的责任作了相应规定。

最后，本法虽然是关于个人信息保护领域的专门法与基本法，但诸多涉及个人信息保护的类似规定同样散落在其他法律、行政法规中。比如本法第 28 条所称的敏感个人信息，很可能同时也是《民法典》第 1032 条、第 1033 条规定的隐私和私密信息。此外，在特定的领域，也有其具体的个人信息保护规定。如关于确保个人信息安全的义务，也可在《消费者权益保护法》第 29 条第 2 款和《网络安全法》第 21 条、第 42 条第 2 款中找到类似规定；指定个人信息保护负责人的规定，则在《网络安全法》第 21 条中有类似规定；个人信息发生或可能发生泄露、篡改、丢失的危害时的补救和通知义务，在《全国人民代表大会常务委员会关于加强网络信息保护的决定》第 4 条中也有类似规定。因此在法律适用上，应根据新法优于旧法、特别法优于一般法的原则适用相应法律，而在具体案件和具体的领域中，当事人可根据实际情况同时援引《消费者权益保护法》《网络安全法》《民法典》等法律中关于个人信息保护的相关规定。

目　　录

中华人民共和国个人信息保护法

附 录

中华人民共和国个人信息保护法

（2021年8月20日第十三届全国人民代表大会常务委员会第三十次会议通过　2021年8月20日中华人民共和国主席令第91号公布　自2021年11月1日起施行）

第一章　总　　则

第一条　【立法目的】[1]为了保护个人信息权益，规范个人信息处理活动，促进个人信息合理利用，根据宪法，制定本法。

条文解读

本条是关于立法目的和立法依据的规定。

1. 本法的立法目的

（1）保护个人信息权益。个人信息权益，是指信息主体依法享有的、附着于个人信息之上的人身和财产利益。信息技术的飞速发展使个人信息的利用价值被充分发掘，个人信息被大规模处理的情形几乎无时不在、

〔1〕 条文主旨为编者所加，仅供参考，下同。

无处不在。同时,利用个人信息侵扰人民群众生活安宁、危害人民群众生命健康和财产安全等问题层出不穷,个人信息保护局面复杂、形势严峻。《个人信息保护法》将“保护个人信息权益”作为首要立法目的,凸显了国家依法保护公民个人信息、捍卫公民人身权益和财产权益的坚定立场。

(2)规范个人信息处理活动。所谓个人信息处理活动,即本法第4条第2款规定的个人信息的收集、存储、使用、加工、传输、提供、公开、删除等行为。违法收集、使用个人信息等行为不仅损害人民群众的切身利益,而且危害交易安全,扰乱市场竞争,破坏网络空间秩序。规范个人信息处理活动,就是以严密的制度、严格的标准、严厉的责任,落实企业、机构等个人信息处理者的法律义务和责任,为个人信息处理活动设置规则、划定红线。

(3)促进个人信息合理利用。在当今数字生态中,数据是社会进步的重要动力和经济发展的关键要素。个人信息作为大数据得以生成的基础,兼具商业价值、公共服务价值、科学研究价值等多种价值。促进个人信息合理利用既是贯彻落实国家数字经济发展战略、增强我国国际竞争力的重要举措,也体现了激发大数据红利充分涌流、让信息科技发展成果惠及每一个人的时代呼声,本法将之作为立法目的具有十分重要的战略意义。

2. 确立三重立法目的的意义

党的十九大报告提出了建设网络强国、数字中国、智慧社会的任务要求。按照这一要求,应当统筹个人信息保护与利用,通过立法建立权责明确、保护有效、利用规范的制度规则,在保障个人信息权益的基础上,促进信息数据依法合理有效利用,推动数字经济持续健康发展。为此,本法第1条并列设置了三个立法目的。(1)在宏观层面,三个目的既相互联系又相互促进:首先,规范的个人信息处理行为和合理的个人信息利用行为能够使个人信息在安全的生态环境中流通,进而实现对个人信息权益的妥善保护;其次,规范个人信息处理行为既以协调保护个人信息权益与促进个人信息合理利用之间的平衡为出发点和落脚点,又是实现个人信息权益保护与个人信息合理利用的必由之路;最后,较高的个人信息保护水平和有序的个人信息处理活动不仅给合理的个人信息利用留出充足空间,也从长远上为数字经济持续发展和国家信息化治理能力稳步提升提供了良好环境。(2)在微观层面,三个目的存在一定的客观矛盾,主要表现为在某些具体的个人信息处理活动中,保护个人信息权益与促进个人信息合理利用之间难以妥善兼顾。对此,应通过比例原则予以妥善调适,既不能不计成本地保护个人信息权益而置合理的个人信息利用需求于不顾,也不能一味强调个人信息利用而牺牲对个人信息权益的保护。

3."根据宪法,制定本法"说明了本法的法律渊源

我国《宪法》第 33 条第 3 款规定"国家尊重和保障人权",第 38 条规定"中华人民共和国公民的人格尊严不受侵犯",第 40 条规定"中华人民共和国公民的通信自由和通信秘密受法律的保护",这些规定共同构成了本法的宪法基础。同时,本法作为个人信息领域的专门立法,既规范市场主体的个人信息处理行为,避免个人信息被无限制地收集与利用,又对抗公权力机关对个人信息的过度攫取和对自然人的全景监控。

适用要点

随着社会生活的日趋复杂和立法技术、立法水平的不断提高,在一部法律中规定多重立法目的已成常态。适用本条时需要注意的是"保护个人信息权益""规范个人信息处理活动""促进个人信息合理利用"三大目的之间的关系处理,特别是个人信息保护与利用的平衡。

(1)本条是关于本法立法目的的原则性条款,立法者已在制度设计时充分体现了本条宗旨。例如,第 13 条通过设置多样化的个人信息处理合法性事由,在严格保护个人信息的同时为依法处理个人信息留出了空间;第 28 条至第 32 条通过规定敏感个人信息的特殊处理规则确立了个人信息的差异化保护机制;等等。因此,严格依据本法规定进行的个人信息处理行为即应被视为贯彻了本条关于立法目的的规定。信息处理者既不得

以此作为其违反具体规则的抗辩，司法、执法机构也不应单独依据本条判定信息处理者违法。

（2）针对特定的个人信息处理行为，当法律无明确规定或直接适用法律规则可能会产生显著不合理结果时，援用本条进行论述应着重注意以下几个问题：第一，在具体场景中，不同立法目的之间的冲突是否难以用合理成本避免；第二，援用现有法律规则是否确将导致明显不合理结果；第三，特定情境中可能的个人信息利益分配和权责划分方案及依据；第四，所选方案相对于本法的合目的性；等等。

关联法规

《宪法》第33、38、40条；《民法典》第111、1034条；《网络安全法》第1、41条；《电子商务法》第23、24条；《消费者权益保护法》第29条

案例指引

北京百度网讯科技有限公司与朱某隐私权纠纷案[1]

裁判要旨：本条载明本法的立法目的，通常用以对特定个人信息处理行为的效果进行分析，直接援用的空间较小。"保护个人信息权益，规范个人信息处理活动，促进个人信息合理利用"是本法的三大立法目的，实践中不能仅站在保护个人信息权益的角度上考虑问题，还应当充分考察其与另外两大目的、特别是要兼顾与"促进个人信息合理利用"的平衡。

本案中，法院认为"个性化推荐服务客观上存在帮助网络用户过滤海量信息的便捷功能，网络用户在免费享受该服务便利性的同时，亦应对个性化推荐服务的不便性持有一定的宽容度"，"将个人信息区分为个人

〔1〕 江苏省南京市中级人民法院（2014）宁民终字第5028号。

敏感信息和非个人敏感信息的一般个人信息而允许采用不同的知情同意模式,旨在在保护个人人格尊严与促进技术创新之间寻求最大公约数”,这表明了法院平衡“保护个人信息权益”与“促进个人信息合理利用”的态度。

第二条 【个人信息受法律保护】自然人的个人信息受法律保护,任何组织、个人不得侵害自然人的个人信息权益。

条文解读

本条是关于自然人的个人信息受法律保护的规定。

1. 自然人的个人信息受法律保护

根据本法第 4 条第 1 款的规定,个人信息是以电子或者其他方式记录的与已识别或者可识别的自然人有关的各种信息,不包括匿名化处理后的信息。保护个人信息是我国立法一贯坚持的态度。《民法典》总则编第 111 条及人格权编第 1034 条均规定了“自然人的个人信息受法律保护”,此处作相同规定,表明了本法与《民法典》在个人信息保护上的一致性。本条中“自然人”的内涵应与《民法典》相同,范围包括中国公民、外国公民、其他无国籍人等一切自然人,不包括法人和其他组织。“自然人的个人信息”,指的是信息所载内容指向特定自然人的个人信息。该表述仅应理解为法律承认信息主体与个人信息之间的关联关系,并不当然意味着自然人对其个人信息享有所有权。由体系解释可知,个人信息是个人信息权益的承载客体,本身并非本法保护的对象。本条规定“自然人的个人信息受法律保护”的用意是将对个人信息的保护作为“抓手”,同时与《民法典》已有规定保持一致,宗旨仍在于保护自然人的个人信息权益。

2. 任何组织、个人不得侵害自然人的个人信息权益

本法的调整对象并不限于平等主体间的个人信息处理关系,还包括了政府机关等公权力机构的个人信息处理行为。此处的组织不仅指利用

个人信息开展经营活动的企业，还包括利用个人信息提供公共服务或开展科学研究的政府部门和科研机构。由于本法并不调整自然人因个人或家庭事务处理个人信息的行为（所谓的个人信息的社交用途），而通常只有组织才有能力处理（特别是大规模处理）个人信息，因而本法所针对的个人信息侵害主体主要是组织。但在实践中，组织成员基于非职务行为盗取、泄露甚至买卖个人信息的现象屡见不鲜，且部分具有较高信息技术水平的黑客通过技术手段非法处理个人信息的情形亦需予以考虑，因而本条规定“任何组织、个人不得侵害自然人的个人信息权益”。

3. 本法出台之前，我国已逐步构建起个人信息综合保护体系

例如，《民法典》不仅在人格权编中规定了个人信息民法保护的基本框架，还通过第 1032、1033 条规定了私密信息的隐私权保护。《刑法修正案（九）》将原有的“出售、非法提供公民个人信息罪”和“非法获取公民个人信息罪”统合为“侵犯公民个人信息罪”，扩大了犯罪主体和侵犯个人信息行为的范围。除此之外，尚有《消费者权益保护法》《网络安全法》《中国人民银行金融消费者权益保护实施办法》等 200 余部法律、法规、规章涉及个人信息保护内容。本法出台后，上述法律法规作为个人信息保护法律体系的组成部分，同本法一起保护个人信息。

适用要点

自 2012 年《全国人民代表大会常务委员会关于加强网络信息保护的决定》确立“国家保护能够识别公民个人身份和涉及公民个人隐私的电子信息”的基调以来，后续出台的多部法律均规定了个人信息保护的相关内容，如《消费者权益保护法》第 14 条规定“消费者……享有个人信息依法得到保护的权利”，《电子商务法》第 23 条规定“电子商务经营者收集、使用其用户的个人信息，应当遵守法律、行政法规有关个人信息保护的规定”，《民法典》第 111 条规定“自然人的个人信息受法律保护。任何组织或者个人需要获取他人个人信息的，应当依法取得并确保信息安全，不得

非法收集、使用、加工、传输他人个人信息，不得非法买卖、提供或者公开他人个人信息”。

本法出台后，鉴于其是个人信息领域的基本法和调整、规范个人信息处理行为的专门法，根据新法优于旧法、特别法优于一般法的法律适用原则，应当优先适用本条规定。若具体案件涉及特定领域，如消费领域的个人信息处理、电子商务领域的个人信息处理，或涉及个人信息民事侵权责任救济，则可根据具体情况同时援用《消费者权益保护法》《电子商务法》《民法典》中关于个人信息保护的相应规定。此外，本条仅为宣示性条款，意在表明我国法律保护个人信息和个人信息权益的态度，执法机构行使行政处罚权时必须以信息处理者对本法具体规则的违反为基本前提，不应直接以本条对信息处理者施以处罚。法院在裁判个人信息案件时，亦应坚持法律原则适用的一般规则，即有具体规定时优先适用具体规定，无规定适用时方可诉诸法律原则。

关联法规

《民法典》第 1034、1037、1182、1183 条；《网络安全法》第 76 条；《消费者权益保护法》第 14 条；《电子商务法》第 23 条；《刑法》第 253 条之一；《全国人民代表大会常务委员会关于加强网络信息保护的决定》第 1 条

案例指引

广元市威艾装饰工程有限公司、陈某全、李某侵犯公民个人信息案[1]

裁判要旨：本条作为国家保护个人信息和信息主体权益的宣示性条款，实践中通常需要与其他条文结合进行说理。本条“任何组织、个

〔1〕 四川省广元市利州区人民法院(2020)川 0802 刑初 423 号。

人不得侵害自然人的个人信息权益”，表明单位和个人均为本法的规制对象，若出现违反法律规定处理个人信息的行为，则视其情节严重程度承担相应的民事、行政或刑事责任。根据《刑法修正案（九）》，单位非法处理个人信息的，除处罚直接责任人外，也需要对单位处以罚金，说明侵害公民个人信息罪可构成单位犯罪，与本条规定一致。

本案中被告单位广元市威艾装饰工程有限公司违反国家有关规定，以从他人处购买的方式非法获取公民个人信息，被告人陈某全、李某是直接负责公司的主管人员和其他直接责任人，均构成侵犯公民个人信息罪。

第三条 【适用范围/管辖权】在中华人民共和国境内处理自然人个人信息的活动，适用本法。

在中华人民共和国境外处理中华人民共和国境内自然人个人信息的活动，有下列情形之一的，也适用本法：

（一）以向境内自然人提供产品或者服务为目的；

（二）分析、评估境内自然人的行为；

（三）法律、行政法规规定的其他情形。

条文解读

本条是关于本法的适用范围和管辖权的规定。

本条第1款规定“在中华人民共和国境内处理自然人个人信息的活动，适用本法”，表明本法采属地管辖原则。首先，“中华人民共和国境内”指的是中国大陆（内地），不包括我国香港、澳门、台湾地区，这是我国“一国两制”基本国策下针对属地管辖的特殊安排。其次，本款以个人信息处理行为发生地为本法的适用标准，意味着无论处理者是否为我国公民或在我国登记注册的法人,或者其处理的个人信息是否为我国境内自然人的信息,只要处理行为发生在我国境内,都将受到本法的管辖。根据本法第 4 条,个人信息的处理包括个人信息的收集、存储、使用、加工、传输、提供、公开、删除等活动,上述任一个人信息处理环节发生在我国境内,均须适用本法。

本条第 2 款为域外效力的规定,明确对于在境外处理的境内自然人个人信息,只要符合“以向境内自然人提供产品或者服务为目的”、“分析、评估境内自然人的行为”及“法律、行政法规规定的其他情形”均适用本法,以属地与属人相结合的综合原则设置了域外管辖权。本法规定域外效力具有三重意义:(1)保护我国境内公民的个人信息。如今,互联网高度普及,个人信息以网络空间作为主要流通场域,网络的无国界性和个人信息流通的自由性决定了在境外发生的个人信息处理活动也可能对境内个人信息安全和个人信息秩序产生影响。有鉴于此,国际个人信息保护立法普遍设置了域外效力条款。(2)维护我国的数据主权和国家安全。个人信息既是信息主体人格的外在标志,也是大数据时代重要的生产要素和数据资产。不仅如此,一些特定种类的个人信息还有可能涉及国家安全。因此,为个人信息保护法赋予域外效力已成为各国个人信息保护立法的通行做法。本条规定本法的域外适用既体现了对等原则、维护了我国的数字主权,又对捍卫我国国家安全具有重要意义。(3)为个人信息保护国际规则的形成贡献中国力量。目前全球范围内的个人信息保护国际规则尚未形成,为抢占个人信息国际规则的主导权,美欧等先发国家纷纷通过规定个人信息“长臂管辖”向外输出制度影响力。我国的人口数量和网民数量均处于世界前列,本法的域外适用规则有利于保障我国在个人信息保护国际体系中的影响力和发言权,向世界提供个人信息保护的中国方案。基于上述原因,本条第 2 款采纳了国际个人信息保护立法的通行做法,规定了域外管辖的相应事项,扩大了本法的保护范围,有利于我国自然人个人信息权益的全面保护,有利于维护我国的国家主权和核心利益。

适用要点

1. 关于本条第 2 款第 1 项中"以向境内自然人提供产品或者服务为目的"的理解

根据本条第 2 款第 1 项的规定,若信息处理者以向境内自然人提供产品或者服务为目的,其在境外开展的个人信息处理行为亦应当适用本法。这里的"以向境内自然人提供产品或者服务为目的"可以从两个层面理解:第一,具有明确可识别的、向境内自然人提供产品或者服务的目的。辨别信息处理者是否具有向境内自然人提供产品或者服务的目的,应当综合考虑的因素包括但不限于:所提供商品或服务的介绍中是否指明中华人民共和国名称;是否向境内搜索引擎运营商支付互联网服务费用,以便境内信息主体访问其网站;是否已经针对境内信息主体发起了营销和广告活动;是否使用境内的地址或电话号码;是否使用中国域名;宣传材料是否使用中文;结算货币是否使用人民币;等等。第二,无法明确识别信息处理者的目的,但其事实上向境内自然人提供了产品或服务,也应认定为其符合本项所要求的"以向境内自然人提供产品或者服务为目的"。

2. 关于本条第 2 款第 2 项中"分析、评估境内自然人的行为"的理解

根据本条第 2 款第 2 项的规定,信息处理者在我国境外处理个人信息的,只要存在分析、评估境内自然人的行为,仍适用本法。这里的"分析、评估境内自然人的行为"含义较广,结合语境分析,应当是指通过数字画像等技术手段形成的针对境内自然人行为的详细、全方位的分析、评估,而并非任何意义上的分析、评估。例如,境外高校根据成绩和申请评估是否招收中国留学生,或境外商业机构根据简历评估是否雇用某中国职员等,这些行为不属于本条第 2 款第 2 项规定的内容。适用本条时应当根据实际情况对分析、评估进行适度限缩。

关联法规

《民法典》第12条

案例指引

戴某波等32人诈骗案[1]

裁判要旨: 近年来,跨国涉个人信息电信诈骗案件时有发生。该类案件的特点是行为人系中国大陆公民,持旅游签证在境外特定地点,利用非法收集的境内自然人个人信息,通过发送短信、冒充公、检、法机关工作人员接通电话或者利用互联网、广播电视、报刊等方式虚构信用卡超额透支虚假信息,诱使被害人按其要求向指定账户转账或汇款,从而骗取被害人钱财,对不特定人实施诈骗。

本案中,戴某波等32个大陆公民在老挝万象市,利用非法收集的大陆公民个人信息每天向全国范围内发送语音包,内容为对方因涉嫌恶意透支信用卡被法院传唤,促使不明真相的被害人查询详情,再由戴某波等人冒充公安局、法院等国家机关的工作人员接听来自被害人的查询电话,虚构有关被害人信用卡恶意透支涉嫌犯罪等虚假信息,诱使被害人按其要求向指定账户转账或汇款,构成诈骗罪。本案属于典型的在境外利用境内自然人个人信息对境内公民实施电信诈骗行为,我国司法机关依法对其追究刑事责任。

[1] 最高人民法院发布六起电信诈骗犯罪典型案例之一(2016年9月30日发布)。

第四条 【个人信息与个人信息处理】个人信息是以电子或者其他方式记录的与已识别或者可识别的自然人有关的各种信息，不包括匿名化处理后的信息。

个人信息的处理包括个人信息的收集、存储、使用、加工、传输、提供、公开、删除等。

条文解读

本条是关于个人信息与个人信息处理的规定。

1.个人信息的定义

(1)“以电子或者其他方式记录”旨在说明个人信息的表现形式。在大数据时代,绝大多数的个人信息均通过电子方式记录,表现为数据形式。对此类个人信息的处理具有迥异于传统个人信息处理活动的特征,如收集过程难以感知且往往持续不断、收集规模巨大、普遍依赖深度学习算法进行自动化处理等。本条在表述中将电子形式从众多的个人信息记录形式中单列出来,其用意在于表明本法对调整对象上的侧重。当然,个人信息还存在众多其他形态,如记录在纸介质上、通过传统档案管理方式处理的个人信息。这类个人信息虽在表现形式和处理方式上不同于以电子方式记录的个人信息,但个人信息处理活动所应遵循的基本原则大体相同。本法中的机制设计和信息主体与信息处理者的权利义务等也可应用于这些类型的个人信息,因此以其他方式记录的个人信息也由本法调整。

(2)与已识别的自然人有关的各种信息,即指向特定自然人的,反映其身份、状态、行为等情况的信息。与可识别的自然人有关的各种信息,指的是虽尚未联系到特定自然人,但存在通过其将特定自然人从人群中区分出来的可能性的信息。对照《民法典》第1034条“个人信息是以电子或者其他方式记录的能够单独或者与其他信息结合识别特定自然人的各种信息”可以看出,《民法典》采用的是“识别”标准,即要求个人信息必须具有识别性。相比之下,本条对个人信息的定义不仅保留了“信息→人”的识别性标准,还增加了“人→信息”的关联性标准,将信息内容本身可能不具有识别性、但已与特定自然人形成稳定关联的信息同样纳入了个人信息范畴,对个人信息的界定明显更加宽泛。

(3)根据本法第 73 条的规定,“匿名化,是指个人信息经过处理无法识别特定自然人且不能复原的过程”。“匿名化处理后的信息”,即个人信息经过匿名化处理后得到的、无法识别到特定自然人且不能复原的信息。因该类信息已无法识别到特定自然人,对其进行处理不会给信息主体的个人信息权益造成风险,信息处理者可以自由处理而无须受本法约束,这一设置充分体现了本法平衡个人信息保护与利用的立法宗旨。

2. 个人信息处理的含义

凡是信息处理者开展收集、存储、使用、加工、传输、提供、公开、删除等活动中的一项或几项,均为本法所称个人信息的处理。此外,上述列举为非穷尽式列举,个人信息全生命周期中的其他处理环节即使未在本条中列明,仍应被视为个人信息处理行为。需要注意的是,根据本法第 72 条第 1 款的规定,“自然人因个人或者家庭事务处理个人信息的,不适用本法”,将日常社交中的个人信息流通排除出了个人信息处理范畴。

适用要点

我国法律法规中关于个人信息范围的界定总体上呈逐渐扩大的趋势。2012 年《全国人民代表大会常务委员会关于加强网络信息保护的决定》第 1 条规定“国家保护能够识别公民个人身份和涉及公民个人隐私的电子信息”,仅将能够直接识别信息主体的信息认定为个人信息;2016 年颁布的《网络安全法》第 76 条规定“个人信息,是指以电子或者其他方式记录的能够单独或者与其他信息结合识别自然人个人身份的各种信息”,采“单独识别 + 结合识别”标准;2017 年出台的《最高人民法院、最高人民检察院关于办理侵犯公民个人信息刑事案件适用法律若干问题的解释》第1条将个人信息界定为“以电子或者其他方式记录的能够单独或者与其他信息结合识别特定自然人身份或者反映特定自然人活动情况的各种信息”，首次将关联信息纳入个人信息范畴；《民法典》第1034条将认定个人信息的标准退回到“单独识别 + 结合识别”，与《网络安全法》一致；而本法又再度将个人信息范围扩展至“关联 + 识别”的最宽泛标准。个人信息界定范围的不断扩大反映了我国对个人信息问题认识的逐步深入。

在大数据时代，随着个人信息处理技术的飞速发展，一些看似与信息主体无关的信息完全可能通过信息分析或交叉比对技术定位到信息主体，而信息处理者能够通过与信息主体相关联的信息描绘出信息主体的人格画像，进而进行信息滥用、信息歧视甚至信息操纵。在此背景下，若将个人信息范围确定得过于狭窄将出现严重的保护不足现象，因而本法采用了最宽泛的个人信息定义。

在进行法律适用时，应当依据新法优先于旧法、特别法优先于一般法的原则，以本条所规定的范围作为判定某一信息是否属个人信息的标准。但是，宽泛的个人信息概念也有可能带来一些问题。大数据一般可分为交易数据、人为数据、移动数据、机器和传感器数据四类，在当今“万物互联”的大背景下，除机器和传感器数据外的其他数据类型均有可能与自然人发生某种关联从而进入本法所称“个人信息”的范畴，对其开展的处理行为也均为本法调整的个人信息处理行为。若“一刀切”地要求对规模如此巨大、范围如此广泛的个人信息严格保护，无疑会极大阻碍个人信息流通，甚至导致“信息禁止”的严重后果，不仅不符合本法的立法目的和基本精神，更可能对我国产业发展、科技创新和国际竞争力产生巨大影响。为此，司法、执法机关在实践中应当注意根据实际情况灵活掌握裁判尺度，通过具体场景中的自由裁量实现保护个人信息权益、规范个人信息处理活动、促进个人信息合理利用三大立法目的的动态平衡。

关联法规

《全国人民代表大会常务委员会关于加强网络信息保护的决定》第1条；《网络安全法》第76条；《民法典》第1034条；《最高人民法院、最高人民检察院关于办理侵犯公民个人信息刑事案件适用法律若干问题的解释》第1条

第五条 【合法、正当、必要、诚信原则】处理个人信息应当遵循合法、正当、必要和诚信原则，不得通过误导、欺诈、胁迫等方式处理个人信息。

条文解读

本条是关于个人信息处理应当遵循合法、正当、必要、诚信原则的规定。

1. 合法、正当、必要、诚信原则的内涵

(1)合法原则的基本内涵分为两个方面：一是个人信息处理应当具有法律依据，即需满足本法第13条的规定；二是处理手段应符合法律规定。需要注意的是，除本法外，《民法典》《消费者权益保护法》《网络安全法》等法律同样规定了个人信息保护的相关内容。此外，个人信息处理的过程中还有可能触犯其他基础性法律规定。

(2)正当性原则包含两个方面的内容：一是目的正当，二是手段正当。目的正当，是指处理个人信息应当具有正当理由，具体而言，即信息处理者开展个人信息处理行为需要符合本法第13条所列之任一情形。若信息处理者不满足第13条所规定的正当目的，则不得开展个人信息处理活动。手段正当，要求信息处理者在法律规定不明确的情况下，不能以不正当的方式处理个人信息。

(3)必要原则可从以下三个维度理解：第一，目的必要。即信息处理

者仅在开展业务或履行法定职责所必需时，方可处理个人信息。若信息处理者从事某一特定活动时并非必须处理个人信息，则不应进行个人信息处理。第二，方式必要。信息处理者在处理个人信息时应当采取对信息主体风险最小的方式。第三，范围必要。信息处理者处理个人信息时应限于实现目的所必需的最小范围。

（4）诚信原则的第一层含义为恪守承诺，信息处理者应当按照法律规定及与信息主体的约定处理个人信息，不得欺诈或弄虚作假；第二层含义为善意，信息处理者应当基于善意处理个人信息，不得故意损害信息主体合法权益；第三层含义为诚信，在法律规定或双方约定不清晰明确、不足以划分信息主体与信息处理者权利义务的情况下，应按照诚实信用原则确定。

（5）"不得通过误导、欺诈、胁迫等方式处理个人信息"是对前文合法、正当、必要、诚信原则的反向列举。需要注意的是，此处仅仅列举了几类典型的违反合法、正当、必要、诚信原则的个人信息处理行为，并非穷尽列举。实践中的其他个人信息处理行为若不符合合法、正当、必要、诚信的要求（如信息歧视或信息操控），同样为本条所禁止。

2. "合法、正当、必要、诚信"原则的前身是"合法、正当、必要"原则

自 2012 年《全国人民代表大会常务委员会关于加强网络信息保护的决定》第 2 条规定"网络服务提供者和其他企业事业单位在业务活动中收集、使用公民个人电子信息，应当遵循合法、正当、必要的原则，明示收集、使用信息的目的、方式和范围，并经被收集者同意，不得违反法律、法规的规定和双方的约定收集、使用信息"确立了该原则以来，后续立法均予以采用，例如，《网络安全法》第 41 条规定，"网络运营者收集、使用个人信息，应当遵循合法、正当、必要的原则，公开收集、使用规则，明示收集、使用信息的目的、方式和范围，并经被收集者同意"；《消费者权益保护法》第 29 条第 1 款中规定："经营者收集、使用消费者个人信息，应当遵循合法、正当、必要的原则，明示收集、使用信息的目的、方式和范围，并经消费者同意"；《民法典》第 1035 条第 1 款规定"处理个人信息的，应当遵循合

法、正当、必要原则,不得过度处理”。本法在“合法、正当、必要”原则的基础上加入有民法“帝王条款”之称的诚信(诚实信用)原则,内涵更加丰富、体系更加严整。

适用要点

合法、正当、必要、诚信原则虽与公开透明原则、信息质量原则、安全责任原则等并列为本法的基本原则,但其体系定位明显高于其他原则,可认为是首要原则。有以下三个原因:其一,合法、正当、必要、诚信原则在本法出台之前曾长期作为我国个人信息处理的核心原则(甚至是唯一原则),在本法中亦位居第一原则的位置。其二,本章中规定的其他原则均可视为合法、正当、必要、诚信原则的细化。例如第 6 条的目的明确与最小化原则体现了个人信息处理“正当”“必要”原则的要求;第 7 条的公开透明原则可认为是“诚信”原则的要求;而第 10 条的依法处理原则则对应“合法”原则。其三,本法的具体规则建构也均围绕合法、正当、必要、诚信原则展开,例如第 2 章“个人信息处理规则”中所确立的告知—同意机制,既为信息处理者的个人信息处理行为合法性、正当性的来源,又体现了诚信原则的要求。

在适用中需要注意的是,相对于其他更加具体也更加技术性的原则、规则,合法、正当、必要、诚信原则显然更加宏观也更加抽象,因此可与第 1 条的立法目的条款一起作为其他原则、规则在具体适用时的判定标准。鉴于大数据时代信息技术发展日新月异,兼之我国个人信息法治体系正处于形成期,不久的将来很可能出现难以直接援用现行《个人信息保护法》原则和规则体系的、新的个人信息处理技术或个人信息处理法律关系,当是时,即应按照本法第 1 条立法目的条款和本条关于个人信息处理合法、正当、必要、诚信原则的规定,合理确定信息主体与信息处理者间的利益分配和权责划分。

关联法规

《全国人民代表大会常务委员会关于加强网络信息保护的决定》第 2 条;《网络安全法》第 41 条;《消费者权益保护法》第 29 条;《民法典》第 1035 条

案例指引

庄某城、阮某清侵犯公民个人信息案[1]

裁判要旨:自然人的个人信息受法律保护。国家保护自然人的个人信息权益免受侵害。处理个人信息应当遵循合法、正当、必要、诚信原则,不得通过误导、欺诈、胁迫等方式处理个人信息。

本案中,被告人阮某清、庄某城为实施诈骗,违反国家有关规定,向他人非法购买包括姓名、性别、身份证号码、联系电话、户籍地址、学校地址、银行账号、直系亲属姓名、直系亲属联系电话等公民个人信息,违反了个人信息处理合法、正当、必要、诚信的法律要求,其行为构成侵犯公民个人信息罪,应依法承担刑事责任。

第六条 【目的明确与最小化原则】处理个人信息应当具有明确、合理的目的,并应当与处理目的直接相关,采取对个人权益影响最小的方式。

收集个人信息,应当限于实现处理目的的最小范围,不得过度收集个人信息。

---

〔1〕 四川省南靖县人民法院(2019)闽 0627 刑初 36 号。

条文解读

本条是关于个人信息处理目的明确与最小化原则的规定。

1. 目的明确原则

目的明确原则,即本条第 1 款规定的“处理个人信息应当具有明确、合理的目的,并应当与处理目的直接相关”。“明确”,是指信息处理者在处理个人信息之前即应确定其处理目的,并告知信息主体。对个人信息处理目的的告知应当明确、具体,以使信息主体对后续的个人信息处理形成清晰、准确的认识和预期为目标,不应存在含混、模糊或歧义的情况。在后续处理中,如果个人信息处理的目的发生变更,则应再次告知信息主体并获得其同意,方可继续进行个人信息处理行为。“合理”,是指个人信息处理的目的不仅应当符合法律规定,并且应限制在所开展的业务或履行的法定职责所需要的范围内。所谓“应当与处理目的直接相关”,即信息处理者的个人信息处理行为应当能够直接推动处理目的的实现,完成个人信息处理行为与达成个人信息处理目的之间不应有中间环节。因此,本条关于目的明确原则的基本要求是,信息处理者应当在事前确定个人信息处理的目的并告知信息主体,目的应具体、清晰并符合法律规定和信息主体的合理期待,后续的个人信息处理行为应直接促成个人信息处理目的的实现。

2. 最小化原则

最小化原则包含两个层面。一是本条第 1 款中“采取对个人权益影响最小的方式”的规定,即个人信息处理应当通过安全程度最高、由个人信息处理导致的对信息主体人身、财产侵害风险最小的途径实施。二是本条第 2 款“收集个人信息,应当限于实现处理目的的最小范围,不得过度收集个人信息”。这是针对个人信息收集环节的特殊要求,即信息主体所收集的个人信息应当是达成个人信息处理目的所必需的范围,若缺少了该个人信息则个人信息处理无法开展,个人信息处理目的无法达成。因而,最小化原则既要求信息处理者在收集个人信息时仅收集必要信息、不过度收集,又要求其在后续处理过程中以对个人信息权益影响最小的方式进行处理。

3. 目的明确原则和最小化原则是国际个人信息保护法通行的两大基本原则

本法之所以将目的明确原则和最小化原则规定于同一条文中,其出发点在于对二者关联性的认识:一方面,明确个人信息处理目的是确定个人信息处理范围的逻辑前提,若处理目的本身未予以明确,则其是否遵循了"实现处理目的所必要的最小范围""采取对个人权益影响最小的方式"也就无从谈起。同时,个人信息处理目的也是信息处理者是否遵循最小化原则的判断标准,例如本条规定的个人信息处理"应当与处理目的直接相关",即通过规定个人信息处理与其初始目的间的关系来促使个人信息处理必须在最小范围内展开。另一方面,通过概括目的获得个人信息授权和个人信息过度收集、利用是实践中常见的两种个人信息违法处理的行为,二者往往伴随出现,违反最小化原则通常也意味着违反目的明确原则。基于上述原因,本条将目的明确原则和最小化原则作合并规定。

适用要点

1. 关于目的明确原则中"明确""合理"的判断标准

目的明确原则中的明确性要求,旨在促使信息处理者在个人信息处理之前就确定其个人信息处理的具体目的并向信息主体告知,后续的个人信息处理行为必须在此目的所限范围内进行,以此约束个人信息处理行为基本符合信息主体的预期,避免发生违反信息主体意愿的个人信息处理行为。然而在大数据时代,个人信息的主要价值往往来自后续利用而非初始处理行为,信息处理者很难准确预测到其未来可能进行的所有个人信息处理行为并逐一告知信息主体。对此,域外立法往往不再苛求信息处理者严格遵循明确性要求,而趋向于宽松化认定,即在初次处理个人信息时允许信息处理者就一个相对宽松的目的获取信息主体同意,后续处理的目的只要与初始目的没有太大出入，即可认为其未违反明确性要求。合理性要求相对较为抽象，实践中必须结合具体场景加以判断，可主要考察以下几点：个人信息处理的目的与其所开展业务或履行职能的一致性；行业、社会对于个人信息处理标准的共识性认知；信息主体的合理期待；等等。

2. 关于“最小范围”的判断标准

个人信息处理中的“最小范围”难以一概而论，往往需要借助个案判断，但这并不意味着不存在关于最小范围的客观标准。国家互联网信息办公室、工业和信息化部、公安部、国家市场监督管理总局联合发布的《常见类型移动互联网应用程序必要个人信息范围规定》明确了 39 类常见类型 App 的必要个人信息范围，后续还有可能继续出台类似规范性文件，可以作为实践中判断最小范围的参考。政府部门处理个人信息的“最小范围”虽然可能与商业处理不同，但上述标准亦可作为参照，此外还可参考以往具有类似目的的个人信息处理行为形成的经验。

需要注意的是，大数据技术海量处理个人信息时对模糊性、相关性等数据特征的要求同样对最小化原则构成冲击，这一点与目的明确原则具有相似之处。理论界有不少专家呼吁适当放宽对“最小范围”的限制，以实现个人信息保护与利用的平衡，部分国家也已有放松对最小范围要求的立法尝试。有鉴于此，在适用最小化原则时，应以本法立法目的为指导，合理确定“最小范围”的边界。

关联法规

《全国人民代表大会常务委员会关于加强网络信息保护的决定》第 2 条；《网络安全法》第 41 条；《消费者权益保护法》第 29 条；《民法典》第 1035 条；《常见类型移动互联网应用程序必要个人信息范围规定》第 5 条

案例指引

刘甲与抚松县农村信用合作联社泉阳信用社姓名权纠纷案[1]

裁判要旨：目的特定原则，是指个人信息的收集、保存、处理、利用均应当按照明确的预定目的进行，除法律另有规定或经本人授权外，不得无明确预定目的、逾越预定目的或者擅自变更预定目的而对个人信息加以收集、保存、加工、传输。在贷款活动中，金融机构收集个人信息的目的是核实身份、查证信用和收入，为银行贷款提供依据。

本案中，被告抚松县农村信用合作联社泉阳信用社在原告刘甲不知情的情况下，擅自使用原告个人信息签订借款合同及担保合同，明显超出了原告个人信息处理的预定目的，致使原告在中国人民银行个人信用信息基础数据库中产生不良记录，违背了目的特定原则，其行为侵犯了原告知情权、决定权等个人信息权益。基于上述原因，法院判令被告抚松县农村信用合作联社泉阳信用社于判决生效之日起5日内，对原告刘甲个人信用报告中，2009年3月18日，原告在被告处贷款3万元及分别为刘乙、张某、薛某继、穆某廷、关某子、李某秋名下贷款各3万元提供担保的信息予以清除。

第七条　【公开透明原则】处理个人信息应当遵循公开、透明原则，公开个人信息处理规则，明示处理的目的、方式和范围。

条文解读

本条是关于个人信息处理公开透明原则的规定。

[1] 吉林省抚松县人民法院（2018）吉0621民初93号。

"公开、透明"可从两个层面理解:(1)向信息主体公开。个人信息处理应当对信息主体保持公开、透明,及时将相关事项告知信息主体。这一层面的要求是后续告知—同意机制及其信息主体知情权、决定权等一系列权利的基础。(2)向社会公开。"公开、透明"还应指信息处理者将个人信息处理的基本情况向不特定主体公开,对象包括社会成员、监管机构、竞争者、社会组织等。"公开个人信息处理规则,明示处理的目的、方式和范围"列举了信息处理者应予以公开的事项。需要注意的是,此处的列举应为非穷尽列举,根据本法第52条第2款,信息处理者至少还需公布个人信息保护负责人的联系方式。此外,个人信息可能的存储期限、个人信息处理可能造成的风险及防控措施、信息主体的权利行使途径等,也应属于可能对信息主体产生重大影响、因而信息处理者应当公开的内容。

公开透明原则是信息主体根据自我意志控制个人信息的逻辑前提,也是告知—同意机制以及信息主体权利得以行使的基础,所以其在域外立法中通常被视为个人信息保护的首要原则。公开透明原则的制度功能主要体现在以下两个方面。

(1)信息处理者对个人信息处理行为的公开是信息主体行使其权利的前提,有助于增进信息主体的安全感及对信息处理者的信任,提升信息主体对信息处理的接受度,实现信息价值的最大开发。通过要求信息处理者向信息主体公开其处理的基本情况,方便信息主体通过告知—同意机制选择是否授权信息处理者处理其个人信息,同时为查阅复制权、更正补充权、解释说明权等后续权利的行使提供基础。(2)方便信息主体、监管机构以及社会各界对个人信息处理行为展开监督,并从客观上推动信息处理者的合规与自律。在公开透明原则的要求下,信息处理者将个人信息处理规则以及处理的目的、方式和范围向全社会公布,等同于将其个人信息处理行为置于社会监督之下。即便信息主体事实上很少阅读隐私政策,公开透明原则的存在也大大减少了信息处理者肆意处理个人信息的可能性。本原则的价值功能对于国家机关作为信息处理者的情况尤为明显。由于行政权具有强制性,信息主体通常难以借助告知—同意形成对国家的有效制约,且在特定情形下国家机关无须取得信息主体同意即可处理个人信息。在这种情况下,公开透明原则就成为信息主体、监管机构以及社会各界实施行政监督的重要途径。进而,由于信息处理者将其个人信息处理规则置于外界的监督之下,信息主体的选择、监管机构的惩罚、同业者的竞争乃至媒体、第三方机构等社会机构的舆论等,都会成为信息处理者制定更高的个人信息处理标准并严格按照公布的标准处理个人信息的动力,个人信息的安全水平由此得到提高,信息主体的个人信息权益由此得以维护。

适用要点

本条规定的“公开、透明”较为抽象,实务中如何界定、操作是本条适用的关键。

1. 除本条列明的事项外,还有哪些信息需要公开

总体而言,公开的对象应当是那些个人信息处理中关键的、可能影响信息主体决策或给信息主体造成重大后果的信息。但可以预见,不同的信息处理者,基于不同目的、采用不同方式对个人信息进行处理,所需公开的信息种类亦应有所区别。并且,特定信息主体和不特定社会对象对个人信息处理的关切势必存在较大差异:前者关心的是通过信息处理者公开的事项作出正确决策,因而针对信息主体的公开应当做到“少而精”,以辅助其作出有效决策;后者关注的是信息处理者的个人信息处理行为是否合法、是否充分履行了其社会责任,因此针对不特定主体的公开应当做到“大而全”,以便其行使监督职能。

2. 公开到何种程度可视为履行了公开透明原则的要求

以个人信息的处理方式为例。若个人信息是通过机器学习算法进行的自动化处理,那么应当公开算法的源代码,算法模型的性能指标,抑或是算法架构设置的全局逻辑?“算法黑箱”应当如何打破,算法与作为一般人的信息主体间的知识鸿沟又应当以何种方式填补?

3. 以何种方式实现公开

显然，无论商业企业、政府机关还是社会组织，除通知信息主体和通过官方网站等途径公开本条要求的事项外，是否有必要将隐私政策交由监管机构备案？鉴于信息主体普遍难以理解复杂冗长的技术和法律细节，是否应统一要求信息处理者采用简化告知？其标准、方式、效果又应如何设置？此外，本法中的“信息处理者”同样包括个人在内，那么作为信息处理者的个人除将具体事项通知到信息主体外，又应如何向社会公开其个人信息处理规则？

上述问题均将对公开、透明原则的落地产生实质性影响，有待后续规范性文件或法律实践予以进一步明确。

关联法规

《全国人民代表大会常务委员会关于加强网络信息保护的决定》第 2 条；《网络安全法》第 41 条；《消费者权益保护法》第 29 条；《民法典》第 1035 条

案例指引

腾讯科技（深圳）有限公司等网络侵权责任纠纷案[1]

裁判要旨：根据本条要求，处理个人信息应当遵循公开、透明的原则，将个人信息处理相关事项告知信息主体并征得其同意。

在本案中，微信读书应用程序自动启动了关注微信好友和与微信好友公开分享其阅读习惯的功能，亦即微信读书向原告

[1] 北京互联网法院（2019）京 0491 民初 16142 号。

共同使用该应用的微信好友公开原告读书信息、为原告自动关注微信好友并使关注好友可以查看原告读书信息功能。对于此功能，一般用户不会产生其微信好友列表被默认使用在微信读书上的合理预期。根据公开透明原则要求，腾讯应在自动激活此类功能之前公开该个人信息处理规则并获得原告明示同意，突出提请原告注意其微信好友列表和阅读习惯将被如何使用，以使信息主体充分知情。微信读书许可服务协议未以合理的“透明度”告知原告并获得其同意自动开启此功能，侵害了原告的个人信息权益。

第八条　【信息质量原则】处理个人信息应当保证个人信息的质量，避免因个人信息不准确、不完整对个人权益造成不利影响。

条文解读

本条是关于个人信息处理中信息质量原则的规定。

（1）“处理个人信息应当保证个人信息的质量”，从正向对信息处理者的个人信息处理行为提出了要求。根据本条第 2 句和本法第 46 条规定，“个人信息的质量”是指个人信息的准确性和完整性。所谓准确，即个人信息的内容与其描述的对象相符，所有不符合客观实际的个人信息均为不准确的个人信息。所谓完整，即个人信息的全面和无遗漏，存在片面或缺漏现象的个人信息即为不完整的个人信息。需要注意的是，“个人信息的质量”本身并不包含对个人信息内容、性质、价值等方面的判断，而仅关注个人信息是否准确、完整，是否能够正确地促进个人信息处理目的的实现。综合本条和本法第 46、51 条的规定，“保证个人信息的质量”对信息处理者的个人信息处理行为提出了三重要求：一是信息处理者在收集个人信息时应注意个人信息的准确、完整，特别是后续处理可能对信息主体权益造成重大影响时，更应注意所收集个人信息的质量；二是信息处理者不得私自篡改或毁损个人信息，且应在处理过程中采取必要的防护措施，防止个人信息被窃取、篡改、删除；三是当信息主体发现其个人信息不准确、不完整而要求行使更正补充权时，信息处理者应当对其个人信息予以核实并及时更正、补充。

(2)“避免因个人信息不准确、不完整对个人权益造成不利影响”，旨在补充说明本条的规范目的，并对信息质量原则的适用范围予以明确。要求信息处理者保障个人信息质量的目的在于避免由于个人信息质量不高对个人权益造成不利影响。若信息主体的个人信息权益并无被损害之虞，那么信息处理者可自由处理个人信息。这一规范设计充分考虑到了大数据时代个人信息处理的技术特征。在大数据技术广泛采用之前，个人信息处理通常针对的是少量而准确的信息。由于信息数量本身有限，每条信息准确、完整与否均可能对处理结果产生显著影响，因而信息质量至关重要。而在大数据时代，非结构化个人信息超过结构化个人信息，成为个人信息的主要形态和大数据中的绝对多数。这些信息或本身即以碎片信息的方式存在，或多少存在时效性或准确性方面的瑕疵。在大数据技术和深度学习算法的加持下，通过对混杂的全样本数据进行处理得到的结果，远比处理精确但数量较少的数据更加准确。在此背景下，如果苛求处理的个人信息必须严格符合信息质量原则，无疑将对大数据的生成和利用造成重大影响。鉴于当下传统个人信息处理和具有大数据特征的个人信息处理并存的实际情况，本条加入了避免不利影响的表述，从结果主义角度实现保护信息主体权益和个人信息利用的平衡。信息处理者针对非结构化个人信息的处理，应以不影响个人信息权益为限，只有个人信息的不准确、不完整，对个人权益造成不利影响时，信息处理者对个人信息的处理方受信息质量原则约束。

适用要点

本条在适用中应注意把握信息质量原则在不同场景中的适用尺度。

本法是个人信息保护领域的基本法,信息质量原则作为本法基本原则之一,适用于除个人或者家庭事务之外的任何个人信息处理行为。但需要注意的是,个人信息的准确性、完整性缺失给个人权益造成的不利影响随场景不同而异。例如,在征信领域,错误记载的个人不良信息可能导致信息主体的征信记录失实,进而对信息主体的后续授信和经济活动带来严重影响。为此,《征信业管理条例》第 23 条第 1 款规定:"征信机构应当采取合理措施,保障其提供信息的准确性。"此外,部分个人信息处理行为所使用的个人信息不准确、不完整还可能直接侵害信息主体的人格权益,例如,实践中出现的公民因与通缉犯同名而"被通缉"、屡次被"误抓"的案例,该公民的人格尊严遭到了严重侵害。对于上述个人信息处理场景即应当严格落实信息质量原则。而对于大多数采用大数据技术开展的个人信息处理,并不苛求绝对准确、完整。例如精准推送,由于其建立在对信息主体行为信息的长期收集、整理、分析所形成的数字画像之上,单条个人信息准确与否并不足以影响分析结果。正因如此,《信息安全技术　个人信息安全规范》(GB/T 35273 –2020)中甚至并未将信息质量原则作为其个人信息处理的基本原则之一。鉴于实践中个人信息处理场景复杂多变,应当通过后续规范性文件明确不同领域对信息质量原则的具体要求。实践中,司法、执法机关也可遵循上述思路,对信息处理者是否需要履行本条要求之信息质量义务作出判断。

关联法规

《信息安全技术　公共及商用服务信息系统个人信息保护指南》(GB/Z 28828 –2012)第 4.2 条 e 项

案例指引

中国农业银行股份有限公司沈阳浑南支行、孙某江一般人格权纠纷案[1]

裁判要旨：公民个人信息权益受法律保护。个人信息处理者具有保持个人信息完整、准确、及时的法定义务。

本案中，上诉人中国农业银行股份有限公司沈阳浑南支行在没有证据证明被上诉人向其贷款的情况下，向中国人民银行征信中心报送被上诉人有不良信用贷款的不实信息。当被上诉人发现该不实信息向上诉人提出异议后，上诉人未能及时对异议进行核查，并向征信中心报送更正信息，导致被上诉人在金融机构的资信受到非客观评价，对被上诉人正常的生活、生产造成不利影响，违反了个人信息质量原则，侵害了被上诉人的名誉权，应依法停止侵害、恢复名誉、消除影响。

第九条 【安全责任原则】个人信息处理者应当对其个人信息处理活动负责，并采取必要措施保障所处理的个人信息的安全。

条文解读

本条是关于个人信息处理安全责任原则的规定。

“个人信息处理者应当对其个人信息处理活动负责”明确规定了信息处理者的主体责任，要求做到“谁处理、谁保护，谁处理、谁负责”。这里的“负责”指的不仅仅是信息处理者应当配合信息主体行使法律赋予的权利，更主要的是一种行政责任。信息处理者对个人信息处理活动负责，要

---

〔1〕 辽宁省沈阳市中级人民法院（2021）辽01民终6393号。

求其必须按照本法和其他法律法规的规定处理个人信息。当个人信息侵害事件发生时，若信息处理者无法证明其处理行为合规，则需对侵害事件承担责任。“采取必要措施保障所处理的个人信息的安全”明示了信息处理者的个人信息安全保障义务，进一步细化为本法第 51 条“个人信息处理者应当根据个人信息的处理目的、处理方式、个人信息的种类以及对个人权益的影响、可能存在的安全风险等，采取下列措施确保个人信息处理活动符合法律、行政法规的规定，并防止未经授权的访问以及个人信息泄露、篡改、丢失”。结合本条与第 51 条可以看出，所谓“必要措施”并非要求对个人信息的安全保护采取最先进的技术手段，也并非要求所有个人信息均须以最高规格保护，更不意味着一旦出现个人信息安全问题，信息处理者即需承担无过错责任。必要措施的实质是根据具体场景中的实际需要确定的一个一般性标准，实践中，只要信息处理者对个人信息的措施等级在此之上，则可视为已符合安全责任原则的要求。具体何种措施可认定为本条所称之“必要措施”，可参照有关部门出台的相应标准、要求，或参考行业内的一般标准。

作为《个人信息保护法》的基本原则之一，安全责任原则在整部法中的体系定位举足轻重。本原则不仅是本法第 1 条“规范个人信息处理活动”立法目的的直接反映，也为第 5 章“个人信息处理者的义务”和第 7 章“法律责任”中的制度设计提供了正当性依据和思路指引。通常而言，既然个人信息所关涉的主要是信息主体的人身财产权益，则仅需通过私法途径、赋权于信息主体即可实现保护目的，无须动用国家公权力。但在大数据时代，信息主体在技术、资金、诉讼能力等方面相对于信息处理者存在不容忽视的劣势，若不通过行政责任的方式对信息处理者施以行为规制，则信息主体的个人信息权益终难得到周全保护。况且大数据时代的个人信息处理通常针对的是不特定多数的信息主体，个人信息的泄露、滥用往往涉及数十万信息主体的上亿条个人信息，因此个人信息保护同样事关社会利益和公共安全。正是基于上述两点原因，本法在明确个人信息处理的一般规则和信息主体权利之外，又用专章对信息处理者在个人信息处理过程中应承担的法律义务作出规定，且于第 7 章明确了信息处理者未履行义务应当承担的法律责任，以“双轮驱动”架构共同捍卫个人信息权益与个人信息安全。

适用要点

本条在适用中需要注意区分个人信息保护的民事责任与行政责任。本法综合采用民事、行政双重责任为个人信息提供周密保护，违反本法规定既有可能承担民事责任，也有可能承担行政责任。例如，本法规定的信息主体在个人信息处理中的权利和信息处理者的义务与《民法典》相应规定一致，且本法第 69 条规定“处理个人信息侵害个人信息权益造成损害，个人信息处理者不能证明自己没有过错的，应当承担损害赔偿等侵权责任”，均说明违反本法规定可能引发民事责任。但与此同时，信息处理者还可能就其个人信息处理行为承担行政责任，这部分责任主要是由信息处理者违反安全责任原则和合法处理原则的规定，未遵照本法关于个人信息处理和安全保护的具体要求导致的。例如，根据本法第 66 条的规定，违反该法规定处理个人信息，或者处理个人信息未履行本法规定的个人信息保护义务的，由履行个人信息保护职责的部门责令改正，给予警告，没收违法所得，对违法处理个人信息的应用程序，责令暂停或者终止提供服务；若情节严重或拒不改正，还可处以包括罚款、责令暂停相关业务或者停业整顿、通报有关主管部门吊销相关业务许可或者吊销营业执照在内的行政处罚。需要注意的是，根据本法的规范表述，信息处理者违反本法相关规定可能导致同时承担个人信息民事责任和行政责任，二者并非竞合关系。当发现个人信息违法行为时，信息主体既可根据本法第 65 条规定向监管部门举报，也可径行提起民事诉讼。同时，执法机关针对个人信息违法处理行为的调查和处理完全可以与民事诉讼并行。司法机构在审理个人信息民事诉讼时，也可直接援用执法机关的调查结果作为裁判依据。

关联法规

《全国人民代表大会常务委员会关于加强网络信息保护的决定》第3、4条;《网络安全法》第40～43、49条;《民法典》第1038条

案例指引

张某江与河北怀来农村商业银行股份有限公司名誉权纠纷案[1]

裁判要旨:自然人的个人信息受法律保护。任何组织和个人需要获取他人个人信息的,应当依法取得并确保信息安全,不得非法收集、使用、加工、传输他人个人信息,不得非法买卖、提供或者公开他人个人信息。

本案中,被告河北怀来农村商业银行股份有限公司违法处理原告的身份信息,在原告不知情的情况下将原告列为第三方贷款担保人。因第三方未按期归还贷款,导致原告个人信用报告列入"可疑",对原告的名誉造成影响,导致原告的社会评价降低。被告作为原告个人信息的处理者,应对其个人信息处理活动负责,并采取措施保障所处理个人信息安全,上述行为侵犯了原告的名誉权和个人信息权益,应承担相应的法律责任。

第十条 【依法处理原则】任何组织、个人不得非法收集、使用、加工、传输他人个人信息,不得非法买卖、提供或者公开他人个人信息;不得从事危害国家安全、公共利益的个人信息处理活动。

[1] 河北省怀来县人民法院(2018)冀0730民初1419号。

条文解读

本条是关于个人信息依法处理原则的规定。

1. 任何组织、个人不得非法收集、使用、加工、传输他人个人信息，不得非法买卖、提供或者公开他人个人信息

这是个人信息依法处理原则的第一个层次。要求信息处理者在开展个人信息处理活动时，应当严格依照既有法律、行政法规的相应规定，不得违法处理个人信息。本条中的“任何组织、个人”，是指一切个人信息处理者，既包括国家机关、商业组织，也包括其他有个人信息处理需求和能力的科研机构、社会组织乃至个人。“不得非法收集、使用、加工、传输他人个人信息”和“不得非法买卖、提供或者公开他人个人信息”表明了个人信息保护针对的两类违法现象，即个人信息的非法处理和非法流通。这一表述源于《民法典》第 111 条，本法表述与该条保持一致。需要注意的是，此处列举应当理解为非穷尽列举，个人信息处理的其他环节若违反法律规定亦应认定为违反了依法处理原则的要求，如信息处理者超期存储个人信息。

2. 不得从事危害国家安全、公共利益的个人信息处理活动

这是个人信息依法处理原则的第二个层次。根据《国家安全法》第 2 条的规定，“国家安全是指国家政权、主权、统一和领土完整、人民福祉、经济社会可持续发展和国家其他重大利益相对处于没有危险和不受内外威胁的状态，以及保障持续安全状态的能力”，本法所称“国家安全”应当与《国家安全法》保持一致。具体何为危害国家安全的个人信息处理活动，本法并未予以具体说明。实践中界定危害国家安全的个人信息处理活动，较为恰当的做法是参照《宪法》《国家安全法》《网络安全法》等法律法规的规定，根据具体情况予以综合判断。至于何为“公共利益”，目前尚未有较为权威的定义，通常可将之理解为不同于政府自身利益、商业利益或其他政治集团利益的不特定社会成员的利益。一般而言，信息处理者以符合本法规定的方式处理个人信息即应被视为符合关于公共利益的要

求，执法机构不应仅以此条为依据处罚信息处理者。法院在审理个人信息案件时，除适用具体规则进行裁判可能导致显著不公平后果外，一般也不得在存在法律规则的情况下直接适用本条进行裁判。

适用要点

本条要求信息处理者在处理个人信息时应严格依照既有法律、行政法规的相应规定，其中的法律、行政法规并非单指《个人信息保护法》，而是同时指向所有可能的法律规范。那么，若不同法律法规之间、特别是其他法律法规与本法之间出现规定不一致的情况该如何解决？例如，《民法典》与《个人信息保护法》对个人信息的界定即存在差异，调整的个人信息处理类型也有所不同，适用不同法律势必会导致不同的裁判结果。通常而言，《个人信息保护法》作为个人信息领域的专门法和基本法，应当得到优先适用。在其他法律规定与《个人信息保护法》存在冲突的情况下，信息处理者的个人信息处理行为只要符合本法，即应视为其已遵循个人信息依法处理原则的要求。其他法律法规间的冲突则应当按照《立法法》确立的上位法优于下位法、新法优于旧法、特别法优于一般法的法律适用原则对上述冲突情况进行调适。但前述适用原则也存在一定例外。例如，本法第72条规定"自然人因个人或者家庭事务处理个人信息的，不适用本法"，而《民法典》则并未设置这一限制。因此，若特定个人信息民事纠纷仅涉及日常生活或社会交往的，即应当优先考虑适用《民法典》。与之相类似，如果具体案件中个人信息处理涉及网络安全或电子商务，且其特殊性足以影响到本案性质，那么法院可以考虑根据具体情况优先适用《网络安全法》或《电子商务法》的相关规定。

关联法规

《全国人民代表大会常务委员会关于加强网络信息保护的决定》第1、2条；《网络安全法》第41～43条；《民法典》第1035条

第十一条 【国家关于个人信息保护的职能】国家建立健全个人信息保护制度，预防和惩治侵害个人信息权益的行为，加强个人信息保护宣传教育，推动形成政府、企业、相关社会组织、公众共同参与个人信息保护的良好环境。

条文解读

本条是关于国家关于个人信息保护的职能的规定。

国家在个人信息保护上的职能包括以下四个方面：

1. 建立健全个人信息保护制度

个人信息安全事关自然人的人格尊严保全和合法利益维护，国家有义务通过制度建设实现对个人信息权益的周密保护。自 2003 年国务院信息化办公室部署个人信息保护法立法研究工作后，我国个人信息保护规范日渐完善，《网络安全法》、新修正的《消费者权益保护法》《电子商务法》《刑法修正案（九）》《民法典》等对个人信息保护作出了相应规定，及时回应了国家、社会、个人对个人信息保护的关切。本法的颁布实施不仅宣告个人信息保护进入科学化、体系化、规范化的新时代，更开启了个人信息保护关联法规和配套政策完善的新篇章。

2. 预防和惩治侵害个人信息权益行为

维护个人信息处理秩序、保护自然人个人信息权益是国家社会管理职能的重要体现。本法第 6 章对个人信息保护体制机制进行了明确安排，由国家网信部门和国务院有关部门在各自职责范围内负责个人信息保护和监督管理工作，同时对个人信息保护和监管职责作出规定，其中包括指导监督个人信息保护工作、接受处理相关投诉举报、组织对应用程序等进行测评、调查处理违法个人信息处理活动等。国家个人信息保护将按照统筹协调、齐抓共管的思路，切实完成本法关于预防和惩治侵害个人信息权益行为的目标要求。

3. 加强个人信息保护宣传教育

按照本法第 61 条第 1 项规定,“开展个人信息保护宣传教育,指导、监督个人信息处理者开展个人信息保护工作”是履行个人信息保护职责的部门的一项具体职责。加强个人信息保护宣传教育,通过多种形式、多种渠道宣传普及个人信息保护常识和技能;通过曝光违法违规行为、发布打击违法犯罪案例、开展警示教育等多种形式提升全社会个人信息保护法治意识,推动个人信息保护法落地实施。

4. 推动形成政府、企业、相关社会组织、公众共同参与个人信息保护的良好环境

个人信息保护是一项综合性、系统性、全方位的工程,需要政府、信息技术企业、技术社群、民间机构和公民个人等多元主体秉持共商共建共享理念,齐抓共管、协同治理、良性互动,共同促进个人信息安全。通过构建多主体共同参与的治理模式,才能应对快速变迁的社会环境和复杂多元的利益格局。

适用要点

徒法不足以自行,想要完成本条规定的国家关于个人信息保护的职能,还需要从以下几个方面开展工作:

1. 在建立健全个人信息保护制度方面的工作

(1)建立健全以本法为核心的个人信息保护法律体系,完善依法监管措施,化解信息风险。(2)全面贯彻实施本法和《网络安全法》《民法典》等法律关于个人信息保护的规定,加快制定相关配套行政法规。(3)建立健全个人信息公益诉讼、个人信息私法救济等制度。(4)完善以国家网信办牵头,个人信息保护多部门执法的协调机制,加快执法信息技术系统建设,提高对个人信息违法犯罪识别、取证、联动查处打击等能力。

2. 在预防和惩治侵害个人信息权益行为需开展的工作

(1)在预防侵害个人信息权益方面,负有个人信息行政监管职责的部

门要做到未雨绸缪,从源头上预防风险发生。同时,强化信息处理者在个人信息处理中信息安全的主体责任。(2)在惩治侵害个人信息权益方面,一是加大对侵害个人信息权益案件的惩治力度,综合运用多种行政手段及时制止违规活动。同时,通过大额罚款、吊销个人信息处理登记证或许可证等行政处罚手段,产生强烈的威慑作用。二是对恶性个人信息违法处理案件、利用个人信息进行电信网络诈骗乃至绑架、敲诈勒索等犯罪活动进行坚决打击,强化刑法在个人信息保护中的作用。

3. 在加强个人信息保护宣传教育方面需开展的工作

自然人是个人信息主体,企业是个人信息处理的责任主体,二者在个人信息保护中的作用至关重要。各级政府部门要积极组织形式多样、针对性强的全员宣传教育,增强个人和企业的数据安全和个人信息保护意识,普及专业知识,提升防范技能。同时,督促数据企业加强信息系统管理人员的专业培训和宣传教育,通过曝光违法违规行为、发布打击违法犯罪案例、开展风险警示教育等形式提升专业人员的个人信息保护意识和技能。

4. 在推动形成个人信息保护良好环境需开展的工作

政府方面,要不断完善个人信息保护配套法规,制定与之相衔接的标准、规范体系,增加制度供给。同时,强化个人信息行政执法,维护好个人信息处理秩序。企业方面,要履行好个人信息处理中信息安全的主体责任,把个人信息保护嵌入日常经营的每个环节。个人方面,要积极学习并掌握个人信息保护知识,提升自身网络运用技能,增强个人信息保护的自觉性和主动性。

关联法规

《全国人民代表大会常务委员会关于加强网络信息保护的决定》第1条

案例指引

章某某等诈骗、侵犯公民个人信息案[1]

裁判要旨：随着现代通信技术和互联网技术的快速发展，公民个人信息极易遭到泄露、滥用。公民个人信息通过网络传播、交易，往往可能被不法分子大量窃取、利用，催生电信网络诈骗等关联犯罪，严重威胁公民人身安全、财产安全和社会管理秩序。打击利用互联网出售、提供、非法获取公民个人信息等侵犯公民个人信息犯罪，切断其与电信网络诈骗等犯罪的犯罪链条，从源头上预防和减少犯罪发生，具有重要意义。

本案中，章某某等人通过百度及QQ向他人购买学生个人信息，拨打学生家长电话，先后冒充学校及教育局工作人员，以领取学生助学补助金为幌子骗取钱财，不仅侵犯了学生及学生家长的个人信息权益和财产安全，还破坏了学校的正常教学秩序和教育系统声誉，社会危害极大。本案的查处震慑了利用互联网侵犯公民个人信息犯罪，也有力地打击了电信网络诈骗犯罪，取得了良好的法律效果和社会效果。

第十二条　【国际合作】国家积极参与个人信息保护国际规则的制定，促进个人信息保护方面的国际交流与合作，推动与其他国家、地区、国际组织之间的个人信息保护规则、标准等互认。

条文解读

本条是关于国家促进个人信息保护国际合作的规定。

---

〔1〕 最高人民检察院发布六起侵犯公民个人信息犯罪典型案例之三（2017年5月16日发布）。

1. 国家积极参与个人信息保护国际规则的制定

一方面,个人信息保护是数字时代各国面临的共通问题,趋于一致的规则体系有利于避免法律的碎片问题,有助于数字经济的全球化发展。另一方面,各国个人信息保护标准不统一已经严重阻滞了个人信息的全球流动,甚至形成了新的壁垒。积极参与个人信息保护国际规则制定,推动个人信息治理全球化体系形成,既彰显了我国作为负责任大国的国际形象,也有利于我国“构建人类命运共同体”理念和“一带一路”合作倡议的实现。目前,我国倡导的“构建网络空间命运共同体”理念,赢得了绝大多数国家赞同,已经成为全球共识,为我国参与个人信息保护国际规则制定奠定了坚实基础。

2. 促进个人信息保护的国际交流与合作

加强沟通交流,深化对话与合作,共同构建和平、安全、开放、合作、有序的个人信息国际治理体系,是我国个人信息保护工作下一步工作重点。个人信息保护的国际交流与合作既要“引进来”,也要“走出去”。所谓“引进来”,是充分发挥后发优势,积极吸收域外国家的个人信息保护制度成果和实践经验,为我国高水平个人信息保护制度的形成提供有益借鉴。所谓“走出去”,一方面是指积极推动个人信息保护“中国方案”的总结、提炼、输出,在个人信息保护规则国际竞争中占领优势地位;另一方面是指积极推动个人信息保护执法国际协作,切实保护我国公民的个人信息权益不受侵害。

3. 推动与其他国家、地区、国际组织之间的个人信息保护规则、标准等互认

规则、标准互认制度是国际通行的贸易便利化工具,是促进国际合作和经贸往来的“世界语言”和“技术语言”。目前,全球虽已有 120 多个国家和地区制定了个人信息保护法,但不同国家间规制传统与制度环境的差异使个人信息保护规则、标准并不完全相同。推动符合《联合国宪章》宗旨的个人信息保护规则标准国际互认,实现不同国家、地区、国际组织之间的个人信息保护规则、标准等互通、互信,有利于促进经济一体化和

个人信息保护标准的统一化。不仅如此，推动与其他国家、地区、国际组织之间的个人信息保护规则、标准等互认，有利于我国数字企业进一步拓展国际市场，也是以开放促改革、促创新、促发展，实现经济在新常态下持续发展的有效途径。

适用要点

在大数据时代，个人信息保护是跨国界的全球性问题，保护自然人个人信息已经成为国际社会面临的共同挑战。在国际社会的共同努力下，个人信息保护在立法、行政、司法、社会监督、行业自律、企业自治以及国际合作等方面取得广泛共识。我国政府高度重视个人信息保护领域的国际合作。2014 年，我国与德国、巴西共同启动“联合新兴国家加强消费者个人信息保护合作”项目。2015 年 10 月 26 日至 27 日，由中国人民银行征信中心主办、世界银行集团国际金融公司协办的“亚太征信暨个人信息保护国际研讨会”在西安召开。2017 年 3 月 1 日，我国发布《网络空间国际合作战略》，全面宣示中国在网络空间相关国际问题上的政策立场，系统阐释中国开展网络领域对外工作的基本原则、战略目标和行动要点，旨在指导中国今后一个时期参与网络空间国际交流与合作，推动国际社会携手努力，加强对话合作，共同构建和平、安全、开放、合作、有序的网络空间，建立多边、民主、透明的全球互联网治理体系。2020 年，世界互联网大会组委会发布《携手构建网络空间命运共同体行动倡议》，“加强个人信息保护和数据安全管理”成为 20 条具体倡议之一。2020 年 9 月 8 日，中国在“抓住数字机遇，共谋合作发展”国际研讨会上提出《全球数据安全倡议》，倡导各国采取措施防范、制止利用网络侵害个人信息的行为。

从上述国际合作可以看出，我国在个人信息保护领域的国际合作日益频繁。下一步，应继续加强国际间的交流与合作，推动个人信息保护领域的交流互鉴、完善法治，共同防范打击侵犯个人信息犯罪，打造安全可靠的数据生态环境，携手构建网络空间命运共同体，更好地保障世界各国公民的人身和财产合法权益。

案例指引

张某闵等52人电信网络诈骗案[1]

裁判要旨：近年来，跨境个人信息犯罪案件时有发生。成功破获境外犯罪案件的关键是加强国际合作，尤其是境外证据的获取。应充分利用国际条约、司法互助协定、两岸司法互助协议或通过国际组织委托调取证据，过程中注意审查相关办理程序、手续是否完备，取证程序和条件是否符合有关法律文件的规定。对不符合相关规范的，一般应当要求提供所在国公证机关证明，由所在国中央外交主管机关或其授权机关认证，并经我国驻该国使、领馆认证。

本案中，国际合作主要涉及通过驻外使馆确认抓获犯罪嫌疑人和外方起获物证的具体时间；由案发地政府肯尼亚警方起获涉案笔记本电脑、语音网关（指能将语音通信集成到数据网络中实现通信功能的设备）、手机等物证并出具调查报告。在中外双方通力合作下，中国警方成功破获该案件并追究相关犯罪人员刑事责任。

[1] 最高人民检察院第十八批指导性案例(2020年4月8日发布)。

第二章　个人信息处理规则

第一节　一般规定

第十三条　【处理个人信息的情形】符合下列情形之一的，个人信息处理者方可处理个人信息：

（一）取得个人的同意；

（二）为订立、履行个人作为一方当事人的合同所必需，或者按照依法制定的劳动规章制度和依法签订的集体合同实施人力资源管理所必需；

（三）为履行法定职责或者法定义务所必需；

（四）为应对突发公共卫生事件，或者紧急情况下为保护自然人的生命健康和财产安全所必需；

（五）为公共利益实施新闻报道、舆论监督等行为，在合理的范围内处理个人信息；

（六）依照本法规定在合理的范围内处理个人自行公开或者其他已经合法公开的个人信息；

（七）法律、行政法规规定的其他情形。

依照本法其他有关规定，处理个人信息应当取得个人同意，但是有前款第二项至第七项规定情形的，不需取得个人同意。

条文解读

本条是关于个人信息处理者在何种情形下可以处理个人信息的规定。

根据本条规定，个人信息处理者在七种法定情形中，可以处理个人信息，笔者归纳如下：

（1）一般原则是取得个人的同意。“同意”是权利人对个人信息处理者作出的，允许其处理本人信息的意思表示，是一种个体就本人事务自决的行为，体现了私人自治的基本原则。“同意”体现的是个人授权，通过授权为个人信息处理活动赋予了正当性基础。“同意”既可以表现为积极同意，如在网络服务合同中，用户通过勾选相关协议内容的方式同意企业对本人信息予以采集；也可以表现为消极同意，如不反对互联网平台商业性利用本人信息的行为。

（2）个人信息并非为个人所独占，在个人信息之上可能同时承载了个人利益、社会利益和公共利益。因此，为了满足对公共利益保护的需求，法律规定个人在某些特定情形下需要让渡其部分乃至全部的信息权利。因此，原则上，处理者在处理个人信息时必须取得个人的同意，但为了在保护个人信息权益的同时，促进个人信息的合理利用，维护公共利益、国家利益等，《民法典》等法律也规定了不适用同意规则的例外情形，根据《民法典》第 1035 条第 1 款第 1 项的规定，处理个人信息的，应当征得该自然人或者其监护人同意，但是法律、行政法规另有规定的除外。例如，根据《民法典》第 999 条的规定，为公共利益实施新闻报道、舆论监督等行为的，可以合理使用民事主体的个人信息。除了作为一般原则的“取得个人的同意”外，本条列举了六种其他情形作为例外，部分来源于《民法典》相关规定，部分属于本法新增的规定：

①为订立、履行个人作为一方当事人的合同所必需，或者按照依法制定的劳动规章制度和依法签订的集体合同实施人力资源管理所必需。本条第 1 款第 2 项借鉴了欧盟《通用数据保护条例》的规定，个人信息处理

者作为合同一方当事人，按照合同法有关规定，理应负有履行其合同义务的法定义务，因此为履行合同义务而有权处理个人信息。“按照依法制定的劳动规章制度和依法签订的集体合同实施人力资源管理所必需”则是本法在二次审议后新增加的情形，如单位为办理“五险一金”，收集职工的相关个人信息。在实践中，用人单位开展人力资源管理也需要提升利用职工个人信息的效率，但如果过度扩张“人力资源管理所必需”的适用场景，也可能出现雇主利用雇主地位侵犯职工个人信息权益的现象。本项对于无须取得职工同意的情形限定在劳动规章制度和集体合同之下，以此保障职工正当权益。

②为履行法定职责或者法定义务所必需。履行法定职责的主体主要针对公权力机关，是指立法机关、行政机关以及司法机关等公权力机关依据法律法规规定而享有的职权以及必须履行的职责。在公权力机关依法履职的过程中，会涉及对公民个人信息的处理，只有为履行法定职责所必需的，才可以不需要取得个人同意。履行法定义务的主体更加广泛，普通的民事主体即自然人、法人和非法人组织均可能依法承担义务。由于义务来源具有“法定”的正当性，如果不正当履行可能会有损公共利益，因此本条第 1 款第 3 项允许在履行法定义务的情形下无须征得个人同意。

③为应对突发公共卫生事件，或者紧急情况下为保护自然人的生命健康和财产安全所必需。本条第 1 款第 4 项体现的是在个人信息处理活动中，公共利益和社会利益处于更高位阶，个人信息权益在新冠肺炎疫情等突发公共卫生事件或紧急情况下，应予以限制，其正当性主要在公益维护。

④为公共利益实施新闻报道、舆论监督等行为，在合理的范围内处理人信息。本条第 1 款第 5 项来源于《民法典》第 999 条的规定，正当性基础在于实现公共利益。在为公共利益实施的新闻报道、舆论监督中，一方面必然会涉及特定自然人的个人信息，如姓名、性别、家庭住址等；另一方面，舆论监督的作用就在于打击破坏公共利益的各类行为，如果不对相应

个人信息予以使用,则无法实现这一目的。

⑤依照本法规定在合理的范围内处理个人自行公开或者其他已经合法公开的个人信息。基于个人信息自决原则,个人有权利自行选择是否公开个人信息。当前,出于政府信息公开、建设社会信用体系或司法公正公开等诸多目的,也有许多政府机关开始探索通过网络(如各级法院在中国裁判文书网公布裁判文书)公开发布相关文件材料以推动信息透明化,其中必然会涉及公民个人信息。为了加强个人信息保护,《民法典》明确区分了公开的个人信息和非公开的个人信息,并为二者设置了不同的处理规则:对非公开的个人信息,根据《民法典》第 1035 条第 1 款第 1 项的规定,除法律、行政法规另有规定的外,处理相关信息需要征得该自然人或者其监护人同意;对于公开的个人信息,根据《民法典》第 1036 条第 2 项的规定,除自然人明确拒绝或者处理相关信息侵害其重大利益外,合理处理相关信息(该自然人自行公开的或者其他已经合法公开的信息)不需要征得该自然人或者其监护人的同意。相应地,本条第 1 款第 6 项也将已公开的个人信息作为例外情形予以规定,但需要同时满足“依照本法规定”和“在合理的范围内处理”的要件。

⑥法律、行政法规规定的其他情形。本条第 1 款第 7 项属于兜底性条款,在法律或行政法规另有规定的情形下,依照其规定。

适用要点

本条第 2 款明确了应以“个人同意”为原则,其他法定情形为例外。但仍要注意的是:(1)无须告知并取得自然人的同意即能够自由处理个人信息确实有利于降低信息处理成本,促进信息的流动与利用,但此种处理仍然不能违反法律规定,特别是本法规定,即使是已经合法公开或允许合理使用的个人信息仍然受到本法保护,自然人对这些个人信息并不因存在例外情形而失去控制的权利。(2)由于个人信息保护对于维护自然人的人格尊严和人格自由具有重要意义,如果符合例外情形处理个人信息造成侵害自然人人格权利益的，依法应承担民事责任。因此，个人信息处理者必须以合理、合法目的处理个人信息，并依照法定程序或正当程序进行。

关联法规

《民法典》第 999、1035 ~ 1038 条

案例指引

孙某东与平安银行股份有限公司、深圳市鑫富源投资咨询有限公司隐私权纠纷案[1]

裁判要旨：本条确立了取得个人同意为基本原则的个人信息处理规则。在不存在例外情形、又没有取得个人同意的情况下，特定的个人信息处理行为属于违法行为，法院可以直接援用本条进行裁判。

在本案中，法院认为在大数据时代，人们的个人信息在不知不觉中成为大数据的一部分，继而以数据化的方式被存储于电子数据库当中。收集、使用公民个人电子信息，应当明示收集、使用信息的目的、方式和范围，并经被收集者同意，被告鑫富源公司为更加精准地开发目标客户，未经原告同意，擅自使用应用软件筛选、调查原告的个人信息，违反了“告知与许可原则”的规定，构成对原告隐私权的侵害，依法应当承担侵权责任。

---

〔1〕 广东省深圳市中级人民法院(2017)粤 03 民终 7378 号。

第十四条　【知情同意规则】基于个人同意处理个人信息的，该同意应当由个人在充分知情的前提下自愿、明确作出。法律、行政法规规定处理个人信息应当取得个人单独同意或者书面同意的，从其规定。

个人信息的处理目的、处理方式和处理的个人信息种类发生变更的，应当重新取得个人同意。

条文解读

本条是关于知情同意规则的规定。

“知情同意”是个人信息处理者处理个人信息的基本规则。知情同意规则起初应用于医疗领域，随着社会生活发生翻天覆地的变化，这一规则的适用范围也发生了扩张。经济发展与合作组织（OECD）在1980年颁布的《有关隐私权保护及个人数据跨国流通的指南》第2部分“基本原则”中就有个人数据的收集应当合法、公正并取得当事人的同意的规则。这一准则在国际上奠定了早期个人信息保护的基础。我国在网络安全和个人信息保护相关的其他法律规范中确立了知情同意规则，如《网络安全法》第22条第3款规定：“网络产品、服务具有收集用户信息功能的，其提供者应当向用户明示并取得同意。”第41条规定，网络运营者处理个人信息应当经过被收集者同意。

本法作为个人信息保护领域的基本法，第13条明确规定，取得个人的同意后，个人信息处理者方可处理个人信息。本条则对同意的作出进行了明确规定：在个人信息处理活动中，同意应由个人在充分知情的前提下自愿、明确作出。由此可见，个人的同意与知情牢牢绑定，欠缺知情的同意属于有瑕疵的同意，亦不能构成对个人信息处理活动的有效同意。知情同意原则的确立，有利于维护个人信息处理活动中的个人自主，使主体得以自治自决。

依照本法规定,同意的作出需满足以下三个要件:(1)充分知情。按照意思自治和合同自由的一般原理,个人自愿作出意思表示并进入合同关系的当然前提是清楚地知晓合同的权利义务与责任内容,任何合同的当事人不应受到不知情的合同约定的约束。只有在对合同约定充分知情的前提下,当事人作出的意思表示才符合信息对称性,由此才能为个人信息处理活动赋予正当性基础。由此可知,个人的知情是个人对个人信息处理活动作出同意表示的必然逻辑前提。知情同意既然旨在维护个人自主,则必须有明确同意的对象,即明确同意是针对何种事项作出的。《民法典》第1035条第1款第2项和第3项规定,信息处理者应公开处理规则并明示处理目的、方式及范围,本法第17条则具体规定了个人信息处理者应当告知的事项。(2)自愿。在知情同意规则看来,任何一个成年的、理性的有民事行为能力的自然人都有权自主决定如何处置自己的信息,如果在充分知晓处理本人信息的目的、用途和风险后不同意进行处理,则应当尊重个人意愿。如果同意并非基于内心真实的自由意志作出,显然有违意思自治原则。(3)明确。同意必须明确作出。作为一种法律意义上的意思表示,个人是否作出了同意也应当通过意思表示规则予以认定。明示的"同意"属于有效的同意,默示的"同意"构成推知的"同意",其效果与明示相同。而单纯的沉默在通常情况下,则不能被认为是"同意"。

由于个人信息层级多样、内容复杂,本条没有具体规定何种信息应采用何种同意框架,而是概括性地作了规定,便于个人信息处理者在实践中平衡信息安全与效率成本的不同诉求,如通过格式条款进行告知。但是,和姓名、性别等非敏感个人信息不同,个人生物特征、医疗健康、金融账户等敏感个人信息的泄露或不当处理,往往会对个人造成难以恢复的影响。因此,法律对于个人敏感信息的处理,往往会设定更严格的同意要求或要件,故本条同时作出规定:"法律、行政法规规定处理个人信息应当取得个人单独同意或者书面同意的,从其规定。"本法第2章第2节"敏感个人信息的处理规则"第29条相应规定:"处理敏感个人信息应当取得个人的单独同意;法律、行政法规规定处理敏感个人信息应当取得书面同意的,从其规定。”

个人信息作为促进数字经济发展的重要资源,在采集后往往会开展更进一步的分析利用。在个人信息数量呈指数级增长、信息处理活动越来越频繁的背景下,个人信息处理活动的开展常常难以预知,这难以使信息主体真正知情,也使个人作出同意的频次增加。但是,在这一过程中,由于个人很难开展有效的控制和监督,容易造成个人信息的不当处理,因此,重新取得个人同意成为必要。本条为了应对这一问题,规定“个人信息的处理目的、处理方式和处理的个人信息种类发生变更的,应当重新取得个人同意”,对个人信息处理者施加了重新取得同意的义务。

适用要点

根据本条规定,虽然“知情”是同意的前提,但如果个人信息处理者已经充分履行了告知义务,并遵守了诚实信用原则等相应原则,那么也可以作出个人已经知情的推定,而不能过于严苛地要求个人信息处理者强制性地保障个人知情。若个人出于时间、懈怠或其他原因没有完全阅读或了解告知内容,也属于其自决的事项,而不能认为个人没有作出有效同意,否则个人信息处理者将无力应对冗杂的同意程序,也无益于推动产业发展和技术进步。相应地,实践中存在很多个人信息处理者通过格式条款的形式履行告知义务的情形。个人在检视格式条款内容时,应注意以下两个方面,防止个人信息处理者利用格式条款免责:第一,对于免除或减轻其责任等与个人有重大利害关系的条款,个人信息处理者是否尽到合理的提示义务;第二,格式条款是否存在无效情形,例如,格式条款不合理地免除或者减轻个人信息处理者的责任、加重个人责任、限制个人主要权利,均属于无效。

关联法规

《网络安全法》第 22、41 条;《民法典》第 1035 条;《个人信息保护法》第 13、17、29 条

第十五条 【个人有权撤回同意】基于个人同意处理个人信息的,个人有权撤回其同意。个人信息处理者应当提供便捷的撤回同意的方式。

个人撤回同意,不影响撤回前基于个人同意已进行的个人信息处理活动的效力。

条文解读

本条是关于个人有权撤回同意的规定。

知情同意原则是民法中的意思自治原则在个人信息保护领域的个性化表达。所谓“意思自治”,就是主体在没有非法的外力强迫的情况下,可以根据自己的主观意志来决定民事法律关系的设立、变更和终止,具体到个人信息保护领域,知情同意的一个方面是个人有权在充分知情的前提下自愿、明确地作出同意,相对应的另一个方面就是个人也有权根据本人意志撤回同意,不再授权给个人信息处理者,否则就是对意思自治的违反。在实践中,由于许多处理个人信息的告知环节设于处理的初始阶段,尚处于信息收集的过程,个人往往难以合理预计或清晰掌握同意处理个人信息的后续影响。在个人认为不应同意处理其个人信息时,为个人设定同意撤回权,允许个人要求处理者取消处理行为更有利于加强个人信息保护。

同意的撤回,是指个人基于告知同意规则,对本人已经作出的同意予以取消的意思表示。按照本条规定,同意的撤回所产生的效力是使先前作出的同意不再具有法律效力,个人信息处理者将无权处理个人信息,因

此，本条的"撤回"，实际上应当认定为意思表示的撤销，否则难以得出取消意思表示并使其失去效力的结论。本条确认了个人有权撤回对个人信息处理的同意，并要求个人信息处理者提供便捷的撤回同意的方式。

(1)本条仅适用于基于个人同意而进行的个人信息处理活动。只有在作出同意的前提下，才涉及对同意的撤回，如果是基于本法第 13 条第 1 款第 2 ~ 7 项规定的情形而处理个人信息，则不适用本条。

(2)本条没有从个人的角度规定撤回同意的具体方式，但规定个人信息处理者应当提供便捷的撤回同意的方式：首先，同意作为意思表示，如前所述，其撤回不能认为属于意思表示的撤回，而应当认为属于意思表示的撤销，原因是同意的意思表示已经到达相对人并生效；其次，同意撤回权在性质上应属于形成权，具有可依单方面的意思表示使法律关系发生变动的性质。但按照体系解释的方法，同意的撤回也应当自愿、明确地作出，个人仅需向信息处理者发出其撤回同意的意思表示即可产生效力；最后，由于本法特别规定个人信息处理者应当为同意撤回提供便利，可以看出本法在价值选择上更倾向于对个人行权便利性的保护，那么也意味着，个人信息处理者不得在隐私政策或用户协议等条款内对个人的同意撤回权予以排除或增加不合理的限制条件。

(3)同意的撤回不具有溯及力。由于个人信息处理活动往往会涉及个人的人格利益，对同意的撤回客观上难以达到恢复原状的状态，尤其是在应用大数据技术的情况下，个人信息已经通过技术手段进行了再处理和再分析，要求完全取消对其个人信息的处理并不现实，也将耗费巨大的成本。为了平衡个人信息保护与产业经济发展利益，不宜规定同意的撤回具有溯及力，溯及既往既不可能，也无必要。所以，本法规定同意的撤回不影响先前处理活动的效力。

适用要点

"知情同意"是本法确立的个人信息保护核心规则，该原则在《网络安全法》等立法中亦有体现。本条规定进一步充实了“知情同意”规则体系,从意思表示撤销的方面认可了个人对个人信息处理活动的全程均享有私法自治的空间。在具体适用上,需要注意两个问题:其一,同意撤回权的行使不应需要有损害结果作为要件。依照意思自治的法理,撤回同意的唯一依据即为本人的内心意志,单方排除同意撤回权或设定不当限制条件均有违意思自治原则,不利于个人行使同意撤回权;其二,在实践中,存在许多个人信息处理者合作和委托处理个人信息的情形,有其他从信息处理者处获得信息的受托方或第三方都应当遵从授权递减原则。当个人撤回同意时,合作方、受托方或第三方也应当受撤回的约束,不得再处理个人相关信息。

关联法规

《个人信息保护法》第13、14条

第十六条 【不同意不影响使用产品和服务】个人信息处理者不得以个人不同意处理其个人信息或者撤回同意为由,拒绝提供产品或者服务;处理个人信息属于提供产品或者服务所必需的除外。

条文解读

本条是关于个人撤回同意不影响使用产品和服务的规定。

近年来,移动互联网快速发展不断催生新业态、新模式,推动各类智能应用和生活服务产品蓬勃兴起,成为网络应用的主要载体。当前,我国各类应用在架数量和用户规模持续扩大,深刻影响了人们的社会生活。然而,数字时代下企业或平台提供的产品、服务和便利条件,通常需要收集用户的各类信息并加以处理,而随着社会生活智能化程度不断提升,各类智能应用日益加强与用户生活的捆绑,以至于在现实生活中,个人若想正常地开展工作与生活,就无法拒绝各种信息收集的要求,否则将完全不能使用相关产品和服务。知情同意规定的基本价值是信息自决,如果不能将信息处理的决定权真正交由个人之手,将大大虚化和弱化知情同意规则的规范功能,反而可能被个人信息处理者所利用,成为其免责的工具。面对这一窘境,2021 年 5 月 1 日起施行的《常见类型移动互联网应用程序必要个人信息范围规定》要求,在明确 App 基本功能服务和必要个人信息范围的基础上,App 运营者不得因用户不同意收集非必要个人信息,而拒绝用户使用其基本功能服务。本条则以法律的形式确认了个人信息处理者不得以个人不同意处理其个人信息或者撤回其对个人信息处理的同意为由,拒绝提供产品或者服务。本条保障了个人不同意或撤回同意之后继续使用产品或服务的合法权益,使个人消除了对不同意或撤回同意之不利后果的担忧,对个人依内心意志行权提供了充分保障。

从规范结构上看,本条有两个层次:(1)以不得拒绝提供产品或者服务为原则。按照目前使用智能应用的一般情况,用户在阅读《用户服务协议》和《隐私政策》等文件后,只有点击“同意”,表示已阅读并同意全部条款,才可以使用该应用及其服务;如果选择“不同意”,该应用便会自动退出,且“拒绝”被使用,用户甚至无法进入登录页面。在这种通过捆绑功能服务“一揽子”索取个人信息授权的情形下,实质上是企业或平台利用支配地位迫使用户不得不作出同意,个人只能将大量甚至全部信息提供给企业或平台,而可能逾越了收集信息的必要范围。事实上,部分应用运营者为了追求商业利益而刻意收集大量与服务无关的个人信息,是用户隐私泄露的一个重要原因。因此,本条为平衡用户对产品和服务的使用权与收集使用非必要个人信息的知情权和决定权,规范了我国移动互联网产品和服务的个人信息处理行为,将为用户个人行权和维权提供明确的依据。(2)以处理个人信息属于提供产品或者服务所必需时,可以不提供产品或服务为例外。为了保障产品正常使用或服务正常开展,在功能的范围内收集用户的一定信息是正当的。如在新冠肺炎疫情期间广泛应用的“大数据通信行程卡”，是需要在获取用户的手机号码后，才能分析用户近 14 日内停留的地点，如果用户不同意提供手机号码等信息，该应用则无法正常提供服务，此时就属于处理个人信息属于提供产品或者服务所必需的情况。

适用要点

在具体适用上，本条没有明确规定何种信息属于提供产品或者服务所必需，因此应当结合个人信息收集的“最小必要”原则进行适用。《网络安全法》第 41 条规定“网络运营者收集、使用个人信息，应当遵循合法、正当、必要的原则”“网络运营者不得收集与其提供的服务无关的个人信息”，确立了“最小必要”原则。2020 年《信息安全技术　个人信息安全规范》（GB/T 35273－2020）第 4 条则将“最小必要原则”表述为“只处理满足个人信息主体授权同意的目的所需的最少个人信息类型和数量。”由此可见，该原则的要义在于在授权同意目的的范围内（必要性），收集对个人影响最小的信息（影响最小性）。2021 年《常见类型移动互联网应用程序必要个人信息范围规定》明确了“App 不得因用户不同意提供非必要个人信息，而拒绝用户使用其基本功能服务”，还进一步规定了网络直播类、在线影音类、短视频类，新闻资讯类、安全管理类、电子图书类等 12 类 App 无须个人信息，即可使用基本功能服务。由此可见，在实践中，除“最小必要”原则外，还应结合具体应用场景，类型化区分不同应用的“最小必要”原则范围，在此范围内处理的信息，与提供产品或者服务有紧密关联，方为个人信息处理的边界。

关联法规

《网络安全法》第 41 条；《常见类型移动互联网应用程序必要个人信息范围规定》

第十七条　【应当告知的事项】个人信息处理者在处理个人信息前，应当以显著方式、清晰易懂的语言真实、准确、完整地向个人告知下列事项：

（一）个人信息处理者的名称或者姓名和联系方式；

（二）个人信息的处理目的、处理方式，处理的个人信息种类、保存期限；

（三）个人行使本法规定权利的方式和程序；

（四）法律、行政法规规定应当告知的其他事项。

前款规定事项发生变更的，应当将变更部分告知个人。

个人信息处理者通过制定个人信息处理规则的方式告知第一款规定事项的，处理规则应当公开，并且便于查阅和保存。

条文解读

本条是关于个人信息处理者应当告知的事项的规定。

知情同意规则由知情规则与同意规则组成。其中，只有个人信息保护者充分履行了告知义务，才能保障个人的同意在充分知情的前提下，自愿、明确地作出。如果告知内容不完整，或告知内容有错误，都不能认定个人已经“充分知情”，其同意的效力也会相应减损。既然法律要求凡是需要取得个人同意的个人信息处理活动，处理者都需要履行向个人的告知义务，首要问题就来到了告知义务的履行方式。就处理者应当向个人告知哪些事项，《民法典》第 1035 条以及《网络安全法》第 41 条第 1 款只是规定了“处理信息的目的、方式和范围”等内容，没有作出具体的规定；就告知的具体程序，目前仍缺乏相应的法律依据。为了规范实践中个人信息处理者构建告知程序、设定告知事项，本条明确列举了个人信息处理者应当告知的事项，规定了告知义务的履行方式。

（1）本条第 1 款规定了四种应该告知的事项，属于告知事项的一般规定。首先,个人信息处理者的身份和联系方式。之所以要求告知这一事项,是因为在虚拟空间中,个人与个人信息处理者的关系连接于网络之上,本就难以实际接触,如果无须告知个人信息处理者的身份和联系方式,显然不利于个人信息处理公开、透明与公正地开展,个人也没有能力去知悉何人处理了自己的信息,有关保障权利的规定也就成了一纸空文。因此,必须要首先保证个人能知悉其信息由何人处理,便于之后主张权利。

其次,个人信息的处理目的、处理方式,处理的个人信息的种类和保存期限。所谓个人信息处理的目的,是指个人信息处理者为了什么目的而处理个人信息。目的是否正当,是个人决定是否同意处理的重要因素。在其他部门法中,目的正当性包含在诚信原则中,不仅在学理上得到广泛认可,在实践中也得到普遍践行,本款也将其作为必要的告知事项。个人信息的处理方式主要是指处理者对个人信息采取何种处理方法,处理方法的告知应当涵盖个人信息处理的全流程,具体包括个人信息的收集、存储、使用、加工、传输等。个人信息的种类和处理活动息息相关,不同种类的个人信息对个人权益的影响也不尽相同,如敏感个人信息的泄露可能会极大地损害公民的人格权益。因此,在开展个人信息处理活动前,必须要明确告知处理的个人信息的种类,而且不能采用"一揽子"的方式,如人脸识别前需要明确告知需要采集人脸信息,而不能用"生物识别信息"或"身份信息"予以替代。个人信息的保存期限对信息安全非常重要。保存期限越长,越容易造成安全风险。因此,个人信息处理者必须要根据处理活动设定明确的保存期限,并明确告知个人。

再次,个人行使本法规定权利的方式和程序。《民法典》对自然人设定了个人信息的查询、复制、抄录权,发现错误时的更正权,以及要求删除个人信息的权利,但由于本条第 1 款第 3 项表述为"行使本法规定权利",因此个人信息处理者只需要告知个人依据本法行权的方式和程序。这样规定也是因为本法规定的个人信息权利类型非常广泛,已经可以涵盖其他部门法的规定。

最后,法律、行政法规规定应当告知的其他事项。此项属于兜底性规定,一方面与《个人信息保护法》关于特殊告知事项的规定相衔接,另一方面也为将来相关法律和行政法规的规定留下空间。例如,本法第 30 条规定:“个人信息处理者处理敏感个人信息的,除本法第十七条第一款规定的事项外,还应当向个人告知处理敏感个人信息的必要性以及对个人权益的影响;依照本法规定可以不向个人告知的除外。”

本条第 2 款规定,本条第 1 款规定事项发生变更的,应当将变更部分告知个人。因此,如果发生变更,个人信息处理者只需要将变更部分进行告知即可,并重新征得同意,而无须将全部事项重复进行告知。

(2)对于告知义务的履行方式,本条第 1 款要求“以显著方式、清晰易懂的语言真实、准确、完整地向个人告知”,而且是“在处理个人信息前”。

首先,告知的时间要在处理个人信息前。个人信息处理者必须是在处理个人信息前向个人进行告知,而不能事后告知,否则有违知情同意规则。对于紧急情况下的告知,由本法第 18 条规定。

其次,告知方式要以显著方式、清晰易懂的语言进行。第一,告知要以显著方式进行。所谓显著方式,是指个人信息处理者应当以个人容易辨识和易于获取的方式进行告知,而不能采用隐匿或难以辨识的方式规避告知。第二,告知要以清晰易懂的语言进行。所谓清晰易懂的语言,是指处理者应当以一般的理性社会人为标准,使用公众能理解的语言进行告知,从而使任何不具备个人信息处理专业知识的个人能够了解个人信息处理者所告知的内容。《App 违法违规收集使用个人信息行为认定方法》就规定了“有关收集使用规则的内容晦涩难懂、冗长烦琐,用户难以理解,如使用大量专业术语等”行为可被认定为未明示收集使用个人信息的目的、方式和范围。

(3)在实践中,个人信息处理者为了更高效地履行告知义务,降低逐一告知所带来的运营成本,往往选择制定个人信息处理规则的方式进行告知,如许多应用运营商会通过 App 隐私协议(也称“隐私保护指引”“隐私政策”等)与用户就个人信息收集、使用达成协议。对于个人信息处理者通过制定此类个人信息处理规则的方式告知本条第1款规定的应当告知的事项的，处理规则应当公开，并且便于查阅和保存。如果隐私政策等处理规则难以阅读，如文字过小过密、颜色过淡、模糊不清、展示时间过短，或未提供中文版本等，抑或不能保存等，均属于违反本款规定。

适用要点

在"知情同意"的原则性规定之后，本条确立了个人信息处理者应当遵守的一般告知规则。告知规则的设计不仅是为了维护个人的合法权益，也是出于国家强制力，通过法律规范对个人信息处理者开展的监督。首先，法定的告知义务不能以推定个人已知情而事先免除，只有在出现本法第18条规定的例外情形时，才可以不依照本条规定进行告知，个人信息处理者亦不得以行业惯例、交易习惯等理由不进行告知。其次，告知义务的履行，并不只限于在收集个人信息的阶段，而是涵盖个人信息处理的全周期，结合本法第17条的规定可以看出，个人信息处理者在进行本法规定的"处理"活动（包括收集、存储、使用、加工、传输、提供、公开、删除等）前，均需履行告知义务。此外，如前所述，在处理者履行告知义务时，格式条款也会发挥非常关键的作用。针对通过格式条款进行告知的，不仅要落实"公开""便于查阅和保存"的法定要求，也要关注格式条款本身是否有免除或限制该条款提供方责任的内容和因素，以及是否存在限制个人行使权利的内容。

关联法规

《民法典》第1035条；《网络安全法》第41条；《个人信息保护法》第18、30条

第十八条　【应当告知的例外情形】个人信息处理者处理个人信息，有法律、行政法规规定应当保密或者不需要告知的情形的，可以不向个人告知前条第一款规定的事项。

紧急情况下为保护自然人的生命健康和财产安全无法及时向个人告知的，个人信息处理者应当在紧急情况消除后及时告知。

条文解读

本条是关于个人信息处理者应当告知的例外情形的规定。

依照本法第 17 条的规定，个人信息处理者在处理个人信息前，应当履行充分的告知义务。充分的告知是知情同意规则的逻辑起点，另一层面，告知义务也并非在所有情形下都能得以妥善适用，尤其是涉及社会公共利益的情形。实现社会公共利益与保障个人基本权利、自由和个人信息的保护应当均作为重要的价值目标，因而不能完全交由个人信息主体和个人信息处理者双方意思自治，法律必须对此进行介入。本条创设了两项豁免告知的情形，分别是基于保密义务的豁免，以及基于紧急情况的豁免：

（1）法律、行政法规规定应当保密或者不需要告知。本条第 1 款存在两种例外情形：第一种情形是存在法定的保密义务，个人信息处理者由此免除了告知义务，而所谓“保密”，指的是应当告知的事项属于保密事项，而并非为个人信息保密。法律、行政法规规定应当保密的情形是非常明确的，主要是基于侦查犯罪、反恐怖主义等维护公共安全、国家安全等社会公共利益和国家利益的考虑而规定个人信息处理者的保密义务。若个人信息处理者将本该依法予以保密的内容告知个人信息主体，则该告知行为将违反法定的保密义务，属违法行为，因此个人信息处理者不应进行告知。第二种情形是法律、行政法规规定不需要告知。“不需要告知”意味着个人信息处理者自行可以选择告知与否，如果个人信息处理者选择告知的,则应按照本法第 17 条的规定进行充分告知。

(2)紧急情况下无法及时告知的,可以在紧急情况消除后再行告知。在刑法学理论中,紧急避险行为之所以无须行为人承担刑事责任,是因为紧急情况构成“排除犯罪事由”,即行为人的行为虽然在客观上造成了一定的损害结果,似乎符合某些犯罪的客观构成要件,但实际上该行为并没有社会危害性,不符合具体的犯罪构成,依法不成立犯罪。本款也采取了类似的思路,确认紧急情况下无法及时向个人告知的,可以先不告知。不履行告知义务虽然属于违法行为,但是在紧急情况下,并且是出于保护自然人的生命健康和财产安全的需要,实际上既不存在社会危害性,也捍卫了更加重要的法益。

适用要点

由于本条规定的是例外情形,因此在对本条进行适用时,重点是对本条适用前提的认定。本条第 1 款的适用前提是有法律、行政法规规定应当保密或者不需要告知的情形,这一点是相对明确的,认定的依据为法律和行政法规的规定。本条第 2 款的适用前提是紧急情况下为保护自然人的生命健康和财产安全无法及时向个人告知。这说明只有为保护自然人的生命健康和财产安全才能得到豁免,维护他种法益不足以排除告知义务。至于如何判定“紧急情况”“及时”等要素,则需要结合实际情势,进行个案认定。而且,在紧急情况消除后,个人信息处理者仍需及时告知,这说明紧急情况并非终局性地排除了告知义务,只是延缓了告知义务的履行时间,允许个人信息处理者先行应对紧急情况,在紧急情况消除后,继续履行告知义务。如果个人信息处理者在紧急情况消除后仍不能履行充分的告知义务,则属于违法行为,且不存在排除违法性的事由,应当依法承担责任。

关联法规

《个人信息保护法》第 17 条

第十九条 【个人信息的保存期限】除法律、行政法规另有规定外，个人信息的保存期限应当为实现处理目的所必要的最短时间。

条文解读

本条是关于个人信息的保存期限的规定。

在个人信息处理者采集及处理个人信息的过程中，实现对信息的妥善保存是确保个人信息安全的一个重要方面。个人信息价值巨大，许多企业或平台在收集到个人信息后，往往希望长期或永久保留个人信息，以不断地获取其中价值，这一方面可能导致处理活动超出必要限度，另一方面滋生了个人信息泄露或不当利用的风险。规定个人信息保存期限的目的，在于促使个人信息处理者落实本法要求，限于实现处理目的所必要的最小范围、采取对个人权益影响最小的方式处理个人信息，慎重对待和保存个人信息，严格保障个人信息安全。

在具体适用上，应当明确本条的适用前提是个人未明确要求不再保存个人信息，且无法依据法律规定确定保存时间。按照知情同意规则，如果个人根据意思自治，作出不同意或撤回同意的表示，个人信息处理者应当按照个人要求，不再保存个人信息。《民法典》第 1037 条也确认了个人信息删除权。而在个人没有行权的情况下，此时由于无法确认个人信息的保存期限，才应将期限确定为为实现处理目的所必要的最短时间。由于本条没有明确界定何为“为实现处理目的所必要的最短时间”，可以从以下三个方面进行考虑：(1)业务应用所需的最低时限；(2)诉讼时效；(3)法律法规或行业监管对信息保存期限有要求，对于这一种情况，本条亦进行了规定。目前已经有多部生效法律规定了保存期限,如《网络安全法》第 21 条第 3 项规定:“采取监测、记录网络运行状态、网络安全事件的技术措施,并按照规定留存相关的网络日志不少于六个月。”依据此条款,包含个人信息的相关网络日志至少需要保存 6 个月。《电子商务法》第 31 条中规定:“商品和服务信息、交易信息保存时间自交易完成之日起不少于三年。”第 53 条规定:“电子支付服务提供者应当向用户免费提供对账服务以及最近三年的交易记录。”按照这两条规定,电子商务平台经营者保存包含个人信息的交易信息、支付信息的保存期限应不少于 3 年。《征信业管理条例》第 16 条规定:“征信机构对个人不良信息的保存期限,自不良行为或者事件终止之日起为 5 年;超过 5 年的,应当予以删除。”该条则是规定了个人信息保存期限的上限,对于个人不良信息保存期限超过 5 年的,应予以删除。

适用要点

合理确定个人信息的保存期限对维护个人信息安全至关重要。在适用上,首先,结合本法第 17 条的规定,个人信息处理者应当将确定的个人信息保存必要最短期限,以及业务场景下收集、存储个人信息规则、目的、方式等,以显著方式、清晰易懂的语言列入告知事项中,在履行告知义务的基础上获得个人的同意。其次,对于保存期限届满的个人信息,按照《信息安全技术　个人信息安全规范》(GB/T 35273 - 2020)第 6.1 条的要求,应当对个人信息进行删除或匿名化处理。本法第 47 条也规定:“有下列情形之一的,个人信息处理者应当主动删除个人信息;个人信息处理者未删除的,个人有权请求删除:(一)处理目的已实现、无法实现或者为实现处理目的不再必要;(二)个人信息处理者停止提供产品或者服务,或者保存期限已届满;……法律、行政法规规定的保存期限未届满,或者删除个人信息从技术上难以实现的,个人信息处理者应当停止除存储和采取必要的安全保护措施之外的处理。”这说明个人信息保存期限届满的,个人信息处理者应以删除为原则,以采取必要安全保护措施继续持有为例外。所谓“删除”,就是在实现日常业务功能所涉及的系统中去除个人信息,使其保持不可被检索、访问的状态;“匿名化处理”则指是通过处理手段,使相关信息无法识别特定个人且不能复原。但对于《征信业管理条例》第16条等明确规定进行删除的,则不能采取匿名化处理。

关联法规

《民法典》第1037条;《网络安全法》第21条;《电子商务法》第31、53条;《征信业管理条例》第16条

第二十条 【合作处理个人信息】两个以上的个人信息处理者共同决定个人信息的处理目的和处理方式的,应当约定各自的权利和义务。但是,该约定不影响个人向其中任何一个个人信息处理者要求行使本法规定的权利。

个人信息处理者共同处理个人信息,侵害个人信息权益造成损害的,应当依法承担连带责任。

条文解读

本条是关于两个以上的个人信息处理者合作处理个人信息的规定。

在实践中,出于提升信息处理效率、降低信息处理成本等因素的考虑,许多个人信息处理者会采用合作处理的方式,共同开展处理活动。例如,在金融科技行业,科技公司会与银行、券商、保险公司等金融机构一同开发客户资源,合作采集和处理用户的个人信息。由于这种合作处理模式扩大了个人信息处理者的范围,增加了个人信息的传输与共享流程,为个人信息安全增添了不稳定因素,因此需要立法予以规制。本条对于此

类合作处理,建立了三个层次的规范结构:

(1)对于合作处理的内部关系,本条规定两个以上的个人信息处理者应当约定各自的权利和义务。实践当中,由于各种原因,经常会出现合作各方对重要的权利和义务没有进行约定的情况,一方面不利于形成稳定的内部关系,另一方面在出现争议时,不利于保障个人行权。因此,对于合作处理个人信息的,应约定各自的权利和义务,防止出现推诿扯皮、逃避承担责任或不当处理个人信息的情况的出现。

(2)对于合作处理的外部关系,内部约定不影响外部的个人信息主体向其中任何一方个人信息处理者主张权利,即内部约定不得对抗第三人。个人信息处理者之间有关权利义务及责任划分的内部约定,既不具有公示效力,又难以被处于外部的个人所知悉,因此应当允许个人向其中任何一方个人信息处理者要求行使本法规定的权利,否则将对个人行使权利造成客观上的阻碍。

(3)对于法律责任的承担,本条规定个人信息处理者对于侵权行为承担连带责任。个人信息处理者之间的连带责任,是指个人信息处理者共同处理个人信息时,利用个人信息处理活动实施侵害个人信息权益的行为后,个人信息处理者之间在法定情况下承担连带责任的侵权责任形式。在责任的承担方式上,本法第69条规定:“处理个人信息侵害个人信息权益造成损害,个人信息处理者不能证明自己没有过错的,应当承担损害赔偿等侵权责任。前款规定的损害赔偿责任按照个人因此受到的损失或者个人信息处理者因此获得的利益确定;个人因此受到的损失和个人信息处理者因此获得的利益难以确定的,根据实际情况确定赔偿数额。”因此,责任承担应以损害赔偿为主。

适用要点

本条允许两个以上的个人信息处理者共同处理个人信息,也是基于协调个人信息有效利用与个人信息权益保障的考虑,虽然本条没有对可以共同处理个人信息的处理者进行类型化区分，但显然在数量上必须是两人以上。在侵权责任的承担上，应当注意：第一，由于个人信息处理者之间承担连带责任，在发生纠纷时，个人可以选择起诉两个以上的个人信息处理者，法院应当一并确定各自的赔偿责任份额，也可以只起诉其知道的个人信息处理者，不起诉或者无法起诉直接侵权的个人信息处理者亦不妨碍个人行权。第二，既然是承担连带责任，那么就有赔偿责任份额的问题。《民法典》第 178 条规定："连带责任人的责任份额根据各自责任大小确定；难以确定责任大小的，平均承担责任。实际承担责任超过自己责任份额的连带责任人，有权向其他连带责任人追偿。"因此，对于责任份额的确定，要先进行责任大小的划分，划分可以根据个人信息处理者行为的原因和过错程度，对于实际承担责任超过应承担责任份额的情况，个人信息处理者享有追偿权。第三，根据连带责任的性质，在给付上，连带责任具有给付的同一性，连带责任会因任何一方个人信息处理者的全部清偿而消灭；在消灭上，连带责任具有消灭的整体性，承担连带责任的个人信息处理者中的任何一方清偿全部债务，都会发生使全体个人信息处理者共同免责的效果。

关联法规

《民法典》第 178、519 条

案例指引

庞某鹏与北京趣拿信息技术有限公司等隐私权纠纷案[1]

裁判要旨：本条规定的是"共同处理个人信息"，属于《民法典》第 1168 条规定的共同侵权行为，最重要的是认定何为"共同"。综合考虑共

[1] 北京市第一中级人民法院(2017)京 01 民终 509 号。

同故意说、共同过错说、共同行为说等学说，结合个人信息处理活动中常见的侵权行为类型来看，如果仅以个人信息处理者主观上存在侵权的意思联络作为“共同”的认定标准，还不足以涵盖，还应包括行为人因客观上行为直接结合而造成用户个人损害的情形。

本案是由网络购票引发的涉及航空公司、网络购票平台侵犯公民隐私权的纠纷，原告庞某鹏被泄露的信息包括姓名、手机号、行程安排等，其行程安排无疑属于私人活动信息，应该属于隐私信息，可以通过本案的隐私权纠纷主张救济。法院在排除其他泄露隐私信息可能性的前提下，结合本案证据认定上述两家公司存在过错。航空公司和趣拿公司作为各自行业的知名企业，一方面因其经营性质掌握了大量的个人信息，另一方面亦有相应的能力保护好消费者的个人信息免受泄露，这既是其社会责任，也是其应尽的法律义务。本案个人信息泄露事件的发生，是由于航空公司、网络购票平台疏于防范导致的结果，因而可以认定其具有过错，应承担侵权责任。

第二十一条 【委托处理个人信息】个人信息处理者委托处理个人信息的，应当与受托人约定委托处理的目的、期限、处理方式、个人信息的种类、保护措施以及双方的权利和义务等，并对受托人的个人信息处理活动进行监督。

受托人应当按照约定处理个人信息，不得超出约定的处理目的、处理方式等处理个人信息；委托合同不生效、无效、被撤销或者终止的，受托人应当将个人信息返还个人信息处理者或者予以删除，不得保留。

未经个人信息处理者同意，受托人不得转委托他人处理个人信息。

条文解读

本条是关于个人信息处理者委托处理个人信息的规定。

委托处理是个人信息处理过程中一种常见的处理手段。由于许多个人信息处理者并不具备相应的处理技术或处理设施,在收集到个人信息后,会委托给专业的服务企业进行处理,例如实践中的数据服务公司,会为大型企业提供数据清洗、数据结构化、数据分析等专业服务,其本质就是拥有用户个人信息的企业将一部分信息处理业务委托外包。但是,不同于欧盟《通用数据保护条例》区分个人信息控制者和处理者,本法没有采用这样的二元身份界定,只单一地设立了"个人信息处理者"的概念。尽管如此,仍应当明确的是:一是在委托处理场景中,"个人信息控制者"角色和实际的"个人信息处理者"角色产生了分离,二者构成委托代理法律关系;二是于个人或其他外部主体来说,委托方与受托方之间的关系则属于内部关系,受托方并未取得对数据的控制权,数据仍然处于委托方的控制之下。

虽然受托的个人信息处理者不是最终的控制者,但个人信息亦发生了客观流转,个人信息安全就会相应地存在赋权不清、增加泄露与不当利用环节、监管动力不足和安全保护义务难以落实等现实问题,在控制者不直接参与信息处理的情形下,更容易导致个人信息安全风险。本条共3款,设定了委托处理个人信息的具体规则:

(1)第1款规定委托代理关系。个人信息处理者("控制者")应当与受托方(实际的"处理者")约定委托处理的目的、期限、处理方式、个人信息的种类、保护措施以及双方的权利和义务等,并对受托方的个人信息处理活动进行监督。约定委托处理的目的,在于防止信息处理者对个人信息的过度处理,并将其处理活动限定在合目的性原则之内。若处理特定的个人信息不能实现既定的目的,则构成对信息处理的滥用;约定期限、处理方式、个人信息的种类和保护措施,旨在将委托代理限定在个人信息处理目的内、实现目的的最短期限和最简处理方式内进行处理,并且对个人信息应采取一定的保护措施;约定双方的权利和义务,旨在进一步厘清委托代理内部关系,减少产生纠纷的可能性。此外,本款还要求委托方对受托方的个人信息处理活动进行监督,但由于本法没有明确界定受托方的法律身份,因此委托方仍然是“个人信息处理者”,对个人信息安全负责并承担相应的责任。

(2)第2款规定受托方的义务。受托方虽然直接处理个人信息,但不属于本法中的“个人信息处理者”,其依据委托方指示以委托方的名义处理个人信息,主要是基于与委托方的合同关系而履行合同义务,因此,受托方不得超出约定的处理目的、处理方式等处理个人信息,否则将构成对合同约定的违反。在委托合同不生效、无效、被撤销或者终止的情况下,由于合同基础关系已经不复存在,受托方不再享有保有个人信息的正当性基础,因此应当将个人信息全部返还给个人信息处理者或予以删除,而不得私自保留,委托方亦应监督受托方及时和完整地归还个人信息,或者指令受托方全盘删除和销毁相关信息。

(3)第3款规定转委托。《民法典》第923条规定:“受托人应当亲自处理委托事务。经委托人同意,受托人可以转委托。转委托经同意或者追认的,委托人可以就委托事务直接指示转委托的第三人,受托人仅就第三人的选任及其对第三人的指示承担责任。转委托未经同意或者追认的,受托人应当对转委托的第三人的行为承担责任;但是,在紧急情况下受托人为了维护委托人的利益需要转委托第三人的除外。”个人信息处理的转委托是指经委托的个人信息处理者同意,受托人将个人信息处理委托给他人处理,设定新的委托代理关系。通说认为,委托代理关系体现出较强的信任关系,委托人通常基于对受托人本人的信任而委托其处理事务,因此,如果受托人想要将受托事务转委托给第三人,应当经过委托人的同意。需要注意的是,转委托是受托人将委托事务的全部或一部分转由第三人独立承担,如果仅仅引入辅助人或管理人等帮助自己更好地处理委托事务的人,不构成转委托。由于个人信息的委托处理容易产生安全风险,本款严格限制转委托,如果经个人信息处理者同意发生了转委托,按照委托方对于个人信息安全负责的基本原则,委托方的监督责任也应当延展到转受托方及其处理行为之上。

适用要点

随着新一代信息技术的加速普及,大数据总量不断增长,数据外包服务已成为大势所趋。我国数据外包服务发展起步较早、发展速度较快,迫切需要法律规范进行有效规范。本条常见的适用情形即为数据外包服务。根据本法第 55 条的规定,委托处理个人信息的,个人信息处理者应当事前进行个人信息保护影响评估,并对处理情况进行记录,这属于事前的评估程序。在订立委托处理合同时,双方应当明确约定委托处理的目的、期限、处理方式、个人信息的种类、保护措施以及双方的权利和义务等。在委托处理数据的过程中,委托方还要对受托人的个人信息处理活动进行监督,这就意味着当委托方得知或者发现受托方未按照委托要求处理个人信或未能有效履行个人信息安全保护责任的,则应当落实监督职责。当个人依照本法第 15 条撤回对个人信息处理的同意时,效力及于委托关系,受托方或转委托的第三方应当也停止个人信息处理活动。

关联法规

《民法典》第 923 条;《个人信息保护法》第 55 条

第二十二条　【组织机构变更对个人信息处理的影响】个人信息处理者因合并、分立、解散、被宣告破产等原因需要转移个人信息的,应当向个人告知接收方的名称或者姓名和联系方式。接收方应当继续履行个人信息处理者的义务。接收方变更原先的处理目的、处理方式的,应当依照本法规定重新取得个人同意。

条文解读

本条是关于组织机构变更对个人信息处理的影响的规定。

法人作为独立的民事主体,在其存续期间,具有变更组织机构的能力。法人的合并与分立是法人重组中较为常见的形式,通常表现为企业的合并与分立。《民法典》规定了法人的合并与分立制度,《公司法》则规定了公司制企业的合并与分立制度。《公司法》第172条规定:"公司合并可以采取吸收合并或者新设合并。一个公司吸收其他公司为吸收合并,被吸收的公司解散。两个以上公司合并设立一个新的公司为新设合并,合并各方解散。"因此,个人信息处理者的合并,也包括吸收合并与新设合并,其中吸收合并是指被吸收的个人信息处理者主体资格消灭,其资产并入吸收方;而在新设合并的情况下,原有多个处理者主体均消灭,其资产并入新设立的处理者。个人信息处理者的分立,则是指一个个人信息处理者分裂为两个或两个以上的事实。分立的方式有两种:一种为新设分立,即一个处理者分成两个以上的处理者,原法人消失;另一种为派生分立,即原处理者的法人资格存续,但分出其一部分财产设立新法人。

《民法典》第67条规定:"法人合并的,其权利和义务由合并后的法人享有和承担。法人分立的,其权利和义务由分立后的法人享有连带债权,承担连带债务,但是债权人和债务人另有约定的除外。"法人的合并与分立,不仅伴随法律主体的变更,也涉及权利和义务的处分,最为重要的一项内容就是企业财产权利的处分。对于一般的财产权利而言,无论是不动产、动产,还是知识产权等权利,如无设置他项权利,在履行法定程序后,其权属变更一般并无障碍。在个人信息领域,互联网企业、网络平台以及其他掌握大量个人信息的企业通常将个人信息视作企业最重要的财产性权益和资源。但个人信息和一般财产有所不同,其一方面体现用户个人的人格利益和人格尊严,受到法律的明确保护;另一方面又具有财产价值,能够为企业所用。如果在法人的合并、分立涉及个人信息的处理,或者个人信息控制者的变更时，如何按照个人信息保护的一般原理确定具体规则，是本条所需解决的问题：

（1）个人信息处理者因合并、分立等原因需要转移个人信息的，应当向个人告知接收方的身份、联系方式。《网络安全法》第 42 条第 1 款中规定：“未经被收集者同意，不得向他人提供个人信息。但是，经过处理无法识别特定个人且不能复原的除外。”《刑法》第 253 条之一规定：“违反国家有关规定，向他人出售或者提供公民个人信息，情节严重的，处三年以下有期徒刑或者拘役，并处或者单处罚金；情节特别严重的，处三年以上七年以下有期徒刑，并处罚金。”相较于《网络安全法》《刑法》中等禁止个人信息的非法转移的规定，在个人信息处理者分立、合并的场景下，个人信息转移具有正当性，法律不仅允许发生移转，更无须取得个人的同意，只需要履行必要的告知义务——将接收方的身份、联系方式告知个人。之所以如此规定，很大程度上是出于节省商事经营成本、促进互联网产业发展的考虑，否则将会对法人的合并和分立造成极大的负担，不利于互联网企业适应瞬息万变的商业形势。

（2）不得因合并或分立减弱个人信息处理者的义务。按照相关法律规定，在个人信息处理者合并的场合，其权利和义务由合并后的法人享有和承担；发生分立的，其权利和义务由分立后的法人享有连带债权，承担连带债务。从这些规定可以看出，无论是权利还是义务，不会因组织机构变更而减损或消灭，对于原个人信息处理者负担的合同义务和法定义务，接收方要继续履行。

（3）接收方应当按照原个人信息处理者的信息处理目的和方式开展活动。按照本法第 14 条的规定，个人信息的处理目的、处理方式和处理的个人信息种类发生变更的，应当重新取得个人同意。鉴于个人信息处理的最小必要原则，处理个人信息应当具有合理的目的并限于实现处理目的的最小范围，个人是基于对合理目的和方式的知情，作出了同意的意思表示。个人本就在个人信息处理流程中处于相对弱势的地位，个人也无法干涉个人信息处理者的合并、分立，因此，如果合并、分立导致个人信息处理目的和方式发生变化，对个人信息安全最有效的保障手段就是贯彻知情同意规则，确保组织机构变更不影响清晰透明且稳定的个人信息处理方式。

适用要点

个人信息的处理主体发生变化，涉及个人信息的处理或者个人信息控制者的变更，可能引发个人信息滥用的主体利益侵害风险。按照个人信息保护的一般原理，作为信息主体的个人对此应当知情，以此平衡企业合并、分立与个人信息保护之间的关系。首先，在告知接收方的名称或者姓名和联系方式，还应遵照本法第 17 条的规定，以显著方式、清晰易懂的语言真实、准确、完整地向个人告知。其次，无论是法定义务还是约定义务，接收方应继续履行个人信息处理者的义务，尤其是本法规定的各项义务，相应地，个人也可以向接收方主张正当权益。最后，接收方接受个人信息后，并非可以直接进行处理，而必须受到原处理方处理目的、处理方式的限制，如果变更处理目的和方式的，则逾越了个人知情的内容，应重新进行告知并取得个人的同意。

关联法规

《民法典》第 67 条；《公司法》第 172 条：《网络安全法》第 42 条；《刑法》第 253 条

第二十三条　【个人信息处理者对外提供个人信息】个人信息处理者向其他个人信息处理者提供其处理的个人信息的，应当向个人告知接收方的名称或者姓名、联系方式、处理目的、处理方式和个人信息的种类，并取得个人的单独同意。接收方应当在上述处理目的、处理方式和个人信息的种类等范围内处理个人信息。接收方变更原先的处理目的、处理方式的，应当依照本法规定重新取得个人同意。

条文解读

本条是关于个人信息处理者对外提供个人信息的规定。

在实践中，转移个人信息的客观现象层出不穷，收集、委托处理、共享和转让个人信息的行为都造成了个人信息向外部流动的结果。因此，明确界定本条所谓的“提供”，是对本条进行理解与适用的关键。结合本法其他规定，应当认为，“提供个人信息”是指以转移个人信息为目的，自发地传输个人信息至外部的其他个人信息处理者的行为，以共享和转让个人信息为典例。而向个人收集个人信息由于只涉及被收集方与收集方之间的关系，不属于“提供”；委托处理个人信息虽然会传输个人信息，但并不以转移个人信息为目的，而只是出于提高效率或节省成本的目的，将个人信息交由受托方处理，因此也不属于“提供”；本法第 22 条规定的因合并、分立导致的个人信息转移，是组织机构变更所导致的必然结果，也不属于“提供”，否则也无须设定特别的法律规则。

《网络安全法》第 42 条第 1 款规定：“网络运营者不得泄露、篡改、毁损其收集的个人信息；未经被收集者同意，不得向他人提供个人信息。但是，经过处理无法识别特定个人且不能复原的除外。”第 44 条规定：“任何个人和组织不得窃取或者以其他非法方式获取个人信息，不得非法出售或者非法向他人提供个人信息。”可以看出，对于向他人提供个人信息的行为，我国立法一直秉持严格限制的态度，如果法律允许个人信息处理者随意向他人提供个人信息，将不利于保障个人的知情权和选择权，并会带来个人信息被任意传输、散播，造成大范围侵权的结果。如果个人信息处理者向其他个人信息处理者提供其处理的个人信息，首先应保障个人的知情权和选择权。本条要求个人信息处理者向个人告知接收方的名称或者姓名、联系方式、处理目的、处理方式和个人信息的种类，就是为了落实知情同意原则，为取得个人的二次同意奠定基础。在履行完告知义务后，个人信息处理者要就提供行为取得个人的单独同意，而不能采用“一揽子”同意的方式。实践中，部分互联网企业在其“隐私政策”中会约定在向关联方共享个人信息时，可能不取得数据主体二次授权，而直接共享给关联方，此种约定合法性和正当性则需要进一步评估。

和本法第 22 条相似，个人信息虽然客观上已经发生了转移，但并不意味着事前告知的处理目的和处理方式发生了变化，接收方应当在上述处理目的、处理方式和个人信息的种类等范围内处理个人信息。接收方变更原先的处理目的、处理方式的，应当依照本法规定重新取得个人同意。

适用要点

在万物互联互通的大数据时代，数据的流动与共享成为发挥数据价值的最重要手段，没有流动的数据将不再具备价值，但数据流动和共享活动的负外部性已然对大数据的应用形成制约，迫切需要立法提供良性发展的制度激励。本条首先明确在个人信息共享活动中，个人对其信息享有独占性的支配权，共享信息前仍需要取得个人的单独同意，而不能通过“一揽子”的方式取得概括同意；其次，接收共享的主体开展的个人信息处理活动，也应当限制在原个人信息处理者的处理目的、方式和个人信息的种类范围之内；最后，接收方变更原先的处理目的、处理方式的，应当依照本法规定重新取得个人同意，所谓的“本法规定”如本法第 14 条。

关联法规

《网络安全法》第42、44条;《个人信息保护法》第14、22条

案例指引

叶某、叶某某、赵某等非法获取公民个人信息案[1]

裁判要旨:在大数据条件下,各类主体不仅能充分地利用各类数据资源,也可以以较低的成本进行数据的共享。本条针对实践中数据共享失序、数据窃取频发的现象,建构了数据共享的基本规则,并着重强调个人在其中的支配性权利。如果违法开展数据共享活动,不仅可能承担行政责任,还可能承担刑事责任。

在本案中,2010年3月起,被告人叶某通过朋友李某、妻子鄢某帮忙,从李某某处窃取大量涉及黄金、股票交易等类型的公民个人信息,并先后招募被告人叶某某、赵某等人,采用QQ聊天的方式,以每条信息人民币0.1~1元不等的价格转卖给他人并从中牟利。叶某、叶某某、赵某等人共同非法获取公民个人信息并予以出售,情节严重,其行为均已触犯刑律,构成非法获取公民个人信息罪。

[1] 上海市高级人民法院(2013)奉刑初字第649号。

第二十四条　【利用个人信息进行自动化决策】个人信息处理者利用个人信息进行自动化决策，应当保证决策的透明度和结果公平、公正，不得对个人在交易价格等交易条件上实行不合理的差别待遇。

通过自动化决策方式向个人进行信息推送、商业营销，应当同时提供不针对其个人特征的选项，或者向个人提供便捷的拒绝方式。

通过自动化决策方式作出对个人权益有重大影响的决定，个人有权要求个人信息处理者予以说明，并有权拒绝个人信息处理者仅通过自动化决策的方式作出决定。

条文解读

本条是关于利用个人信息进行自动化决策的规定。

随着大数据技术和人工智能的蓬勃发展，自动化决策开始步入人们的社会生活，并广泛服务于人们的衣食住行等各项需求。自动化决策以数据采集与机器学习为基础，主要指依托大数据分析来开展的自动推荐、评价和判断算法。通过算法自动分析、评估个人的行为习惯、兴趣爱好或者经济、健康、信用状况等，并进行决策的活动，比如用户画像、算法推荐等均属于自动化决策行为。这一过程代替个人处理关键数据，并可能作出有法律效力的行为。和人为决策相比，自动化决策确实具有相对客观、公正、高效等特点，但看似中立的算法基于大数据偏差、可能预先置入的决策立场和不完善的技术，也并非完全能作出符合实质正义的决策，例如在商业实践中引发广泛争议的“大数据杀熟”行为，就是企业通过设计更加复杂的算法，根据用户的使用年限、消费记录和消费偏好等数据，“量身定制”销售价格，造成了差别化对待。由于存在信息不对称和技术壁垒，普通公众很难得知和掌握自动化决策运行的技术背景和基本程序，加之难以举证,使针对自动化决策的法律救济难以落到实处。本条立足于维护广大人民群众的网络空间合法权益,对利用个人信息进行自动化决策作了有针对性的规范,具有非常强的现实意义和实践价值。具体来说,本条从以下三个方面构建了针对自动化决策的规范体系:

(1)自动化决策首先要贯彻公开透明原则,不得通过自动化决策实行不合理的差别待遇。其一,信息不对称和不平等是自动化决策最为突出的局限性。信息不对称是现代契约理论中最为重要的部分。在自动化决策中,缔约当事人一方知道而另一方不知道,甚至第三方也无法验证的信息普遍存在,作为弱势方的个人也无法花费相应的人力、物力予以验证,从而进一步削弱了其缔约能力和平等地位。因此,对于开展自动化决策的个人信息处理者,本条设定的首要义务就是纠偏信息不对称地位,提高决策的透明度,在此基础上方能保证结果的公平、公正。其二,个人信息处理者不得对个人在交易价格等交易条件上实行不合理的差别待遇。和普遍的交易议价不同,通过自动化决策制定的交易价格存在策略透明度低、信息不对等、消费者议价能力弱和市场竞争性不高等问题,不仅有损合同自由原则,违反商业伦理道德,更存在滥用市场支配地位的可能,不利于形成公平公正的市场秩序。因个人的经济实力不同、购买意愿不同而形成不同的交易对价,在市场经济中无可厚非,因此,在尊重价格规律的前提下,本条第1款强调的是“不合理”,即是否存在明显的歧视性待遇,使部分人处于与其他人有明显差异且不利的交易地位。

(2)通过自动化决策方式向个人进行信息推送、商业营销,应当同时提供不针对其个人特征的选项,或者向个人提供便捷的拒绝方式。个人信息处理者收集个人信息之后,会依据个人信息精准分析其使用习惯、消费能力、个人爱好并进行标签化处理,由此开展营销活动。《电子商务法》第18条第1款也作了类似的规定:“电子商务经营者根据消费者的兴趣爱好、消费习惯等特征向其提供商品或者服务的搜索结果的,应当同时向该消费者提供不针对其个人特征的选项,尊重和平等保护消费者合法权益。”所谓“个人特征”,一般认为可被归纳:消费者的设备信息、服务记录、主体身份与行为偏好四大类,尤其是主体身份与行为偏好,可能存在大量个人不愿意为外部所获知的个人信息,例如本人的年龄、职业、经济状况等,还包括个人的兴趣爱好、消费习惯等。个性化推送和营销与个人决策、人身与财产利益密切相关,因此,按照本条第 2 款规定,基上述四种类型的个人特征而给出个性化推荐结果,必须同时提供去个性化选项,即不包含个人特征的选项,而对于不愿意接收推送和营销的个人,个人信息处理者也要为其提供便利的拒绝方式。

(3)通过自动化决策方式作出对个人权益有重大影响的决定,个人有权要求个人信息处理者予以说明,并有权拒绝个人信息处理者仅通过自动化决策的方式作出决定。本条第 3 款是对第 2 款规定的延伸,在适用上需要准确认定“对个人权益有重大影响的决定”。对于前一问题,由于目前尚无任何明文作出规定,可以首先认为体现个人敏感信息的都属于会产生重大影响的情形,其次还需要通过个案判断,并不断总结上升为可以普遍适用的认定标准。在对个人权益有重大影响的情形下,本条第 3 款设定了两项具体权利:其一是要求说明自动化决策的权利。这一项权利,是为了保证个人能够在清楚知悉自动化决策算法的基础上,决定是否接受决策结果,个人信息处理者由此要负担说明义务,并开展自动化决策的解释工作。其二是自动化决策的拒绝权。个人信息处理者仅仅通过自动化决策就作出决定,带来了算法歧视等风险,若个人不同意接受此种决定,可以行使拒绝的权利。

适用要点

通过自动化决策形成的算法权力不仅加剧了数字领域的不平等性,有损作为基本价值的平等价值,也可能带来新的安全风险。本条是对实践中广泛存在的通过自动化决策引发算法歧视问题的回应,首先是明确利用个人信息进行自动化决策时应当保证决策透明度。尤其重要的是,本条还为自动化决策设定了公平合理的价值标准,从法律的层次否定了

"技术中立"的立场,为妥善解决算法歧视问题提供了法律依据。对于公平合理的关注,首先是要以维护动态的公平合理为重点;其次是既要关注技术的公平性,也要关注结果的公平性。

本条第2款指向的是实践中的个性化推送现象,尽管个性化推送有助于用户获得更具针对性的信息服务,但基于用户的信息自决,用户也应享有选择退出的权利,而对于可能体现个人特征的信息,由于比其他信息更具有敏感性和隐私性,同样不能完全由个性化推送予以展示。本条还为个人设定了请求说明自动化决策的权利,前提是自动化决策作出了对个人权益有重大影响的决定,实质上是一种进行算法解释的请求权,将有利于打破信息不对称的局面。

关联法规

《电子商务法》第18条

第二十五条　【个人信息不得公开】个人信息处理者不得公开其处理的个人信息,取得个人单独同意的除外。

条文解读

本条是关于个人信息不得公开的规定。

与一般的商业信息和数据不同,作为体现人格权益与人格发展的重要载体,个人信息具有鲜明的人格要素,其本身是自然人生活和实践的产物。无论是个人敏感信息还是个人非敏感信息,为了防止实践中部分个人信息处理者擅自公开、共享或传播公民个人信息,本条规定个人信息以不得公开为原则,以个人单独同意为例外。之所以对个人信息的公开作出如此严格的限定,有两个方面的原因:

其一,《民法典》第1034条第2款规定:"个人信息是以电子或者其他方式记录的能够单独或者与其他信息结合识别特定自然人的各种信息，包括自然人的姓名、出生日期、身份证件号码、生物识别信息、住址、电话号码、电子邮箱、健康信息、行踪信息等。”从这个定义可以看出，个人信息和个人的人格利益紧紧相连，如果未经法定程序或要求将个人信息公布给公众和社会，势必会影响人格利益的正常实现。尤其是对于个人敏感信息而言，敏感信息对于维护自然人的人身财产安全与人格尊严极为重要，与个人隐私有一定的关联性。此类信息一旦泄露或被非法使用，势必会对自然人的人身财产权益造成严重的侵害或损害，法律也对处理个人敏感信息有着更加严格的要求。

其二，从维护个人信息自决权的角度看，一般的理性社会人对于较为私密且与人格尊严紧密相关的个人信息，尤其是金融账户信息、医疗健康信息和行踪信息等信息，往往持不愿意公开或谨慎公开的态度。如果真实的此类信息被公开，则会对自然人的私生活造成严重影响，侵害自然人的人格尊严。如果虚假的隐私被公开，则会对自然人的名誉权等权利造成损害。因此，法律应对公民的信息自决予以尊重，而不是取代个人作出决定。在取得个人单独同意的情形下，本条允许个人信息处理者公开所处理的个人信息。基于信息自决，个人有权自我决定个人信息公开的内容、方式、程度、范围、环境等，但个人信息处理者不能通过“一揽子”告知同意等方式征得个人同意，必须单独地向个人征得。

适用要点

大力发展数字经济，通过数字经济去驱动产业经济和社会的高质量发展，需要大力推进政府数据开放共享。随着这一进程加速推进，政务数据的经济价值得到充分释放，社会治理的决策基础不断夯实，但也加剧了数据泄露和不正当利用的风险。此外，政务数据的生成必然伴随着超强力度和超大规模的数据收集、存储和处理活动，其中也包含着大量个人信息的收集和处理，但就现阶段而言，个人对自己信息的控制仍然难以实现。本条不仅适用于企业、平台等一般个人信息处理者，也应当适用于政府机关处理个人信息的活动。而且，由于政府机关掌握的许多个人信息属于个人敏感信息，如果未经过个人同意而公开，可能会对个人造成严重的不利影响，因此涉及政务数据开放共享时，亦应遵照本条规定。在本法施行前，《政府信息公开条例》第 15 条规定："涉及商业秘密、个人隐私等公开会对第三方合法权益造成损害的政府信息，行政机关不得公开。但是，第三方同意公开或者行政机关认为不公开会对公共利益造成重大影响的，予以公开。"由该规定可以看出，即使是在以公开为原则的政府信息公开领域，对于涉及个人隐私等信息，也以不得公开为原则，除非第三人同意公开或者涉及公共利益。

在取得个人单独同意的情形下，本条允许个人信息处理者公开所处理的个人信息。基于信息自决，个人有权自我决定个人信息公开的内容、方式、程度、范围、环境等，但个人信息处理者不能通过"一揽子"告知同意等方式征得个人同意，必须单独向个人征得。

关联法规

《民法典》第 1034 条；《政府信息公开条例》第 15 条

案例指引

周某营与中国保险监督管理委员会、第三人北京中科汇联科技股份有限公司网络侵权责任纠纷案[1]

裁判要旨：个人信息未经同意不得公开是个人信息自决的重要体现，本条重点规制的对象是个人信息处理者，如果个人信息处理者违反本条公开其处理的个人信息，应依法承担责任。

---

〔1〕 海南省三亚市中级人民法院（2016）琼 02 民终 375 号。

在本案中，中国保监会网站因网络漏洞泄露了原告周某营的个人信息，法院则认为该网站是经主管部门备案和权威部门测评合格后，给社会公众提供政务服务的网站，系网络服务提供者，依照《全国人民代表大会常务委员会关于加强网络信息保护的决定》第 4 条关于“网络服务提供者和其他企业事业单位应当采取技术措施和其他必要措施，确保信息安全，防止在业务活动中收集的公民个人电子信息泄露、损毁、丢失……”之规定，中国保监会也依法负有保护申请政府信息公开申请人信息安全的义务。该网站泄露了周某营的个人注册信息，系违法行为，根据《侵权责任法》（已废止）第 36 条第 1 款之规定，应认定中国保监会对周某营构成了侵权。

第二十六条　【安装图像采集、个人身份识别设备】在公共场所安装图像采集、个人身份识别设备，应当为维护公共安全所必需，遵守国家有关规定，并设置显著的提示标识。所收集的个人图像、身份识别信息只能用于维护公共安全的目的，不得用于其他目的；取得个人单独同意的除外。

条文解读

本条是关于在公共场所安装图像采集、个人身份识别设备的规定。

脸部特征、指纹、虹膜、声音、步态等可识别自然人的生理特性与行为特征的信息，被称为个人生物识别信息。个人生物识别信息难以改变，能够深度体现自然人个人的相应特征，在管理、商用和个人使用等应用场景中都体现出了相当的便利性。但是，随着采集、保存和使用个人生物识别信息的技术门槛不断降低，由此带来的个人信息安全风险不容小觑，首先带来的问题就是大面积推广应用个人生物识别信息与个人信息处理的最小必要原则确有冲突，目前个人生物识别信息在各个场景下都在被广泛收集，明显超过必要限度。按照本法规定，生物识别信息属于个人敏感信息，在2020年4月由杭州市中级人民法院在国内“人脸识别第一案”二审宣判时表示，人脸识别信息相比其他生物识别信息而言，呈现出敏感度高、采集方式多样、隐蔽和灵活的特性，不当使用人脸识别信息将给公民的人身财产带来不可预测的风险，故应当作出更加严格的规制。针对社会治理和商业活动中的采集和识别活动，本条限制使用目的，并要求进行事前提醒。

（1）在公共场所安装图像采集、个人身份识别设备，应当为维护公共安全所必需。在公共场所安装采集和识别设备，也属于个人信息处理活动，但显然在客观上是无法做到征求个人同意的，因此必须要对安装目的明确限定为“公共安全”，赋予此种行为以正当性基础，不能允许为任意目的而安装设备，否则也将使个人敏感信息的保护规定成为空谈。“公共安全”是一个内涵和外延都很丰富的概念，参考《刑法》分则第2章“危害公共安全罪”的相关内容，可以认为“维护公共安全”是指在公共空间维护不特定多数人的生命、健康等核心利益。在目的限制性原则之后，本条还要求安装行为遵守国家有关规定，并设置显著的提示标识，这也是由于生物识别在应用过程中的无感、即时识别，会导致无法适用知情同意规则。大多数生物特征的采集和识别是在个人未感知状态下进行的，也无法提供同意与否的态度，个人甚至没有作出意思表示的机会，长久以往，将会大大增加信息被不当使用的风险。为此，本法提供了两种保障手段：其一是必须遵守国家有关规定，例如最高人民法院于2021年7月颁布的《关于审理使用人脸识别技术处理个人信息相关民事案件适用法律若干问题的规定》，就是从司法层面为人脸识别技术的应用提供明确指引；其二是必须进行显著的提示标识，起到充分告知的作用。

（2）所收集的个人图像、身份识别信息只能用于维护公共安全的目的，不得用于其他目的；取得个人单独同意的除外。本法不仅在安装设备上进行了目的限制，对于收集到的个人图像和身份识别信息，本法也明确将使用目的限制为维护公共安全，为信息安全画下红线。在个人图像和身份识别信息中,承载的法益不仅是个人非敏感信息一般所承载的单一法益,还是复合型的法益,包括公民的信息自决权、人格尊严、隐私权、人身和财产安全、生活安宁权等。只有在涉及维护不特定多数人安全的前提下,方可允许个人法益让位于公共利益,而其他的目的如商业应用目的或技术研究目的等尚不足以支撑个人法益的让渡。当然,法律也允许个人信息处理者在得到个人单独同意后,出于非维护公共安全的目的使用个人图像和身份识别信息。

适用要点

当前,在我国,以人脸识别技术为代表的生物识别技术正在迅猛发展。在相关监管制度和法律法规不完善的情况下,该技术受到风险防控能力不足和安全保障机制不健全的制约,急需对生物识别技术加强监管。针对社会公众广泛关注的"人脸识别"滥用等现实问题,本条规定并非任意主体都有权在公共场所安装图像采集、个人身份识别设备,而只能出于维护公共安全的原因,且要符合国家有关规定。在适用上,应当对"公共场所"作宽泛理解,《最高人民法院关于审理使用人脸识别技术处理个人信息相关民事案件适用法律若干问题的规定》第 2 条第 1 项规定信息处理者在宾馆、商场、银行、车站、机场、体育场馆、娱乐场所等经营场所、公共场所违反法律、行政法规的规定使用人脸识别技术进行人脸验证、辨识或者分析属于侵害自然人人格权益的行为,说明将宾馆、商场、银行、体育场馆、娱乐场馆等经营场所也列入规制范围之内。本条也应当作相同的理解。此外,本条还规定,对于收集的个人图像、身份识别信息只能用于特定的目的即维护公共安全,未取得个人单独同意的,不得用于其他目的,那么,对于实践中广泛存在的小区物业通过人脸识别设置门禁的现象,尽管小区物业可以以维护公共安全为由进行设置,但对于收集的个人信息,也只能限于在维护公共安全目的内处理,而不得用于其他目的。

关联法规

《个人信息保护法》第28～30条；《最高人民法院关于审理使用人脸识别技术处理个人信息相关民事案件适用法律若干问题的规定》第2条

案例指引

郭某诉杭州野生动物世界有限公司服务合同纠纷案[1]

裁判要旨：本条将安装图像采集、个人身份识别设备及处理相关信息的目的限于“维护公共安全所必需”。

本案中，法院认为野生动物世界单方变更入园方式构成违约，应承担违约责任。野生动物世界欲将其已收集的照片激活处理为人脸识别信息，超出事前收集目的，违反了正当性原则，故应当删除郭某办卡时提交的包括照片在内的面部特征信息。鉴于野生动物世界停止使用指纹识别闸机，致使原约定的入园服务方式无法实现，亦应当删除郭某的指纹识别信息。

第二十七条　【处理已公开的个人信息】个人信息处理者可以在合理的范围内处理个人自行公开或者其他已经合法公开的个人信息；个人明确拒绝的除外。个人信息处理者处理已公开的个人信息，对个人权益有重大影响的，应当依照本法规定取得个人同意。

条文解读

本条是关于个人信息处理者处理已公开的个人信息的规定。

〔1〕浙江省杭州市富阳区人民法院(2019)浙0111民初6971号。

根据《民法典》第1036条的规定,合理处理该自然人自行公开的或者其他已经合法公开的信息的,行为人不承担民事责任,除非该自然人明确拒绝或者处理该信息侵害其重大利益。本法第13条第6项亦将“依照本法规定在合理的范围内处理个人自行公开或者其他已经合法公开的个人信息”作为个人信息处理者可以进行个人信息处理的情形之一,质言之,对于已经合法公开的个人信息,个人信息处理者原则上可以无须就处理活动告知该个人,也无须取得其同意。之所以将已公开的个人信息纳入例外情形,是因为此类信息要么是个人主动、自行公开,要么是基于公共利益需要进行合法公开,例如企业按照法律规定或者经营需要进行法定代表人、股东、高管等个人的信息公开。但是,处理已公开的个人信息虽无须个人同意,但并不意味着个人信息处理者可以超过合理范围进行处理,也不意味着个人不再享受人格权益或失去对这些信息的控制。因此,一方面,即便是已经合法公开的个人信息,本法仍要进行保护,个人有权拒绝他人对这些信息进行处理;另一方面,由于个人信息保护对于维护自然人的人格尊严具有很重要的意义,所以即便是已经合法公开的个人信息,也不得任意进行处理,否则将承担法律责任。

(1)“已公开的个人信息”必须是指已经合法公开的个人信息。第一,“公开”要求向社会或公众公开,而不能仅针对特定人群,例如在亲友范围内的公开就不属于本条的“公开”。第二,“公开”必须是合法公开,对于那些因数据库泄露等网络安全事件或非法发布他人信息导致的违法公开,虽然客观上公之于众,但既有损于公共利益,也有违信息自决原则,不能认为是个人信息的公开。

(2)个人信息处理者对已公开的个人信息的处理,应当在合理的范围内进行,即遵循合法、正当、必要等原则。范围合理与否的评价,本条没有给出明确标准,但是可以以处理目的和处理方式为评价依据,即如果超过或逾越了处理目的,抑或采纳了更具有侵害性的处理方式,则显然不能认定为在合理范围内。如果处理的范围不合理,会构成对自然人的个人信息权益的侵害行为。

(3)即便是在合理的范围内处理已经公开的个人信息,如果个人明确拒绝的,除非取得个人的同意,否则也不得进行处理。法律允许个人信息处理者在无须取得同意的情形下,合理处理已公开的个人信息,是出于促进信息流通和合理利用的考虑,但是个人对其个人信息享有控制的权利,有权限制或拒绝他人对其个人信息进行处理。此种拒绝不仅包括在取得同意后撤回同意,也包括对于无须其同意而合理处理已公开个人信息的情形,除非法律、行政法规另有规定。

(4)处理活动对个人权益有重大影响的,个人信息处理者应当依法取得个人同意。本法需要在个人信息保护和个人信息的利用、信息自由之间获得平衡。但如果个人权益可能因个人信息(尤其是对个人尊严和自由带来威胁的个人信息)处理活动遭受重大影响时,则更加侧重于对个人的保护,如此方能体现本法的基本价值。

对于本句的适用,最重要的是辨析何为“重大影响”。个人权益在个人信息保护领域最直接地体现为人格权益,如果处理公开信息对人格权益造成影响的,且对人格权益的影响客观上难以恢复,应当视为“重大影响”。此外,在实践中,还应当结合个人的公开目的、社会认知经验和经济能力等因素,以及信息处理场景、社会生活习惯和整体社会环境予以综合认定。

适用要点

本条首先和本法第13条第1款第6项形成体系关联,对于处理已公开的个人信息,则不需要再取得个人同意,但这些信息尽管已经公开,却不意味着个人信息处理者可以任意处理或以违法的方式处理,亦即只能在“合理的范围”内处理。在适用上,确定“合理的范围”应当与该个人信息的类别、公开范围和公开目的有关,即使是已经公开的个人敏感信息,“合理的范围”相较于个人非敏感信息,也应当有所限缩,实质上是要求个人信息处理者谨慎处理个人信息。

关联法规

《民法典》第1036条

第二节　敏感个人信息的处理规则

第二十八条　【敏感个人信息的定义及处理原则】敏感个人信息是一旦泄露或者非法使用，容易导致自然人的人格尊严受到侵害或者人身、财产安全受到危害的个人信息，包括生物识别、宗教信仰、特定身份、医疗健康、金融账户、行踪轨迹等信息，以及不满十四周岁未成年人的个人信息。

只有在具有特定的目的和充分的必要性，并采取严格保护措施的情形下，个人信息处理者方可处理敏感个人信息。

条文解读

本条是关于敏感个人信息的定义及处理原则的规定。

本条第1款是对敏感个人信息的定义条款，敏感信息属于个人信息的下位概念，是个人信息的一种。相较于一般个人信息，敏感个人信息的"敏感性"体现为，在结果上容易因个人信息的泄露或非法使用而损害信息主体的人格尊严、人身及财产安全。(1)泄露。个人信息一旦泄露，将导致个人信息主体及收集、使用个人信息的组织和机构丧失对个人信息的控制能力，造成个人信息扩散范围和用途的不可控。某些个人信息在泄露后，被以违背个人信息主体意愿的方式直接使用或与其他信息进行关联分析，可能对个人信息主体权益带来重大风险，应判定为个人敏感信息。例如，个人信息主体的身份证复印件被他人用于手机号卡实名登记、银行账户开户办卡等。(2)非法提供。某些个人信息仅因在个人信息主体授权同意范围外扩散,即可对个人信息主体权益带来重大风险,应判定为个人敏感信息。例如,性取向、存款信息、传染病史等。(3)人格尊严与人身、财产安全。2020年3月6日发布的《信息安全技术　个人信息安全规范》(GB/T 35273-2020)中采纳"一旦泄露、非法提供或滥用可能危害人身和财产安全,极易导致个人名誉、身心健康受到损害或歧视性待遇等的个人信息"这一概念[1],本款对于敏感个人信息的定义与其基本保持一致,但是将"个人名誉、身心健康受到损害或歧视性待遇"抽象概括为"人格尊严",如此与《宪法》和《民法典》人格权编有关人格尊严保护的规定相衔接,提高了保护力度,扩大了保护范围,保持了法律体系的统一。

本条第1款列举规定了敏感个人信息的范围,包括生物识别、宗教信仰、特定身份、医疗健康、金融账户、行踪轨迹等信息,以及不满14周岁未成年人的个人信息。可归结为涉及自然人隐私的信息与14岁以下(含)儿童的个人信息,与《信息安全技术　个人信息安全规范》(GB/T 35273-2020)的规定基本一致,但后者提供了更为详细的信息范围以及判定标准(见表1):

表1　个人敏感信息举例[2]

个人财产信息	银行账户、鉴别信息(口令)、存款信息(包括资金数量、支付收款记录等)、房产信息、信贷记录、征信信息、交易和消费记录、流水记录等,以及虚拟货币、虚拟交易、游戏类兑换码等虚拟财产信息
个人健康生理信息	个人因生病医治等产生的相关记录,如病症、住院志、医嘱单、检验报告、手术及麻醉记录、护理记录、用药记录、药物食物过敏信息、生育信息、以往病史、诊治情况、家族病史、现病史、传染病史等

[1] 参见《信息安全技术　个人信息安全规范》(GB/T 35273-2020),第24页。
[2] 参见《信息安全技术　个人信息安全规范》(GB/T 35273-2020),第24页。

续表

个人生物识别信息	个人基因、指纹、声纹、掌纹、耳廓、虹膜、面部识别特征等
个人身份信息	身份证、军官证、护照、驾驶证、工作证、社保卡、居住证等
其他信息	性取向、婚史、宗教信仰、未公开的违法犯罪记录、通信记录和内容、通讯录、好友列表、群组列表、行踪轨迹、网页浏览记录、住宿信息、精准定位信息等

本条第2款规定要求信息处理者在处理敏感信息时应当秉持特定目的原则(目的限制原则)和充分必要性原则。目的限制原则通常体现在两个阶段:一是收集阶段的目的明确,信息控制主体应有特定的收集、使用目的;二是使用阶段的使用限制,其基本要求是信息控制主体在实际使用个人信息时的目的,不得与约定目的相违背。[1] 在确定信息收集使用特定目的时,应结合立法上对个人信息处理者赋予的法定义务进行判断,同时也应考虑其隐私政策与业务领域及提供的相关服务。[2] 充分必要性原则的核心功能在于防止信息处理者对个人信息的过度处理[3],也称"最小必要原则",要求只处理满足个人信息主体授权同意的目的所需的最少个人信息类型和数量,目的达成后应及时删除个人信息。

适用要点

本条适用中,应注意区分敏感个人信息与私密信息、隐私之间的区别。由于《民法典》与《个人信息保护法》的立法目的不同,采取了不同的个人信息分类与保护模式。《民法典》第1033条第5项、第1034条第3

〔1〕 参见梁泽宇:《个人信息保护中目的限制原则的解释与适用》,载《比较法研究》2018年第5期。

〔2〕 参见梁泽宇:《个人信息保护中目的限制原则的解释与适用》,载《比较法研究》2018年第5期。

〔3〕 参见刘忠炫:《个人信息处理的合理限度——基于必要性原则的场景化分析》,载《上海政法学院学报(法治论丛)》2021年第5期。

款将个人信息区分为私密信息与非私密信息。其中，信息主体不愿为他人知悉的私密信息即为隐私。此种分类不同于《个人信息保护法》将个人信息区分为敏感信息与非敏感信息。两者的差异主要在于：首先，规范目的不同。敏感信息与非敏感信息是《个人信息保护法》从规范个人信息处理行为的角度进行的一种分类，其所调整的是个人信息处理行为，不适用于自然人因个人或者日常事务而处理个人信息的活动；而私密信息与非私密信息的划分则在于衔接隐私权的规定，对隐私空间加以保护，其体现了对民事权益的类型和保护方法的差异。[1] 其次，规制对象不同。本条所针对的是个人信息处理者，没有数据处理能力和处理权限的自然人一般不会构成对本条的违反，同时个人信息处理者在处理敏感信息还负有按本法第 55 条之规定对敏感信息进行事前风险评估并对处理情况记录在案的义务；而对私密信息的侵害往往不限主体，个人、机构都有可能成为侵权的一般主体。最后，规制方式不同。对于敏感个人信息的处理行为，《App 违法违规收集使用个人信息自评估指南》《个人信息出境安全评估办法（征求意见稿）》等部门规章及规范性文件确立了事前评估的规则，提供了较为详细的评估方法，而对私密信息则主要以民事追责的事后救济作为保障。

同时还应认识到，敏感信息和私密信息并非对立互斥的，两者存在交叉。部分信息可能既属敏感信息又属私密信息，例如个人的性取向，医疗记录，网页浏览记录等，敏感信息和私密信息在不同场景下可能发生转化。所以同一违法的信息处理行为可能同时侵害敏感个人信息和私密信息，应当依照《个人信息保护法》和《民法典》的相关规定进行处理。《个人信息保护法》第 7 章规定了统一的法律责任，其保护手段更为多样，受害方除了可以请求承担侵权责任外，还有行政处罚和刑事责任等保护手段。另外，《民法典》第 1034 条第 3 款规定，个人信息中的私密信息，适用

---

〔1〕 参见程啸：《论我国个人信息保护法中的个人信息处理规则》，载《清华法学》2021 年第 3 期。

有关隐私权的规定;没有规定的,适用有关个人信息保护的规定。故而在对私密信息的保护中,如果隐私权保护的相关规定不足以保护私密信息的,还可援引《个人信息保护法》的相关规定进行保护。

关联法规

《个人信息保护法》第 14、44、47、51、55 条;《民法典》第 1034、1035 条;《网络安全法》第 41 条;《数据安全法》第 32 条;《深圳经济特区数据条例》第 10 条;《最高人民法院、最高人民检察院关于办理侵犯公民个人信息刑事案件适用法律若干问题的解释》第 5 条;《网络交易监督管理办法》第 13 条;《App 违法违规收集使用个人信息自评估指南》评估点 8、13、20;《App 违法违规收集使用个人信息行为认定方法》第二部分第 3 点;《互联网个人信息安全保护指南》第 6.7 条 c 项

第二十九条 【敏感个人信息特别同意规则】处理敏感个人信息应当取得个人的单独同意;法律、行政法规规定处理敏感个人信息应当取得书面同意的,从其规定。

条文解读

本条是关于敏感个人信息特别同意规则的规定。

根据本条规定,个人信息处理者在处理敏感个人信息时需要取得信息主体的单独同意,同时对法律、行政法规在例外情况下收集敏感信息的规则设置更高的门槛,要求必须取得书面同意。例如,《征信业管理条例》第 14 条第 2 款规定处理涉及金融类个人敏感信息时必须取得书面同意。

本条承接《个人信息保护法》第 14 条第 1 款。本条所规定的单独同意与书面同意,属于《个人信息保护法》中第 14 条所称的"法律、行政法规规定处理个人信息应当取得个人单独同意或者书面同意的,从其规定"。

本法第二章“个人信息处理规则”对告知同意规则进行了具体规定,第13条第1项将“取得个人的同意”作为个人信息处理者处理个人信息的一项合法要件,第14条至第18条细致规定了告知和同意的具体内涵和保护措施。本条作为规制处理敏感信息行为的规范,对同意提出了更高要求,单独同意和书面同意均系对于告知同意规则更高层次的延伸。

理解本条较为关键的是应明确“单独同意”的内涵。对于单独同意,即该同意应该是独立且明确的“专项同意”,不能与其他信息混同或随意扩增其原有同意范围。[1] 单独同意对应的特殊的个人信息处理情形,伴随有特殊的个人信息告知要求。因此,单独同意实际上属于一种特别同意,要求将一切信息和可能风险告知信息主体,在“特定、明确、自愿”的基础上取得信息主体的具体同意。而一般同意应理解为概括同意,虽然也要求“特定、明确、自愿”,但并不一定针对一个具体的事项,可以是针对将来信息处理行为概括的、“一揽子”的同意。[2] 当处理者有多个处理目的时,为了确保个人作出的同意是明确的,不能将这些处理目的进行合并,必须就具体的处理目的分别取得个人的同意。[3]

适用要点

本条适用中,应注意“单独同意”和“书面同意”的认定。“单独同意”意味着:(1)个人信息的处理者仍负有告知义务,且为单独告知。告知与同意是一对紧密连接的概念。个人信息的处理者需要以显著的方式,单独对用户进行告知说明,告知的内容包括收集、使用个人信息的目的,例

---

〔1〕 参见石佳友、刘思齐:《人脸识别技术中的个人信息保护——兼论动态同意模式的建构》,载《财经法学》2021年第2期。

〔2〕 参见韩旭至:《个人信息保护中告知同意的困境与出路——兼论〈个人信息保护法(草案)〉相关条款》,载《经贸法律评论》2021年第1期。

〔3〕 参见程啸:《论个人信息处理者的告知义务》,载《上海政法学院学报(法治论丛)》2021年第5期。

如,导航软件收集位置信息是为了提供导航服务,社交软件收集、使用声音信息是为了提供通信服务,并对收集的方式和范围向用户进行说明。(2)征得个人信息主体的同意是一种明示同意。需要通过明确方式告知用户并由用户作出明示的选择或其他可以识别的授权行为,并保留证据,不能通过默示方式取得用户同意。"书面同意",意味着信息主体对个人敏感信息的使用具有选择权、拒绝权。[1] 要求书面同意的法定规则如《征信业管理条例》(2013)第14条规定:"征信机构不得采集个人的收入、存款、有价证券、商业保险、不动产的信息和纳税数额信息。但是,征信机构明确告知信息主体提供该信息可能产生的不利后果,并取得其书面同意的除外。"其中个人的收入、存款、有价证券、商业保险、不动产的信息和纳税数额信息,即属于本法所规制的敏感信息,所以征信机构在采集信息时,要取得信息主体的书面同意并明确告知不利后果。

另外还需注意,本法第14条第2款规定:"个人信息的处理目的、处理方式和处理的个人信息种类发生变更的,应当重新取得个人同意。"这种同意仍然保持为单独同意或书面同意。

关联法规

《个人信息保护法》第13、14条;《最高人民法院关于审理使用人脸识别技术处理个人信息相关民事案件适用法律若干问题的规定》第2条第3项;《征信业管理条例》第14、28、29条

---

〔1〕 参见付微明:《个人生物识别信息的法律保护模式与中国选择》,载《华东政法大学学报》2019年第6期。

案例指引

深圳市国银盛达融资担保有限公司与黄某勇侵权责任纠纷案[1]

裁判要旨：征信机构须明确告知信息主体提供该信息可能产生的不利后果，并取得其书面同意后方可采集个人的财产信息，信息提供者向征信机构提供个人不良信息应当事先告知信息主体本人。

本案被告深圳国银担保公司依据《借款协议》对原告黄某勇的借款进行代偿，但《借款协议》并无报送不良信用记录相关内容的约定，无证据证明报送黄某勇的不良征信记录已事先征得黄某勇的同意并告知黄某勇本人。因此，深圳国银担保公司在未告知黄某勇的情况下向征信机构报送黄某勇不良信用记录信息已构成侵权，黄某勇要求深圳国银担保公司立即清除其在中国人民银行个人信用记录中的不良记录并无不当。

第三十条　【敏感个人信息告知义务】个人信息处理者处理敏感个人信息的，除本法第十七条第一款规定的事项外，还应当向个人告知处理敏感个人信息的必要性以及对个人权益的影响；依照本法规定可以不向个人告知的除外。

条文解读

本条是关于敏感个人信息告知义务的规定。

本条是对本法第17条告知规则在敏感个人信息处理领域的细化规定。本法第17条第1款规定了“应当以显著方式、清晰易懂的语言真实、

[1] 四川省广安市中级人民法院(2019)川16民终1646号。

准确、完整地向个人告知下列事项”的 4 个事项，第 4 项所述的“法律、行政法规规定应当告知的其他事项”中即包括本条的告知处理个人敏感信息的必要性以及对个人权益的影响。

告知处理敏感个人信息的必要性，是本法第 28 条“敏感个人信息处理必要性原则”的具体体现。必要性原则是个人信息保护中的基本原则之一，本法第 28 条中规定，个人信息处理方在处理个人信息时应当遵循特定目的并有充分的必要性。所以，在处理敏感个人信息时，信息处理主体需要将为什么必须处理的必要性告知用户，以确保其知情权。《个人信息保护法》需要赋予信息主体对个人信息处理的知情权，使其知道为实现何种处理目的，哪些个人信息被以何种处理方式加以处理。告知处理敏感个人信息对个人权益的影响，属于告知义务的内容之一。敏感个人信息与信息主体的人格尊严与人身、财产安全关系密切，对敏感个人信息的处理极易影响个人权益，因此除了本法第 17 条第 1 款前三项规定的告知事项，信息处理主体还需要向信息主体告知可能会带来的不利后果，以保障信息主体的知情权。但是单纯对个人信息处理主体课以强制告知义务，很多时候容易使当事人的知情权面临被架空的风险。〔1〕在告知的具体方式上，个人信息处理者应通过显著方式向用户明示收集、使用个人信息的目的、方式、范围。例如增加弹窗等增强式告知的方式，浓缩隐私政策的核心内容，向用户展示了收集的个人信息类型、目的等用户最关心的事项，增加即时提示等。〔2〕

告知义务的存在保障了个人对自己的敏感信息是否被收集、处理以及如何被处理享有知情权，但是也有特殊情况可以不向个人告知。本条“依照本法规定可以不向个人告知的除外”的规定对接《个人信息保护法》第 18 条，该法第 18 条规定：“个人信息处理者处理个人信息，有法律、

〔1〕 参见万方：《隐私政策中的告知同意原则及其异化》，载《法律科学（西北政法大学学报）》2019 年第 2 期。

〔2〕 参见张新宝：《个人信息收集：告知同意原则适用的限制》，载《比较法研究》2019 年第 6 期。

行政法规规定应当保密或者不需要告知的情形的，可以不向个人告知前条第一款规定的事项。紧急情况下为保护自然人的生命健康和财产安全无法及时向个人告知的，个人信息处理者应当在紧急情况消除后及时告知。”敏感个人信息尽管有其特殊性存在，但仍只是个人信息的下位概念。第 18 条是个人信息处理者履行告知义务的例外规定，其合理性在于，法律、行政法规要求的保密义务或不需要告知情形往往是出于维护国家利益、社会公共利益等重大利益的考量，此时个人的敏感信息与国家利益、公共利益相比处于后顺位，社会公共利益优先于个体财产利益。[1] 故在涉及第 18 条所规定的情形时，依第 1 款可免予向个人告知，依第 2 款，可事后补充告知。

适用要点

本条的适用中，应注意与本法第 17 条的衔接。在告知敏感个人信息处理必要性与对个人权益的影响时，其告知方式上仍需符合本法第 17 条“以显著方式、清晰易懂的语言真实、准确、完整地向个人告知”的要求。在敏感个人信息处理必要性与对个人权益影响发生变更的，须及时将变更部分告知信息主体。如果对处理必要性或对个人权益影响的告知方式存在可能引发误解的模糊性，或未及时告知变更情况，应认定为未尽本条要求的告知义务。

关联法规

《个人信息保护法》第 17、18 条；《征信业管理条例》第 14、15、41 条；《理财公司理财产品销售管理暂行办法》第 50 条；《电信和互联网用户个人信息保护规定》第 9 条；《儿童个人信息网络保护规定》第 10 条；《中国人民银行金融消费者权益保护实施办法》第 34 条；《App 违法违规收集使用个人信息行为认定方法》第二部分第 3 点

〔1〕 参见王利明：《民法上的利益位阶及其考量》，载《法学家》2014 年第 1 期。

案例指引

付某某与某网络公司、某教育中心名誉权、隐私权纠纷案[1]

裁判要旨：网络服务提供者在刊载网络信息时，应特别注意对未成年人个人隐私和个人信息的保护。

本案中，某网络公司旗下的某网站作为网络服务提供者，转载《探访北京戒网瘾学校》相关内容的照片和文章中，未经法定代理人同意使用未成年人付某某的正面全身照且对其面部图像未进行模糊处理。两张照片均可清晰地辨认出是付某某本人，并配有“一名上网成瘾的女孩”和“这名女孩到这里戒瘾”等文字，侵犯了未成年人隐私权。

第三十一条 【未成年人个人信息的处理规则】个人信息处理者处理不满十四周岁未成年人个人信息的，应当取得未成年人的父母或者其他监护人的同意。

个人信息处理者处理不满十四周岁未成年人个人信息的，应当制定专门的个人信息处理规则。

条文解读

本条是关于未成年人个人信息的处理规则的规定。

本条第 1 款是本法第 14 条同意规则以及第 29 条敏感个人信息特别同意规则在未成年个人信息处理领域的细化规定。根据本条规定，个人信息处理者在处理不满 14 周岁未成年人个人信息时，需要取得未成年人

---

〔1〕 中国法院网典型案例。

的父母或者其他监护人的同意。这一规定主要考虑到两点:第一,不满14周岁的未成年人,属于无民事行为能力人或者限制民事行为能力人,其对于个人信息处理的可能后果无法作出非常理性的判断,因此,需要引入其监护人的同意,以保护这些未成年人;第二,与《民法典》和《未成年人保护法》的规定保持一致性。《民法典》第1035条第1款第1项强调,未成年人的信息处理要得到其监护人的同意。《未成年人保护法》第72条第1款规定:“处理不满十四周岁未成年人个人信息的,应当征得未成年人的父母或者其他监护人同意,但法律、行政法规另有规定的除外。”

本条第2款要求个人信息处理者应针对不满14周岁未成年人个人信息制定专门的个人信息处理规则。这一规定主要是为了强化对未成年人的保护,以贯彻我国《宪法》《未成年人保护法》等确立的未成年人利益最大化原则。不满14周岁的未成年人由于认知能力有限,对个人信息的概念和范围往往缺乏理解,也缺乏对信息处理可能带来的风险、后果、保障措施及其相关权益的认识,一旦这些未成年人的个人信息被不正当地收集、使用、共享,将可能对未成年人及其家庭造成重大影响。因此,需要强化个人信息处理者对于未成年人个人信息的保护义务,提供更加严格的个人信息处理规则与保护措施。这一规定也与《个人信息保护法》第28条的规定保持了协调。至于专门信息处理规则的具体内容,本条未作规定,有待行业规范、行业准则的实践发展和完善。

适用要点

本条的适用中,需注意与本法第29条的对接,个人信息处理者取得未成年人父母或者其他监护人的同意时,仍需符合第29条“单独同意”与“书面同意”的要求,须将一切信息和可能风险告知未成年人父母或者其他监护人,在“特定、明确、自愿”的基础上取得未成年人父母或者其他监护人的具体同意。当处理者有多个处理目的时,也必须就具体的处理目的分别取得未成年人父母或者其他监护人的同意。在处理目的、处理方式、处理的个人信息种类、处理信息的必要性与权益影响情况发生变更时，应重新告知并重新取得未成年人父母或者其他监护人的同意。

关联法规

《个人信息保护法》第29、30条；《未成年人保护法》第72条；《儿童个人信息网络保护规定》第8、9条；《最高人民法院关于审理使用人脸识别技术处理个人信息相关民事案件适用法律若干问题的规定》第2条

案例指引

余杭区检察院诉某短视频公司侵害儿童个人信息民事公益诉讼案[1]

裁判要旨：在互联网经济背景下，未成年人特别是儿童因其年龄小、阅历浅、自我保护意识较弱，相关个人信息易泄露，受到网络骚扰、网络欺诈等侵害的案件时有发生。

本案中，某公司在开发运营该公司App的过程中，未以显著、清晰的方式告知并征得儿童监护人有效明示同意允许注册儿童账户，并收集、存储儿童个人信息。在未再次征得儿童监护人有效明示同意的情况下，向具有相关浏览喜好的用户直接推送含有儿童个人信息的短视频，同时也没有采取技术手段对儿童信息进行专门保护。诉讼期间，某公司没有异议，配合整改完善了相关技术规则，包括制定单独的《儿童个人信息保护规则》和《用户协议》、开发儿童用户实名认证流程、增加14岁以下用户实名认证一致性校验环节、对平台内高疑似度未成年用户实施主动保护、建立专门的儿童信息保护池、创建涉未成年人内容推送的独立算法等。

---

〔1〕 全国首例未成年人网络保护民事公益诉讼案。

第三十二条　【处理敏感个人信息的法定限制】法律、行政法规对处理敏感个人信息规定应当取得相关行政许可或者作出其他限制的，从其规定。

条文解读

本条是关于处理敏感个人信息法定限制的规定。

本条属于开放外延的授权规定，允许法律、行政法规对处理敏感个人信息通过规定方式加以限制。现代信息社会日新月异，新事物、新规则层出不穷，对于信息数据的利用法律应当保持一定的灵活性。故本条通过转致条款方式，保持法律的弹性和灵活性，以便其他法律、行政法规设立行政许可或采取其他限制性规定，以确保能够及时对敏感个人信息的处理进行细化，具有合理性。

本条规定，法律、行政法规对处理敏感个人信息可以设置行政许可或其他限制，本质上涉及《个人信息保护法》的开放法源及法源位阶问题。根据《行政许可法》第2条的规定，行政许可，是指行政机关根据公民、法人或者其他组织的申请，经依法审查，准予其从事特定活动的行为。目前我国还没有有关个人信息的相关行政许可授权，将留待将来立法予以探索。本条所称的“其他限制”，应考虑除《个人信息保护法》外诸如《民法典》《消费者权益保护法》《网络信息安全法》《电子商务法》等法律，《最高人民法院关于审理使用人脸识别技术处理个人信息相关民事案件适用法律若干问题的规定》等司法解释，《征信业管理条例》等国务院制定的行政法规的规定。

本条在一审稿中的表述为：“法律、行政法规规定处理敏感个人信息应当取得相关行政许可或者作出更严格限制的，从其规定。”本条较一审稿的修改之处是，将“作出更严格限制的”改为“作出其他限制的”，使条文逻辑更为合理。这一变动产生的后果是，一审稿不允许其他法律、行政法规在《个人信息保护法》的基础上作出更为宽松的处理敏感个人信息的规定,故采用了“更严格限制”这一表达。作为一个较新的法律领域,个人信息特别是敏感个人信息的处理规则尚处于探索阶段,即便本法用5个条文对敏感信息的范围、处理原则、具体处理方式进行了规定,也很难清晰地确立一套较为完善的敏感信息处理规则,有待学说、司法和法律实践的发展。其他限制可能是更为严格的限制,也可能是较本法更为宽松的限制。从敏感信息的处理规则看,本法没有采取“原则禁止、例外允许”的处理模式,而是以较高的同意规则去保护信息被收集一方,说明本身仍然兼顾到了可能的信息利用需求,与本法的立法精神保持了一致。

适用要点

本条虽然将对敏感个人信息处理规则的限制规定的立法权限交给法律和行政法规,但是其本身规定是较为模糊的,这里特别涉及解释的问题,对于其限制性规定应该严格限定在法律、行政法规的明确规定当中,而不能是另外再进行转介授权,亦不能将依据本法及依据其他有关个人信息保护相关规定而制定的部门规章、地方性法规视为是对于本条的特别规定。总之,本条的开放范围仅限于法律和行政法规,部门规章、地方性法规、地方政府规章及其他规范性文件,均不可设定限制,除非法律、行政法规在其本身规定中援引了下位法的某条具体规定。

关联法规

《未成年人保护法》第72条;《网络安全法》第22条;《最高人民法院关于审理使用人脸识别技术处理个人信息相关民事案件适用法律若干问题的规定》;《艾滋病防治条例》第39条

第三节　国家机关处理个人信息的特别规定

第三十三条　【国家机关处理个人信息的法律适用】国家机关处理个人信息的活动，适用本法；本节有特别规定的，适用本节规定。

条文解读

本条是关于国家机关处理个人信息法律适用的规定。

根据本条规定，国家机关处理个人信息的法律适用包括一般适用和特别适用两个方面：

(1)一般适用。本法第3条规定，在我国境内处理自然人个人信息的活动，适用本法。本条所称的“国家机关”属于《民法典》中规定的机关法人，因此可认为本条前半句是对本法第3条的重申，强调国家机关作为个人信息处理者，也需要严格遵守本法的规定，而不能有所例外。

(2)特别适用。之所以要对国家机关处理个人信息作出特别规定，主要是由于以下几个原因：第一，国家机关行使的是国家公权力，有国家强制力做保障，在国家机关的权限范围内，公民无权拒绝提供个人信息。第二，多数国家机关如人社部门、市场监管部门的主要职责就是处理和保障居民日常起居相关事项，公民的个人信息是其工作开展的基础，可以说部分国家机关天然具有收集、储存等处理居民个人信息的倾向。随着互联网政务的普及，获取海量且精准的居民个人信息对大多数国家机关而言更加方便了。第三，以民为本，取信于民。一旦国家机关发生非法使用、泄露居民个人信息的情况，国家机关的公信力必然会受到影响。因此保障国家机关及其公职人员在处理个人信息的过程中严格按照法定权限和法定程序,避免国家机关非法使用个人信息的情况出现具有重要意义。故此,本法第2章第3节对国家机关处理个人信息进行了特别规定,例如处理个人信息的权限、程序,个人信息的存储和提供等。对于法律适用问题,本条明确规定,如果本法第2章第3节对国家机关处理个人信息问题有特别规定,则优先适用该特别规定。

适用要点

在互联网技术日益发展的今天,国家机关日渐成为重要的个人信息处理者。但是,其与一般的个人信息处理者相比,国家机关在个人信息的处理目的、方式、程序等方面都有很大的不同,因此其法律适用也应与一般的个人信息处理者有所不同。本条规定乃是这一理念的具象化,对法律的特别适用有很强的指导作用。但是,国家机关处理个人信息与普通的个人信息处理者处理个人信息又有很大的共性,因此,如果本法第2章第3节没有特别规定,仍应适用本法的一般性规定。

关联法规

《民法典》第1034、1039条;《数据安全法》第2条;《网络安全法》第2条

第三十四条 【国家机关处理个人信息的权限与程序】国家机关为履行法定职责处理个人信息,应当依照法律、行政法规规定的权限、程序进行,不得超出履行法定职责所必需的范围和限度。

条文解读

本条是关于国家机关处理个人信息的权限与程序的规定。

根据本条的规范内涵,国家机关处理个人信息应该从权力范围和行

使程序两个角度理解。

(1)国家机关处理个人信息必须在法律、法规规定的权限范围内,不得超出履行法定职责所必需的范围。以公安部颁发的《公安机关互联网安全监督检查规定》为例,其规定公安机关及其工作人员在履行互联网安全监督检查职责中获取的个人信息、隐私、商业秘密和国家秘密等信息,只能用于维护网络安全的需要,不得泄露、出售、非法向他人提供或用于其他用途。在法律、法规规定的范围内使用个人信息是国家机关处理个人信息的前提,也是规范国家机关处理个人信息行为的必然要求,该项规定可以避免国家机关在法定职责之外随意收集、使用个人信息,侵犯居民个人信息权益。

(2)国家机关处理个人信息必须遵守相关的程序要求。程序合法也是权力合法行使的重要要件之一,通过对权力行使的过程进行把控,在将权力关进笼子里的同时保护居民个人合法权益。《公安机关互联网安全监督检查规定》第3章中规定了公安机关对互联网进行安全监督检查,获取相关主体信息时所必须遵守的程序性规定。质言之,即使是基于履行法定职责的需要,如果国家机关违反法定程序,也不符合本条要求。

此外,需要注意的是,按照本条之规定,国家权力机关处理个人信息的权限与程序只能由法律和行政法规来规定,此处的法律特指全国人民代表大会或全国人民代表大会常务委员会制定的法律。效力层级低于行政法规的部门规章、地方性法规等其他规范性文件无权对上述事项作出规定,这体现了我国立法部门对个人信息保护的重视,避免国家机关借助其他规范性文件扩大权限、泛化程序,借公权力之名行滥用个人信息之实。

适用要点

国家机关处理个人信息不得超出履行法定职责所必需的范围和限度。何为"必需"? 此处存在一个考量的空间。一般而言,构成"必需"须满足以下两项条件：

（1）在范围上不能处理非必要信息。现实操作中，国家机关可能以隐私协议等格式条款的形式向个人信息主体征求“一揽子”同意，或者依法直接调取个人信息主体的所有信息，其中有的个人信息是国家机关履行法定职责所必需，而有些个人信息则超出了实际所需的范围，与此相对应的是，个人几乎没有谈判协商的空间。对于这种行为，相关法律法规可以从以下几个角度进行限制：第一，应该保障个人信息主体具有分别同意的选择权。现实生活中多数情况下个人信息主体只有“一揽子”同意权。为了保障个人信息主体的权利，在与居民签订隐私协议之时，应该针对不同的情境，在保障工作展开顺畅的基础上，尽可能多地给予个人信息主体分别同意的选择权。第二，对于不宜征得个人信息主体同意的情况，应以法律形式明确而严格地限制国家机关获取个人信息的范围，避免国家机关及其工作人员违法处理居民个人信息的情况出现。

（2）在限度上不能过度处理个人信息。根据本法第 4 条第 2 款规定，个人信息的处理包括“个人信息的收集、存储、使用、加工、传输、提供、公开、删除等”。所谓过度处理个人信息，包括行为类型的过度和行为程度的过度。前者例如，仅仅加工个人信息即可满足履行法定职责的需要，但是国家机关却超出必要限度地向其他主体提供甚至公开个人信息；后者例如，本应是在特定范围以匿名形式公开个人信息，但是国家机关在公共媒体上以显名形式公开个人信息，给居民带来不便，侵害了居民的个人信息权益。

本条对于国家机关处理个人信息的权限与程序的限定是比较严格的，但是该规定仍然比较原则和模糊，在实践中仍然给个人信息获得主体相当大的自主权。比如，《网络安全法》第 8 条等法律规定，公安机关有权依法对互联网服务提供者和互联网使用单位履行法律、行政法规规定的网络安全义务情况进行安全监督检查，而监督检查过程中很可能涉及用户个人信息的处理，这相当于法律间接赋予了处理个人信息的权限，但是在《网络安全法》中对于公安机关该项权力并没有作范围和程序上的限制。再如,《公安机关互联网安全监督检查规定》第3章对于公安机关进行互联网监督检查的程序进行了专章的规定,但是《公安机关互联网安全监督检查规定》属于部门规章,法规效力层级较低。按照本法规定,公安机关在处理个人信息时,不能援引《公安机关互联网安全监督检查规定》第3章作为程序指南。这就直接出现了法律规定和实践操作不太一致的情况,所以在更高级别的法律规范内规定国家机关在处理居民个人信息时所应该遵循的程序性规定是实践中的迫切需求。

关联法规

《个人信息保护法》第4条;《数据安全法》第38条;《网络安全法》第8条;《民法典》第1035、1039条;《刑法》第253条之一

案例指引

池某侵犯公民个人信息案[1]

裁判要旨:国家公职人员将在履行职责或者提供服务过程中获得的公民个人信息,出售或者提供给他人的,可能会构成犯罪。

本案中,池某利用其原系台州市公安局黄岩分局民警的身份,向餐馆、宾馆、小区物业等私自调取针对部分受害人员的监控视频,使用本人的公安数字身份证书、警务通或盗用台州市公安局黄岩分局其他民警的公安数字身份证书登录公安内部信息系统,获取与其有私仇的受害人的相关信息,用于公报私仇。池某利用其民警的身份带来的便利,获取超出职责范围和限度的居民信息,情节严重,构成了《刑法》第253条之一侵犯公民个人信息罪。

[1] 浙江省临海市人民法院(2018)浙1082刑初898号。

第三十五条 【个人的知情权及其例外】国家机关为履行法定职责处理个人信息,应当依照本法规定履行告知义务;有本法第十八条第一款规定的情形,或者告知将妨碍国家机关履行法定职责的除外。

条文解读

本条是关于个人的知情权及其例外的规定。

根据本条规定,国家机关为履行法定职责处理个人信息,原则上应该执行告知程序,尊重自然人个人信息权益中的知情权。个人信息保护的首要目的就是体现对私人权益的保护和尊重。即使是国家机关,在处理个人信息时也需要先告知。所谓知情权,是指知悉其个人信息在获取、占有和处理等方面的真实情况的权利。作为个人为数不多的核心权利之一,应当得到《个人信息保护法》的保护。

在特定情况下,国家机关为履行法定职责而处理个人信息,无须履行告知义务。按照本条的规范内涵,除外情形有两种:

一是有本法第 18 条第 1 款规定的情形。本法第 18 条第 1 款规定,"个人信息处理者处理个人信息,有法律、行政法规规定应当保密或者不需要告知的情形的,可以不向个人告知前条第一款规定的事项。"国家机关处理个人信息可能涉及国家秘密,而国家秘密直接关系到国家安全和利益。为了防止国家秘密泄露,维护国家安全,国家机关在处理个人信息前无须履行告知义务。另外,还有一些情形中,虽不涉及国家秘密,但是与个人信息权益关系不大,不需要告知的,也无须事先告知。

二是告知将妨碍国家机关履行法定职责。在某些情况下,时间紧迫,而履行告知程序将严重拖延国家机关法定职责的履行,不利于工作效率的提高和正常工作的开展。

适用要点

对于需要履行告知义务的情况，在适用时需要注意以下两点：

（1）前提必须是为履行法定职责而处理个人信息。这要求个人信息与履行法定职责的需要密切相关，不能为了履行法定职责之外的事宜处理个人信息。并且，还应满足这一条件：不处理个人信息就无法履行法定职责，亦即处理个人信息是不可或缺的一环。

（2）履行告知义务的依据是本法规定。本法在多处对个人的知情权进行了规定。例如，本法第17条规定个人信息处理者在事前应当以显著方式、清晰易懂的语言真实、准确、完整地向个人履行告知义务，包括个人信息处理者的名称或者姓名和联系方式、个人信息的处理目的、处理方式，处理的个人信息种类、保存期限，等等。国家机关在履行告知义务时，应该严格遵守本法的上述规定，充分尊重个人知情权的行使。

对于无须告知的情况，在适用的时候需要从严把握：

（1）相关事项是否应当保密应该严格依据法律、法规的规定。我国《保守国家秘密法》等法律、法规对于国家秘密的范围进行了规定，例如，依据《保守国家秘密法》第9条规定，国家事务重大决策、国防外交、国家安全、追查刑事犯罪等领域的秘密事项，涉及国家安全和利益，泄露后可能损害国家在政治、经济、国防、外交等领域的安全和利益的，应当确定为国家秘密。国家机关在判断相关事项是否涉密时，需要严格遵守上述规定，不能将非涉密事项定为涉密事项，进而以保密为由侵犯个人的知情权。

（2）对于本法第18条第1款"不需要告知的情形"采取从严解释，只有当有关事项对个人信息实体权益无实质影响时，才有可能构成"不需要告知的情形"，进而才可以无须告知。

（3）严格限制"告知将妨碍国家机关履行法定职责的除外"的适用范围。对于何为"妨碍国家机关履行法定职责"，本条没有明确的判断标准，国家机关在具体认定时难免主观性较强，很可能扩大该但书规定的适用范围，导致侵害个人信息权益。因此，执法司法机关在个案适用中有必要从严解释，限缩适用范围，以充分保障个人的知情权。

综上，国家机关处理个人信息原则上应履行告知义务，但书规定应严格适用。

值得注意的是，本法草案二审稿规定“国家机关为履行法定职责处理个人信息，应当依照本法规定向个人告知并取得其‘同意’”，立法机关最终表决通过的文本中删除了取得同意的要求，或许是考虑到个人的不同意决定或不明确表态会严重妨碍国家机关履行法定职责，不仅不利于工作的有序开展，也抑制了工作效率。从这个角度来看，删除征得同意的要求有其合理性。

关联法规

《个人信息保护法》第17条；《网络安全法》第41、42条；《数据安全法》第32、38条

第三十六条 【个人信息的境内存储与向境外提供】国家机关处理的个人信息应当在中华人民共和国境内存储；确需向境外提供的，应当进行安全评估。安全评估可以要求有关部门提供支持与协助。

条文解读

本条是关于个人信息境内存储与向境外提供的规定。

根据本条规定，国家机关处理的个人信息原则上应当在中华人民共和国境内存储。在互联网时代，作为个人信息载体的数据，存在天然的跨国流动倾向。数据因流动而获得价值，由此产生的数据流能引领技术流、资金流、人才流，这一观点已经成为基本共识；数据本地化存储要求似乎

与之背道而驰，反对数据本地化的人不仅将其看成贸易壁垒，更认为其破坏了互联网全球互联互通的特性。但实际上除中国外，国际上还有不少国家都或多或少地作出了数据本地化的要求。本条要求的数据境内存储，是我国政府得以宣示数据主权的表现。要求数据存储在境内，也表现了对个人信息更高水平的保护，有利于维护数据安全。《网络安全法》第37条也有类似规定：关键信息基础设施的运营者在中华人民共和国境内运营中收集和产生的个人信息和重要数据应当在境内存储。但是二者针对的对象是不同的，本法针对的是国家机关处理的个人信息，而《网络安全法》针对的是“关键信息基础设施的运营者在中华人民共和国境内运营中收集和产生的个人信息和重要数据”。

然而，个人信息境内存储与数据流动并非决然对立的关系，在特定情况下，数据也可以跨境流动。按照本条规定，确需向境外提供个人信息数据的，应当进行安全评估。《网络安全法》第37条第2句也提到，因业务需要，确需向境外提供的，应当按照国家网信部门会同国务院有关部门制定的办法进行安全评估；法律、行政法规另有规定的，依照其规定。安全评估，是对数据出境的目的、范围、内容、程序、接收方及接收方所在的国家或地区等方面的因素进行全面评估，考量数据出境的合法性、正当性和必要性，判断数据出境对个人权益、国家安全和利益的影响程度以及发生安全事件的可能性。安全评估对于个人信息出境是非常重要的，其就像一个安全阀，既可以有效维护个人信息安全，又能保证正当合法的数据流动，实现安全与效益的完美平衡。根据本条规定，国家机关进行安全评估，还可以要求有关部门提供支持与协助。

适用要点

国际上对数据本地存储的反对声音依然很大。2016年8月11日，英国《金融时报》报道，美、日、欧40多个行业组织呼吁中国政府修订新的《网络安全法》，“他们的担忧集中于中国新法规的某些内容，包括迫使境外公司将数据存储在中国境内”,并“警告这些法律法规对经济增长构成保护主义威胁,将进一步使中国孤立于全球数字经济以外”。此外,2015年和2016年连续两年,美中贸易全国委员会对成员企业的调查和访谈均发现,中国政府的数据本地化存储要求是让在华经营的美企最为担忧的事项。国际上的反对声音当然与其自身利益、立场密不可分。但是,从数据资源有效利用的视角来看,“宽泛的数据本地存储要求”确实会妨碍数据流动,对外国公司和中国公司进入市场造成障碍,不利于我国经济增长。因此,应当严格依据本条规定,将境内存储的个人信息严格限制在“国家机关处理的个人信息”的范围内。

在认定是否满足“确需向境外提供”这一条件时,应当对数据出境的必要性进行全面考量,只有必要性得到满足,才可进行下一步的安全评估。安全评估一般包括处理个人信息的国家机关自我评估(包括有关部门的支持与协助)、数据出境申请者的自我评估以及专家委员会的第三方评估。最终是否准予出境的决定应由处理个人信息的国家机关作出。

关联法规

《个人信息保护法》第40条;《网络安全法》第37条;《数据安全法》第36条;《征信业管理条例》第24条;《人口健康信息管理办法(试行)》第10条;《中国人民银行关于银行业金融机构做好个人金融信息保护工作的通知》第6条

第三十七条 【法定授权组织处理个人信息的法律适用】法律、法规授权的具有管理公共事务职能的组织为履行法定职责处理个人信息,适用本法关于国家机关处理个人信息的规定。

条文解读

本条是关于法定授权组织处理个人信息的法律适用的规定。

法定授权组织是行政分权的产物,是行政主体多元化的结果,在我国广泛存在。现代社会的发展使社会公共事务所涉及的领域不断扩大,专业分工越来越细,单纯依靠行政机关难以适应社会利益主体多元化的发展趋势和专业化的监管要求。出于对社会公共利益的考虑和国家公共管理政策的相关需要,行政权力应当由组织法所规定的法定行政机关行使的理念发生了改变,行政权力越来越多地向非行政机关转移,呈现出行政权力行使社会化的特征。法定授权组织的产生、存在与发展有其必然性和重要意义。它是公共管理社会化的产物,是社会发展的必然选择,也是社会自治化和社会成员民主意识增强的表现。同时,时代的发展对行政管理的技术层面提出较高的要求,现有的行政管理体制具有滞后性、不灵活性、专业性较弱等缺点,为了提高行政效率,不得不借助具有公共管理职能的社会组织对社会进行有效的管理。

根据本条规定,法定授权组织为履行法定职责处理个人信息,适用本法关于国家机关处理个人信息的规定,说明立法者将法定授权组织视为国家机关,并对其提出同样高的要求。

适用要点

法定授权组织虽然是行政主体,根据本条规定在法律适用上等同于国家机关,但是本条的适用仍需注意以下三点:

第一,处理个人信息的前提是履行法定职责。法定授权组织的业务多元,只有以履行法定职责为目的,本条规定才有适用空间。

第二,处理个人信息属于法律、法规授权的管理公共事务职能。在设立法定授权组织时,法律、法规一般会对该组织管理公共事务的职能范围进行明确授权,处理个人信息必须在该权限范围内,适用本法关于国家机关处理个人信息的规定。

第三,法定授权组织和国家机关处理个人信息仍有一定的区别。法定授权组织毕竟不是国家机关,本质上是社会组织,在强制性和国家意志性上均弱于国家机关,在处理个人信息时并不能完全像国家机关一样行使权力。因此,在适用本条时应当注意到二者的区别。

关联法规

《数据安全法》第43条

第三章　个人信息跨境提供的规则

第三十八条　【向境外提供个人信息的条件】个人信息处理者因业务等需要，确需向中华人民共和国境外提供个人信息的，应当具备下列条件之一：

（一）依照本法第四十条的规定通过国家网信部门组织的安全评估；

（二）按照国家网信部门的规定经专业机构进行个人信息保护认证；

（三）按照国家网信部门制定的标准合同与境外接收方订立合同，约定双方的权利和义务；

（四）法律、行政法规或者国家网信部门规定的其他条件。

中华人民共和国缔结或者参加的国际条约、协定对向中华人民共和国境外提供个人信息的条件等有规定的，可以按照其规定执行。

个人信息处理者应当采取必要措施，保障境外接收方处理个人信息的活动达到本法规定的个人信息保护标准。

条文解读

本条是关于向境外提供个人信息的条件的规定。

个人信息具有流动性价值，根据本条规定，如果确有向境外提供个人信息的需要，应当满足下列条件之一：

(1)依照本法第40条的规定通过国家网信部门组织的安全评估。本法第40条规定，关键信息基础设施运营者和处理个人信息达到国家网信部门规定数量的个人信息处理者，应当将在中华人民共和国境内收集和产生的个人信息存储在境内。确需向境外提供的，应当通过国家网信部门组织的安全评估；法律、行政法规和国家网信部门规定可以不进行安全评估的，从其规定。个人信息数据出境，会带来很多不确定性的风险，危害个人信息权益和国家数据安全，如果数据通过了国家网信部门组织的出境安全评估，则表明上述风险发生的概率较低，带来的社会危害较小或者可控。

(2)按照国家网信部门的规定，需经专业机构进行个人信息保护认证。由专业机构来认证个人信息保护，可以提高个人信息保护的专业性，同时也是对个人信息出境安全的背书，从而降低风险发生的可能性。但是何种情形下个人信息出境场景属于符合"按照国家网信部门的规定经专业机构进行个人信息保护认证"的情况，相关规定并未明确，后续应该由网信部门出台相关的实施细则，进一步通过法律法规加以明确。

(3)按照国家网信部门制定的标准合同与境外接收方订立合同，约定双方的权利和义务。国家网信部门制定的标准合同一般会明确约定个人信息处理者和境外接收方的权利和义务，特别是对于个人信息保护问题，标准合同会提供详细的条款对双方的具体责任、保护标准、违约后果等进行规定，以免风险发生后缺少合同依据。

(4)由于法律具有滞后性，具体的列举必然无法涵盖现实生活中的所有情况，因此往往会通过兜底条款保持法律的开放性。本条亦是如此，其第4项"法律、行政法规或者国家网信部门规定的其他条件"，扩大了本条认可的条件范围，为确有向境外提供个人信息需要的个人信息处理者提供法律上的方便。

本条第2款体现了对国际法的充分尊重。根据国际法的一般规则，一国经法定程序缔结或参加的国际条约和协定，应当优先于国内法予以适用。对于我国缔结或者参加的国际条约、协定，条文虽然规定“可以”按照其规定执行，但实际应为“应当”按照其规定执行，否则便可能违反国际条约义务，因为缔结或参加就已经代表对条约或者协定的认可。该部分实际上是国际法规则的体现，同时也体现了我国作为国际关系参加者的契约精神。

本条第3款对个人信息处理者课以一定的义务，督促其采取必要措施，保障境外接收方处理个人信息的活动达到本法规定的个人信息保护标准，有利于提高个人信息处理者保障个人信息安全的积极性。

适用要点

本条以信息处理主体、出境信息数量为划分标准，规定了个人信息处理者或满足必须具备通过安全评估，或经过专业机构认证，或与境外接收方订立标准合同等不同条件后，才能向境外提供个人信息。关于不同条件适用的顺序，条文表述为“应当具备下列条件之一”。但是需要注意不同条件之间并非简单的“或”的关系，而是暗含一种由紧到松的规制力度上的递减。

(1)关键信息基础设施运营者、处理个人信息达到国家网信部门规定数量的个人信息处理者，如确需将个人信息出境，应当通过国家网信部门组织的安全评估。同时，该项意味着关键信息基础设施运营者、处理个人信息达到国家网信部门规定数量的个人信息处理者想要实现个人信息出境必须履行法定安全评估义务，而不能选择本条第2项或者第3项中规定的方式。

(2)相比监管评估，经专业机构认证和与境外接收方签订标准合同的门槛相对较低，其中以与境外接收方订立标准合同为门槛最低的出境方式。本条第3项采取了与欧盟GDPR第46条第2款c项和d项相似的规制思路，采用了“按照国家网信部门制定的标准合同”的限定，由此开始实质性地引入了中国版“标准合同条款”的概念。标准合同条款作为个人信息跨境传输的机制已经有几十年的实践落地历史,但是标准合同在实践操作中仍然遇到一定的问题。因为许多企业在签订标准合同之后并未实际地核实数据接收方是否已经实际落地了这些合同要求的保护义务,导致标准合同的制度在很大程度上流于形式,成为一纸空文。现阶段,在欧盟监管机构认为中国的数据保护达不到与欧盟的个人信息保护法的实质一致的大前提下,后续我国的监管机构是否也会对等地要求在中国收集或者产生的个人信息在传输到欧盟时需要在标准合同条款的基础上落地更多的补充措施也有待观察。至于何时适用第2项"经专业机构认证",何时适用第3项的"签订标准合同",本法并没有作出明确的规定。在实践操作中,认定标准不宜过松,也不宜过紧,因为前者会危害个人信息安全,而后者会阻碍正当合法的数据流动。因此,有必要在标准的"松"与"紧"之间取得平衡。

(3)在适用兜底性规定时,"其他条件"要么是法律、法规有直接规定,要么是国家网信部门另行规定,不能有其他出处。这样可以有效防止兜底性规定被滥用,从而达到维护个人信息安全的目的。

关联法规

《个人信息保护法》第36、40条;《网络安全法》第37条;《数据安全法》第31条

第三十九条 【向境外提供个人信息的告知与同意】个人信息处理者向中华人民共和国境外提供个人信息的,应当向个人告知境外接收方的名称或者姓名、联系方式、处理目的、处理方式、个人信息的种类以及个人向境外接收方行使本法规定权利的方式和程序等事项,并取得个人的单独同意。

条文解读

本条是关于个人信息处理者向境外提供个人信息的告知与同意的规定。

个人信息保护首先体现的是对私人权益的保护。个人,即《民法典》中的自然人,可以理解为个体、私人。从表述中可以得出,个人信息的主体必然是私主体。很明显,那些属于企业、社会组织和国家机构的信息都不是个人信息。从个人信息的定义中就可以看出个人信息具有很强的私人属性,对个人信息的保护首先应该体现对自然人的尊重,所以说个人信息向境外提供时,必然要告知相应的个人并且取得其同意。所以本条规定,个人信息处理者若向中华人民共和国境外提供个人信息,需要履行充分的告知义务,告知事项包括但不限于境外接收方的名称或者姓名、联系方式、处理目的、处理方式、个人信息的种类以及个人向境外接收方行使本法规定权利的方式和程序等事项。通过履行详尽的告知义务,充分保障个人知情权。

在告知事项当中,最为重要的应属个人向境外接收方行使本法规定权利的方式。由于存在空间和语言上的障碍,个人作为信息权利人在权利受到侵害时往往不知道如何行权,甚至无法联系上境外信息接收方。因此,个人信息处理者必须充分扮演好"中间人"角色,告诉甚至是协助个人向境外接收方行使权利。

除了知情权外,本条还涉及个人的另外一项重要权利——同意权。知情是同意的基础,充分的知情才能准确地同意。在个人信息权中,同意权是一个非常核心的权利,体现了信息自决的特征,大量侵犯个人信息权的案件都是未经同意而处理个人信息。因此,各国个人信息保护法律都将同意权作为基本性权利来对待。就本条来看,实际上赋予了个人力度更大的同意权——单独同意,这意味着关于个人信息出境的同意不能是"一揽子"同意,只能是个人单独就此事进行表态,这样虽然在一定程度上增加了个人的程序性负担,但也使其更加认真地考虑个人信息出境问题并作出慎重决定。

适用要点

本条适用存在以下几点需要注意的地方：

（1）本条涉及三方主体，个人、个人信息处理者和境外接收方，在法律适用时要厘清三者之间的法律关系。其中，个人主要是权利主体，个人信息处理者和境外接收方主要是义务主体。个人的权利包括对个人信息处理者享有的知情权、同意权，对境外接收方享有的个人信息安全保障权等；个人信息处理者的义务包括告知义务和征求同意义务，境外接收方的义务包括信息安全保障义务、合理使用个人信息义务等。

（2）本条规定个人信息处理者在信息出境时必须保证个人信息主体的知情—同意权。那么应该如何理解该条所规定的个人信息处理者必须要获得个人信息主体的知情—同意授权和第 38 条规定的个人信息出境时处理者所必须要达到的条件之间的关系？举一例子，即是否履行了第 38 条第 1 款所规定的安全评估之后，就可以不再遵守知情—同意规则呢？回答是否定的。个人信息具有显著的个人属性，即使随着互联网的发展，个人信息越来越成为新的“石油资源”而被赋予国家主权的性质，但是个人信息的私权属性仍然是其第一特性，所以无论何种情况，保障个人信息主体的知情权、获得其同意是个人信息出境的第一步。只有在个人信息主体知情且同意的情况下，信息处理者履行第 38 条的相关规定才具有相应的意义。换句话说，即使关键信息基础设施运营者的信息出境已经经过了国家相关部门的安全评估，但是如果没有经过信息主体的同意也无法出境。为了提高交易效率，节省交易时间，个人信息处理者可以在获得个人同意之后再去监管部门履行相应手续。

关联法规

《个人信息保护法》第 14 ~ 16 条;《民法典》第 1035 条;《网络安全法》第 41、42 条

第四十条 【个人信息的境内存储与信息出境的安全评估】关键信息基础设施运营者和处理个人信息达到国家网信部门规定数量的个人信息处理者,应当将在中华人民共和国境内收集和产生的个人信息存储在境内。确需向境外提供的,应当通过国家网信部门组织的安全评估;法律、行政法规和国家网信部门规定可以不进行安全评估的,从其规定。

条文解读

本条是关于个人信息的境内存储与信息出境的安全评估的规定。

电脑的普及和互联网商业的发展起源于 20 世纪 80 年代,互联网建设的初衷之一就是打破各国之间的壁垒,建立一个能够自由无障碍交流的世界。彼时个人信息是自由流动的,不存在太多的限制,且无本地储存的要求。但是随着网络、大数据分析等技术的发展,个人信息的主权性质越来越多地被发掘,逐渐有国家和地区出于保护个人利益和国家安全的考虑,要求个人信息本地化保存。在国际上,不同国家对个人信息的储存管理可以分为以下三种模式:第一种模式是个人信息出境评估模式。所谓评估模式,就是该地区或者国家并没有明确有关数据本地化保存的规定,但是对于个人信息向境外传输提出了要求。第二种模式是弱数据本地化储存模式,该种模式只是限制了部分个人信息需要本地化保存,比如涉及特定领域(医疗、电信或者金融等)或者敏感信息(可能导致个人受到歧视或者人身、财产安全受到严重危害的个人信息,包括种族、民族、宗

教信仰、个人生物特征、医疗健康、金融账户、个人行踪等信息)等。第三种模式是强数据本地化模式,使用该种模式的国家会要求控制者处理本国居民个人信息时必须使用国内的数据库。该种模式对个人信息的自由流动限制非常严格。其实在个人信息跨境的问题上,无论是个人信息的自由流动还是强数据本地化模式都无法平衡好个人信息安全和数据流动之间的关系。应该按照个人信息数量或者性质的不同实行差异化保护。

本法第 40 条就是对主权性质更加凸显的个人信息进行了强保护。第 40 条拓展了《网络安全法》第 37 条中跨境信息安全评估的适用范围,除关键信息基础设施运营者外,处理个人信息达到一定规模者同样也需履行安全评估手续。上述两个主体如果确有需要向境外提供个人信息,应当在事前走安全评估程序,全面评估数据出境带来的安全风险,特别是重要数据被窃取、泄露、毁损的风险,以维护数据主权和数据安全。当然,如果法律、行政法规和国家网信部门规定可以不进行安全评估的,也可豁免评估程序。

适用要点

本法规定了两类主体必须将其在境内收集和产生的个人信息存储在境内,如其所处理的个人信息需要出境,必须履行安全评估手续:

(1)关键信息基础设施运营者。所谓关键信息基础设施,《网络安全法》第 31 条进行了原则性规定。根据《关键信息基础设施安全保护条例》第 2 条规定,关键信息基础设施,是指公共通信和信息服务、能源、交通、水利、金融、公共服务、电子政务、国防科技工业等重要行业和领域的,以及其他一旦遭到破坏、丧失功能或者数据泄露,可能严重危害国家安全、国计民生、公共利益的重要网络设施、信息系统等。认定“关键信息基础设施运营者”并非易事,需要一套统一的判断标准。实践中需要依据国家网信部门与国务院电信主管部门、公安部门等部门制定关键信息基础设施识别指南,国家行业主管或监管部门按照该指南识别本行业本领域的关键信息基础设施运营者。此外，之所要重点保护重要的信息基础设施产生的个人信息，是因为它们的中断或破坏将对重要的社会功能产生严重影响。这些系统一旦发生网络安全事故、遭到破坏、丧失功能或者数据泄露，会影响重要行业正常运行，对国家政治、经济、科技、社会、文化、国防、环境以及人民生命财产造成严重损失，严重危害国家安全、国计民生、公共利益。因此，关键信息基础设施运营者必须将其在境内收集和产生的个人信息存储在境内，以确保个人信息的高度安全。

(2)处理达到国家网信部门规定数量的个人信息处理者。这些主体本是普通的处理者，既不是国家机关，也不是关键信息基础设施运营者。但是，其处理信息的数量达到一定的规模，就有可能会对信息安全产生一定的影响。这种隐患和担忧的出现是大数据分析技术带来的结果。对海量的个人信息进行大数据分析，会得到传统信息分析无法得知的结果。如果对一国海量个人信息进行大数据分析，有可能会得出与该国家政治、经济、文化相关的重要信息，存在泄露国家秘密的风险。以对一国居民海量的出行路线进行大数据分析为例，在数据分析过程中可能会泄露国家重要地理信息机密、敏感人群的重要信息等。这也是本法对达到一定数量的个人信息进行出境安全评估的原因。至于该数量的具体标准，尚有待网信部门后续出台进一步的细化规定。

另外，此处的安全评估与本法第 36 条的安全评估虽含义相近，但仍有一定的差别，如适用情形、评估主体和评估对象均不相同，评估程序也有一定的差异，在适用时需要注意。

关联法规

《个人信息保护法》第 36、38 条;《数据安全法》第 31 条;《网络安全法》第 37 条

案例指引

佳电(上海)管理有限公司与亚士创能科技(上海)股份有限公司买卖合同纠纷案[1]

裁判要旨:被告认为,原告代理 Oracle Cloud Service 服务,其服务器设立在境外,根据我国有关规定,其将境内运营中收集和产生的个人信息和重要数据向境外提供的,需要经过国家相关部门的安全评估,否则其存在违法行为。法院认为,被告该抗辩意见并非本案的审理范围,若原告的行为确系违法行为,被告可向相关部门控告或另案起诉主张相关权利,法院在本案中不予处理。

具体到本条来看,核心问题在于原告是否为"关键信息基础设施运营者或处理个人信息达到国家网信部门规定数量的个人信息处理者",而该问题显然不属于民商事纠纷的处理范围。即使原告向境外提供数据的行为违法,也应是行政违法,不应由民事法庭作出判断。况且,提出该抗辩的是被告,其若想主张相关权利,也不应在被告抗辩环节中提出,而是应向有关监管部门控告或者另案起诉。

第四十一条　【境外司法或执法机构获取个人信息的处理和批准】中华人民共和国主管机关根据有关法律和中华人民共和国缔结或者参加的国际条约、协定,或者按照平等互惠原则,处理外国司法或者执法机构关于提供存储于境内个人信息的请求。非经中华人民共和国主管机关批准,个人信息处理者不得向外国司法或者执法机构提供存储于中华人民共和国境内的个人信息。

---

〔1〕 上海市长宁区人民法院(2018)沪 0105 民初 9351 号。

条文解读

本条是关于境外机构获取个人信息的处理和批准程序的规定。

个人信息具有流动性,这就涉及个人信息数据的跨境提供问题。与《数据安全法》第 36 条的立法精神一致,本条也规定了相关主体在向境外司法或者执法机构提供信息时,需要经过我国主管部门批准。根据本条规定,我国处理境外有关请求的依据有三:一是我国有关法律;二是我国缔结或者参加的国际条约、协定;三是平等互惠原则。未经批准,不得向境外机构提供储存于我国境内的个人信息。其中第 3 项平等互惠原则是国际法的基本原则之一,强调有关国家或地区在个人信息跨境提供问题上应当与我国地位平等、互相协助。如果该国或地区对于我国的类似请求不予协助,则根据平等互惠原则,我国也难以批准其相应请求。

同时,从文义解释来看,在相关主体向境外司法机构或者执法机构提供个人信息时,其也必须要履行本法第 39 条的相关规定,充分保障个人的知情权,并取得个人同意;此外还必须履行本法第 38 条的相关规定,出境信息或经过安全评估,或经专业机构进行个人信息保护认证,或签订标准合同。如此看来,个人信息处理者想要向境外司法机构或者执法机构提供相关信息,所履行的手续较为复杂。在此种情况下,个人信息处理者第 41 条的合规义务和第 38 条的合规义务可能会存在重复情况,至于如果履行第 41 条之相关规定之后是否还要履行第 38 条规定的手续,则需要有关部门进一步明确。

适用要点

本条的适用存在以下几点值得注意的地方:

(1)本条对信息提供主体进行了模糊化表述。从文义解释来看,本条中的信息提供主体既可能是境内主体也可能是境外主体。本条规定对跨国公司而言具有重要意义,跨国公司因此进入“个人信息提供双合规”的年代，即注册在国外的跨国公司既要遵守其注册地所在国个人信息保护相关的法律规定，也要遵守我国法律规定，在其将所收集的信息提供给境外的司法或者执法机构时，也应该经过中华人民共和国主管机关批准。

(2)所提供的信息仅是“储存于中华人民共和国境内的个人信息”。换言之，如果境内机构自收集伊始就将数据存储在中国境外，本法无法适用。为了规避第41条的规定，部分跨国企业可能会将没有本地化留存义务的数据直接存储在中国境外。但是其实此种情况也可能存在侵犯我国的国家利益的风险。

(3)对境外执法机构的界定问题。司法机构的定义相对明确，就是各国或地区的法院，而每个国家、地区的执法机构却千差万别。其他国家或地区的类行政组织是否算是执法机构，相关主体是否可以向海外仲裁机构提供数据，这些问题虽不具备普遍性，但是在执法实践中却经常发生。此类问题现阶段可能都没有明确的答案，有赖于各部门在实践中不断交流、总结。

(4)行使批准权的主管机关是谁，本条并未言明，这是现实原因所致。跨境信息提供可能牵涉外交部、国家网信部门、公安部、工信部门、最高人民法院、最高人民检察院等各个部门或机关，有时甚至需要多部门或机关联动，个案中需要具体问题具体分析，因此立法采用较为模糊的称呼。在具体适用时，需要看信息控制者是谁，信息控制者的监管者是谁，境外司法或者执法机构要求谁提供信息，是否涉及主权、安全事宜，是否需要司法协助等事项，进而确定具体的主管部门。

关联法规

《数据安全法》第36条；《网络安全法》第37条

第四十二条　【个人信息提供黑名单制度】境外的组织、个人从事侵害中华人民共和国公民的个人信息权益，或者危害中华人民共和国国家安全、公共利益的个人信息处理活动的，国家网信部门可以将其列入限制或者禁止个人信息提供清单，予以公告，并采取限制或者禁止向其提供个人信息等措施。

条文解读

本条是关于个人信息提供黑名单制度的规定。

本条参照了《不可靠实体清单规定》的相关内容，构建了“个人信息提供黑名单制度”，即境外主体从事的个人信息处理活动如果损害我国公民的个人信息权益或者我国国家安全、公共利益，可将其列入相应清单，并采取限制或者禁止向其提供个人信息等措施。我国存在很多跨国公司，主营业务地是在中国，但是却在国外上市。该类公司在开展运营的过程中掌握了大量的消费者的个人信息，包括但不限于姓名、联系方式、地址、行程和消费偏好等。该类信息经过一定的加工处理之后不但会具有巨大的商业价值，有的时候甚至关乎国家安全和公共利益。在此种情况下，国内公司和国外公司虽然注册地不同，从法律角度来看是不同的法律主体，是相互独立的法人，但是主要股东、实际控制人、公司董事高管和经营业务几乎是一致的，因此经营过程中所收集到的个人信息在国内、外公司之间流转是非常便捷的，直接导致国内个人信息很容易流转到国外。在此种情况下，如果不对国内公司的业务及其数据流动进行监管规制，本条所规定的“采取限制或者禁止向其提供个人信息等措施”也很难真正起到作用。所以一般而言，国内相关监管部门会尽量限制可能掌握敏感个人信息的市场主体在国外成立公司或者上市。

同时，本条的规定仍然是原则性规定，具体实施细则方面仍然有待完善：限制或者禁止个人信息提供清单制度的具体实施；将组织、个人列入清单的相关程序;具体的限制措施等或可能会由国家网信部门牵头制定相关的实施细则。

概言之,个人信息提供黑名单制度有助于保障我国公民个人信息免遭他国不法分子侵害,同时还可以起到很好的预防和警示作用。根据本条规定,国家网信部门作为监管机关,具有建构黑名单的决定权,同时也有权就危害国家安全和公共利益的行为进行判定。

适用要点

在适用本条时需要注意以下三个方面:

(1)本条规定的境外主体具有多样性。既包括境外的个人,也包括境外组织(包含基金会等非法人组织),无论形态如何,只要实施本条所规定的危害行为,皆可适用本条。

(2)本条依据侵害程度的不同将清单分为两种——限制清单和禁止清单,并采取不同的对待措施。在实践操作中,需要明确限制清单和禁止清单区分的界限与标准,国家网信部门应该出台相应的指南,统一判定尺度,并在个案中结合行为的危害性进行具体处理,以尽量避免出现同种情况不同处理的事情发生。

(3)本条的唯一执法部门为国家网信部门,但在具体案件中可能涉及多个部门,例如境外危害国家安全的个人信息处理活动可能同时涉及国家安全部门、外交部门等,此时,这些部门需要协助国家网信部门处理有关事宜。

关联法规

《不可靠实体清单规定》第2、7条

第四十三条 【对等原则】任何国家或者地区在个人信息保护方面对中华人民共和国采取歧视性的禁止、限制或者其他类似措施的，中华人民共和国可以根据实际情况对该国家或者地区对等采取措施。

条文解读

本条是关于对等原则的规定。

对等原则是国际法上的重要原则。该原则的精神是，主权国家之间应以平等、互惠为交往原则，在司法上应当相互尊重，不应加以歧视或限制。一国对于他国公民、企业和组织的权利加以限制或给予方便时，他国也以相对应的规定限制或给予该国公民、企业和组织相应的权利。近几年，个别国家在政治、经济、外交等领域对我国采取了歧视性的禁止、限制或者其他类似措施，对我国国家利益、个人利益造成了较大的消极影响，此时作为具有完全主权的国家，我国也应该采取相应的应对措施予以反制。此前我国出台的《出口管制法》《数据安全法》等法律规定都存在对等原则，比如《出口管制法》第48条规定，任何国家或者地区滥用出口管制措施危害中华人民共和国国家安全和利益的，中华人民共和国可以根据实际情况对该国家或者地区对等采取措施。

具体到个人信息保护层面，如果其他国家或地区对我国在个人信息保护方面采取了歧视性的禁止或限制措施，我国则可以根据实际情况对该国或地区采取相应的报复和反制措施。公民个人信息是国家数据的重要组成部分，近几年随着互联网科技的发展，数据主权日益成为国家主权的重要组成部分。作为网络空间中的国家主权，数据主权体现了国家作为控制数据权的主体地位。不允许他国或地区单方面对我国采取歧视性的禁止、限制措施现象存在的对等原则，实质上捍卫了我国数据主权的尊严，也维护了我国的国家利益、社会公共利益及我国个人的合法权益。目前来看,对等原则一般出现在法律条文附则或者相关章节的最后一条,主要表示出一国的睦邻友好的态度。

适用要点

对等原则的核心是"对等",这意味着采取的报复和反制措施不能升格,例如他国对我国采取歧视性的限制措施,根据对等原则,我国不能对该国采取禁止措施。

关联法规

《数据安全法》第26条;《出口管制法》第48条

第四章　个人在个人信息处理活动中的权利

第四十四条　【知情权和决定权】个人对其个人信息的处理享有知情权、决定权，有权限制或者拒绝他人对其个人信息进行处理；法律、行政法规另有规定的除外。

条文解读

本条是关于信息主体个人信息处理知情权和决定权的规定。

(1)"个人对其个人信息的处理享有知情权、决定权，有权限制或者拒绝他人对其个人信息进行处理"，规定了信息主体知情权和决定权的内涵。

第一，知情权是指信息主体知晓其个人信息如何被处理的权利。信息主体的知情权源于个人信息与信息主体的相关性，是基于身份享有的权利。信息主体对其个人信息处理活动相关事项的知情，是对信息主体人格权益的尊重，也是保护其人格权益的先决条件，因为信息主体只有知晓个人信息处理活动中与其利益相关的重要事项，才能理性决策。在本法中，知情权的行使方式主要有两种：一是被动知情，即通过本法第 17 条规定的告知义务获知相应信息；二是主动知情，即信息主体主动向信息处理者要求披露相关信息。

第二，决定权是信息主体在充分知情后，基于自由意志自主选择是否同意信息处理者处理其个人信息的权利。根据本法第 13 条的规定,取得信息主体同意是信息处理者处理个人信息的首要合法性事由,且具有超出其他合法性事由之“一般适用”地位,而同意即信息主体行使其决定权、对信息处理者处理其个人信息之请求作出肯定意思表示的体现。决定权体现了信息主体针对其个人信息的处理行为所拥有的影响力,其内涵不仅包括同意,还包括拒绝和部分同意。

第三,“有权限制或者拒绝他人对其个人信息进行处理”是对决定权行使效力的补充说明。根据文义,信息主体决定权的主要内涵是“是否或在多大程度上许可信息处理者处理其个人信息”,而并非决定个人信息处理的具体事项。易言之,信息主体的决定权是被动权,并无主动影响他人的效力,其仅有权决定是否接受信息处理者对其个人信息的处理,但无权要求信息处理者必须按照其要求的方式处理个人信息。由此可见,“决定权”的内涵小于日常用语中的“决定”。

(2)法律、行政法规另有规定的除外。本条后半句通过“除外”情形的规定,设置了知情权和同意权的例外。进言之,如果法律、行政法规规定某些个人信息处理行为无须信息主体知情和同意,则信息处理者可依法径行处理个人信息。在法定情形下使用个人信息可以不必告知信息主体并征得其同意,是出于公共利益需要对信息主体个人信息权益的限制,其目的在于通过适度限制信息主体个人信息权益,实现个人利益与公共利益的平衡。

(3)知情权和决定权是本法第 2 章规定的“告知—同意”框架的权利化实现,在信息主体所有权利中居核心地位。知情权是信息主体其他权利的行使基础,信息主体若对个人信息处理的基本情况不知情,则后续的更正权、补充权、删除权等权利都失去了行使的前提。而决定权则是扭转在个人信息处理关系中的弱势地位、对抗日益严重的个人信息侵害的关键制度设计。若信息主体不拥有决定权,则其意志在个人信息处理中无足轻重,纵然法律为其赋予一系列其他权利,在实践中也必然形同虚设。因而,在当前法律架构下,保障信息主体的知情权和决定权是保护信息主体个人信息权益的关键所在。

适用要点

1. 知情权与告知义务的衔接问题

知情权为《个人信息保护法》首次提出，但法律并未明确保护路径。综合本法其他条文来看，信息主体的知情权应当是通过信息处理者的告知义务实现的。只要信息处理者充分履行了法定告知义务，且信息主体有机会获知其告知事项，即可认定其知情。问题在于，当信息处理者的告知义务无法覆盖信息主体的知情需求时，信息主体是否可以主动行使知情权，要求信息处理者披露相关事项？信息处理者又是否或在多大程度上有义务满足信息主体的要求？例如，根据本法第 17 条的规定，信息处理者的告知内容包括：(1)个人信息处理者的名称或者姓名和联系方式；(2)个人信息的处理目的、处理方式，处理的个人信息种类、保存期限；(3)个人行使本法规定权利的方式和程序；(4)法律、行政法规规定应当告知的其他事项。而实证研究表明，与上述相对技术化的事项相比，信息主体更关注的是个人信息处理可能对其人身、财产权益带来的不良后果，也就是个人信息处理的风险。这些问题都需要在司法、执法实践中加以确认。

2. 本条与第 45、48 条的区分适用

本条规定了信息主体的知情权，与此同时，本法第 45 条第 1 款规定"个人有权向个人信息处理者查阅、复制其个人信息"，第 48 条规定"个人有权要求个人信息处理者对其个人信息处理规则进行解释说明"，分别规定了信息主体的查阅权和解释说明权。理论上，查阅权和解释说明权均属广义的知情权范畴，因而本条与第 45、48 条在实践中如何区分适用殊为重要。根据文义，第 45 条查阅的对象为信息主体的个人信息和对其个人信息处理的基本情况，但查阅权的对象仅限于现有信息（例如，若信息主体要求信息处理者说明个人信息处理的风险，则信息处理者无必须配

合的义务），且其权利内容不包括要求信息处理者对信息作出解释。第48条要求解释的对象是个人信息处理规则，也就是本法第17条第1款第2项“个人信息的处理目的、处理方式，处理的个人信息种类、保存期限”。信息主体若申请信息处理者告知其除上述两条规范内容之外的事项或对其作出解释则落入本条范围。

关联法规

《网络安全法》第41条；《消费者权益保护法》第29条；《全国人民代表大会常务委员会关于加强网络信息保护的决定》第2条；《民法典》第1035条

案例指引

孙某东与平安银行股份有限公司、深圳市鑫富源投资咨询有限公司隐私权纠纷案[1]

裁判要旨：大数据时代，随着信息抓取、聚合技术的应用，个人信息的要素属性凸显，成为精准营销、网络销售等众多产业的基础和发展动力。受利益驱动，个人信息的不告知收集、超范围收集、违规共享、不当使用等现象频繁发生，严重侵害了公民的个人信息权益。为保护公民的个人信息，尊重信息主体的人格尊严，强化执法和司法保护成为必然选择。

本案中，被告鑫富源公司为更加精准地开发目标客户，未经原告同意，擅自使用应用软件筛选、调查原告的个人信息，侵害了原告的知情权和决定权，应当依法承担侵权责任。

[1] 广东省深圳市中级人民法院（2017）粤03民终7378号。

第四十五条 【查阅权、复制权、信息转移权】个人有权向个人信息处理者查阅、复制其个人信息；有本法第十八条第一款、第三十五条规定情形的除外。

个人请求查阅、复制其个人信息的，个人信息处理者应当及时提供。

个人请求将个人信息转移至其指定的个人信息处理者，符合国家网信部门规定条件的，个人信息处理者应当提供转移的途径。

条文解读

本条是关于自然人个人信息查阅权、复制权和信息转移权，以及信息处理者相应义务的规定。

1. 第1款是关于自然人个人信息查阅权、复制权，以及除外情形的规定

（1）个人有权向个人信息处理者查阅、复制其个人信息。“查阅”，是指信息主体向信息处理者查询其个人信息的基本情况。关于查阅的对象仅局限于个人信息本身还是同时包括信息处理者处理该个人信息的基本情况，本款并未明确。结合本法第17、18条可知，此处的查阅应当包括后者。也就是说，凡属于信息处理者告知义务范畴的事项均属于“查阅”之范畴，包括①个人信息处理者的名称或者姓名和联系方式；②个人信息的处理目的、处理方式，处理的个人信息种类、保存期限；③个人行使本法规定权利的方式和程序；④法律、行政法规规定应当告知的其他事项。综上，查阅权应为信息主体向信息处理者查询其个人信息及其处理情况的权利，此权利属广义上的知情权。此处的“复制”，是指获得原始个人信息的复制品，复制权即信息主体从信息处理者处取得其个人信息副本的权利。

（2）本款后半句“有本法第十八条第一款、第三十五条规定情形的除

外”,规定了查阅权、复制权的适用除外。结合本法第18条第1款“个人信息处理者处理个人信息,有法律、行政法规规定应当保密或者不需要告知的情形的,可以不向个人告知前条第一款规定的事项”、第35条“国家机关为履行法定职责处理个人信息,应当依照本法规定履行告知义务;有本法第十八条第一款规定的情形,或者告知将妨碍国家机关履行法定职责的除外”可知,第45条并未将查阅权、复制权的限制情形固定下来,而仅仅是作为对接后续法律、行政法规规定的保留条款。事实上,知情权、决定权与查阅权、复制权同为公开透明原则之制度实现,因而受到的限制也相同。当出现第18条第1款、第35条规定之情形时,信息处理者既无须履行其告知义务,信息主体也无权通过查阅权主动获知其个人信息及其被处理情况。因此,此处的适用除外实质上是对公开透明原则的限制。

2. 第2款是关于信息处理者有义务配合信息主体行使查阅权和复制权的规定

信息主体的查阅权和复制权均为相对权,必须借助信息处理者相应的义务履行方可实现。根据本款规定,“个人请求查阅、复制其个人信息的,个人信息处理者应当及时提供”,信息处理者应当积极配合信息主体行使查阅权和复制权。需要注意的是,此处仅规定信息主体可以查阅、复制自己的个人信息,未包括他人的个人信息,因此本款规定暗含了信息处理者核实信息主体身份的要求。在确定自然人为行使查阅权、复制权的适格主体后,信息处理者即应提供个人信息及其处理的基本情况供信息主体查询,并根据信息主体的要求为其提供个人信息副本。

3. 第3款是关于信息主体的信息转移权以及信息处理者的相应义务的规定

“将个人信息转移至其指定的个人信息处理者”,是指原信息处理者应信息主体要求,将其个人信息传输至信息主体指定的新信息处理者。“符合国家网信部门规定条件的”,是对信息主体信息转移权的限制。由于信息转移权的行使可能涉及个人信息的传输(其中包括跨境传输)和接收,出于保护个人信息权益、规范个人信息处理活动以及维护国家安全和社会公共利益的考虑,国家网信部门有必要对个人信息的转移进行适当管控。"信息处理者应当提供转移的途径",要求信息处理者应当设置专门的渠道和机制配合信息主体个人信息转移权的行使,包括但不限于开辟个人信息转移权的申请审核通道和处理机制、提供个人信息导出途径、按照信息主体要求将打包好的个人信息传输至指定信息处理者等。

适用要点

1. 查阅权的行使主体

根据本条规定,信息主体是个人信息查阅权、复制权的当然适格主体,而自然人的代理人是否可以成为适格主体则尚存争议。目前实践中存在当事人委托律师代为查询相关个人信息,相关企业或政府部门以没有向单位、个人提供他人个人信息义务或者无权泄露个人信息给他人为由予以拒绝的现象,亦即否认信息主体代理人的适格主体地位。这一做法的依据在于《民法典》第 161 条第 2 款"依照法律规定、当事人约定或者民事法律行为的性质,应当由本人亲自实施的民事法律行为,不得代理",具有人身性质的法律行为是其中重要一类。但问题在于,无论《民法典》还是本法,保护的都是信息主体的"个人信息权益"而非"个人信息权利"。也就是说,本法赋予信息主体的诸项权利仅为所谓"工具性权利",其目的在于通过赋权的制度设计保护信息主体的个人信息权益,权利本身的人身属性并不强。因而,自然人的代理人亦应成为本条的适格主体。此原则同样应适用于本法规定的其他不具强人身依附性的权利。

2. 信息转移权的实施方式

本条未规定信息转移权的实施方式。考察信息转移权的运作机理可知,该制度设计具有两个预期效果:一是原信息处理者失去个人信息;二是信息主体指定的信息处理者获得个人信息。第一个效果实现方式较为单一,即原信息处理者在个人信息转移后删除储存的个人信息。第二个效果达成方式相对较为多样，例如，原信息处理者可将个人信息打包为方便传输的格式并发送给新的信息处理者。又如，新的信息处理者可以在获得原信息处理者许可后使用爬虫等技术手段主动抓取个人信息。再如，在转移非电子化的个人信息如纸质档案时，信息主体指定的信息处理者甚至可以根据原档案建立一份内容相同的新档案。总之，由于信息转移的对象是内容层面的“信息”，只要信息主体指定的信息处理者获知了原信息处理者掌握的个人信息的内容，信息转移理论上即告达成。至于实践中采用何种途径落实信息转移权，还有待于后续立法加以明确。

关联法规

《民法典》第1037条；《电子商务法》第24条

案例指引

杨某与互助土族自治县人民政府政府信息公开纠纷案[1]

裁判要旨：查阅权是广义知情权的组成部分，也是信息主体了解相关个人信息的重要途径，除非因公益或保密之需要，任何机关不得任意剥夺。

本案中，宅基地房屋评估档案、补偿款数额、征收补偿款的发放情况及征地补偿费支付相关凭证等信息属于与申请人密切相关的信息。申请者依法向信息处理者提出查阅、复制申请。被告互助土族自治县人民政府不予公开和查阅相关信息，侵害了申请者的查阅权、知情权，应依法予以纠正。

[1] 青海省高级人民法院(2021)青行终1号。

第四十六条 【更正权、补充权】个人发现其个人信息不准确或者不完整的，有权请求个人信息处理者更正、补充。

个人请求更正、补充其个人信息的，个人信息处理者应当对其个人信息予以核实，并及时更正、补充。

条文解读

本条是关于个人信息更正权、补充权，以及信息处理者相应义务的规定。

1. 本条第1款是关于更正权和补充权的定义和适用范围的规定

“准确”即个人信息符合其描述的对象，“完整”即个人信息全面和无遗漏的状态。“更正”和“补充”则是与“准确”和“完整”相对应的概念，意在将不准确、不完整的个人信息恢复至准确、完整的状态，更正权和补充权即为信息主体请求信息处理者更正、补充其个人信息的权利。从权利属性来看，信息主体的更正权和补充权均为请求权，信息主体不能自行更改其个人信息，只能请求信息处理者代为更正、补充，且信息主体更正权和补充权的行使建立在其个人信息不准确或不完整的前提下，若个人信息并未处于不准确或不完整的状态，则信息主体无权要求信息处理者更改其个人信息。需要注意的是，本条中“不准确”“不完整”是对个人信息客观状态的描述，只要个人信息存在前述情形，信息主体均有权要求信息处理者予以更正、补充，信息处理者不得以其个人信息不准确、不完整并非自己造成为由拒绝信息主体的请求。

2. 本条第2款是关于信息处理者配合信息主体行使更正权、补充权的规定

信息处理者收到信息主体关于更正、补充其个人信息的请求后，即应对其进行审核。本条并未明确需核实的具体事项，但重点应为请求人是否为适格主体，个人信息是否确有不准确、不完整的情况，申请更正或者

补充的内容的真实性、可靠性等。一旦审核无误,信息处理者应当及时对信息主体的个人信息予以更正、补充。

3. 信息主体的更正权对应着信息质量原则,亦即信息品质的要求

个人信息是自然人人格的外在标志,如果个人信息不准确、不完整,势必造成信息主体信息化形象的扭曲、失真甚至破坏,并进而损害其人格和财产权益。因而,保证个人信息的准确、完整对维护信息主体人格尊严,保护个人信息权益至关重要。这也是各国个人信息保护法普遍设置更正权的根本原因。我国此前关于个人信息保护的法律规范中均规定了更正权,例如,《网络安全法》第 43 条规定,"个人……发现网络运营者收集、存储的其个人信息有错误的,有权要求网络运营者予以更正";《电子商务法》第 24 条第 2 款规定,"电子商务经营者收到用户信息查询或者更正、删除的申请的,应当在核实身份后及时提供查询或者更正、删除用户信息";《民法典》第 1037 条规定,"自然人……发现信息有错误的,有权提出异议并请求及时采取更正等必要措施"。此次《个人信息保护法》在延续此前法律关于更正权设置的基础上,区分了个人信息不准确和不完整两种情形,并针对不完整情形新设立补充权,更加切实地体现了信息质量原则的要求。

适用要点

本条在适用中的要点在于正确理解第 2 款中信息处理者对个人信息的"核实"。本条规定了信息处理者配合信息主体行使更正权和补充权的义务,但并未如域外立法一般要求信息处理者通过补充说明等方式、在不损害原有个人信息的基础上进行更正或补充,也并未延续《侵权责任法》《电子商务法》《信息网络传播权保护条例》等法律法规所确立的"通知—删除"规则,而是直接要求信息处理者对个人信息予以核实。鉴于本法对个人信息的宽泛定义,这一设置等同于赋予了信息处理者以某种意义上的信息审查权。若将此处的"核实"理解为实质审查,可能带来两方面的

问题:一方面,信息审查权具有浓重的公权力色彩,因其可能会对公民自由权造成实质性限制,一般而言类似权力的行使主体通常为行政机关。若将此权力交由信息处理者行使,则相当于赋予其以“准行政权”。另一方面,若信息处理者需要对信息主体提交的个人信息予以实质性核实,则意味着其必须逐一调查这些信息真实与否,不仅明显超出了信息处理者的能力范围,还将为其带来不合理的高昂成本。综合上述两方面考虑,将信息处理者对个人信息的“核实”理解为实质审查显然是不恰当的,应当将之限缩理解为对个人信息的形式审查。信息处理者的“核实”应当将重点放在对信息主体的身份审核上,即提出更正、补充请求的自然人是否确为申请更正、补充的个人信息的描述对象。若该自然人权利主体身份适格,则只要其所提供的信息没有“一眼可见”的错误,信息处理者即应予以更正、补充。

关联法规

《网络安全法》第 43 条;《电子商务法》第 24 条;《民法典》第 1037 条;《信息安全技术　个人信息安全规范》(GB/T 35273－2020)第 8.2 条

第四十七条　【删除权】有下列情形之一的,个人信息处理者应当主动删除个人信息;个人信息处理者未删除的,个人有权请求删除:

(一)处理目的已实现、无法实现或者为实现处理目的不再必要;

(二)个人信息处理者停止提供产品或者服务,或者保存期限已届满;

(三)个人撤回同意;

(四)个人信息处理者违反法律、行政法规或者违反约定处理

个人信息；

（五）法律、行政法规规定的其他情形。

法律、行政法规规定的保存期限未届满，或者删除个人信息从技术上难以实现的，个人信息处理者应当停止除存储和采取必要的安全保护措施之外的处理。

条文解读

本条是关于个人信息删除权的规定。

1. 第1款是关于法定情形下信息处理者的主动删除义务和信息主体的删除权的规定

（1）“删除”是本条的核心词。根据《信息安全技术　个人信息安全规范》（GB/T 35273－2020），“删除”，是指在实现日常业务功能所涉及的系统中去除个人信息的行为，使其保持不可被检索、访问的状态（逻辑删除），而不是要求信息处理者必须彻底地、永久地删除用户信息及其备份（物理删除）。需要注意的是，本法针对的是除个人或者家庭事务之外的所有个人信息处理行为，而非仅限于以电子化方式记录的个人信息的处理。因此，“删除”的对象并非仅限于电子化的个人信息，也包括以其他介质存储的个人信息。根据本条规范结构，信息主体的删除权并不是绝对的，而是以信息处理者应删除而未删除其个人信息为前提。若信息处理者已履行其主动删除义务，信息主体的删除权也就失去了行使的基础。

（2）后续五项规定了删除义务和删除权行使的具体情形。其一，“处理目的已实现、无法实现或者为实现处理目的不再必要”，在此情形下个人信息处理已完成或不再需要处理个人信息，删除个人信息体现了“最小化原则”之要求。其二，“个人信息处理者停止提供产品或者服务，或者保存期限已届满”。这种情形针对的是持续性个人信息处理关系。信息处理者既已停止提供产品或服务或个人信息保存期限已届满，则存留个人信息不再必要。其三,“个人撤回同意”,即信息主体不再同意信息处理者处理其个人信息,信息处理者处理个人信息的正当性依据随之丧失。需要指出的是,本法第 15 条第 2 款规定,“个人撤回同意,不影响撤回前基于个人同意已进行的个人信息处理活动的效力”。其四,“个人信息处理者违反法律、行政法规或者违反约定处理个人信息”。该情形下,信息处理者处理个人信息的正当性丧失,故而应当停止处理并删除信息主体的个人信息。其五,“法律、行政法规规定的其他情形”,本项为兜底条款。

2. 第 2 款是对信息处理者删除义务豁免的规定

在法定保存期限未届满或者删除个人信息在技术上难以实现两种情形下,信息处理者应停止处理代替删除。由于数据形式的个人信息具有频繁共享、多点储存、多元利用等特点,彻底删除往往面临技术上的困难。本条以停止处理替代删除,显然是基于技术可行性的考虑。同时,本款还规定对停止处理的个人信息同样应当采取安全保护措施,以从制度设计层面减少因信息处理者对停止处理的个人信息疏于保护而引致个人信息安全事件发生的可能性。

3. 删除权体现大数据时代要求的重要制度创新

就传统形式的个人信息而言,囿于存储方式和处理能力限制,个人信息在自然状态下也将很快被“遗忘”。因而删除个人信息虽在某些场景下同样必要,但并不具有制度紧迫性。而对于数据形式的个人信息,一方面,信息技术革命使其存储成本甚至低于删除成本;另一方面,大数据技术的普遍运用又为挖掘“过时”个人信息的潜在价值提供了可能。永久储存、反复处理的个人信息不仅有将自然人降格为客体之嫌,且被永久记忆的个人信息极有可能限制信息主体人格的自由发展。正是因为上述原因,删除权因其对抗技术对人的异化、维护信息主体“人之为人”尊严的重要制度功能,在大数据时代的个人信息保护法律制度中具有举足轻重的地位,《个人信息保护法》引入删除权充分体现了立法者的人文关怀和时代精神。

适用要点

1. 关于信息处理者个人信息删除的行政义务

按照文意,出现本条第 1 款所列五种情形时,信息处理者即应当删除个人信息,此时信息处理者担负删除个人信息之行政义务。若信息处理者未删除个人信息,则信息主体有权请求信息处理者予以删除,此时信息处理者担负配合信息主体权利行使之义务。《民法典》第 1037 条第 2 款规定“自然人发现信息处理者违反法律、行政法规的规定或者双方的约定处理其个人信息的,有权请求信息处理者及时删除”,可认为此义务为民事义务。若信息处理者未依法律和信息主体要求删除个人信息,则将同时承担民事责任与行政责任。

2. 本条第 2 款是关于若技术上难以实现个人信息的彻底删除,则可以以停止处理代替删除的规定

此规定在适用时应当注意两点:第一,如何证明技术上难以实现个人信息的彻底删除? 鉴于个人信息处理情境之多样、技术之复杂,难以“一刀切”地规定下来。实践中判定标准有二:一是参照后续出台的技术标准;二是参考采用类似方式处理个人信息的其他信息处理者的做法。第二,停止处理后,如何保证信息处理者确实未再处理这些个人信息。这要求信息处理者建立令人信服的个人信息处理活动记录机制,以备监管机关核查并可在可能的诉讼中作为证据。

3. 关于已共享信息第三方删除问题

企业应用户请求删除用户信息后,是否需要共享、受让的第三方也同步删除用户信息? 该问题实践中争议较大。根据《信息安全技术 个人信息安全规范》(GB/T 35273 - 2020)规定并参照域外立法例,信息处理者不需要实际确保第三方删除用户信息,而需要尽到合理的通知义务。

关联法规

《网络安全法》第21、43条;《民法典》第1037条;《信息安全技术　个人信息安全规范》(GB/T 35273－2020)第8.3条

案例指引

郭某与杭州野生动物世界有限公司服务合同纠纷案[1]

裁判要旨:本条规定了信息主体删除权适用的五种情形,其中信息处理者违反法律、行政法规或者违反约定处理个人信息是重要情形之一。如果出现信息处理者违反法律、行政法规或者违反约定处理个人信息的现象,信息主体即可行使删除权。

本案中,被告杭州野生动物世界有限公司在未告知原告郭某与其妻子收集人脸信息的目的即已完成拍照,违反了目的明确和最小化原则,也不符合双方之合同约定,不具有正当性。尤其是包括人脸信息在内的生物识别信息属于个人敏感信息,一旦泄露或者被不当使用,将会严重危及自然人的人格利益和财产利益,因此被告应依法对违规收集的包括照片在内的面部特征信息予及时删除。

第四十八条　【规则解释说明权】个人有权要求个人信息处理者对其个人信息处理规则进行解释说明。

[1] 浙江省杭州市富阳区人民法院(2019)浙0111民初6971号。

条文解读

本条是关于自然人个人信息处理规则解释说明权的规定。

个人信息处理规则解释说明权，是指当个人信息处理对相对人有法律上或者经济上的显著影响时，相对人向信息处理者要求进行处理规则解释和说明的权利。解释说明的目的是让信息主体能够理解个人信息的处理规则及运行原理，增强对个人信息处理的信任感，是公开、透明原则和告知—同意框架的权利化呈现。谁可以要求解释、解释什么、谁来解释、怎么解释四个问题是理解和适用本条的关键。

1. 个人信息处理规则解释说明权的权利主体

个人信息处理规则解释说明权的权利主体为受个人信息处理影响的相对人，即信息主体。此外，根据本法相关规定，死者近亲属和代理人可以作为个人信息处理规则解释说明权的权利主体。负有解释说明义务者为信息处理者。作为个人信息处理行为的实际执行者，信息处理者更有可能了解个人信息处理的目的、方式、范围以及可能带来的风险。因而基于公开、透明原则和知情—同意规则，信息处理者有义务应信息主体要求对其个人信息处理的基本情况作出解释。

2. 个人信息处理规则解释说明权的权利客体，即解释说明的对象

依照文意，规则解释说明权的客体是"个人信息处理规则"，与本法第2章名称相同。根据本法第17条第3款"个人信息处理者通过制定个人信息处理规则的方式告知第一款规定事项的，处理规则应当公开，并且便于查阅和保存"可知，个人信息处理规则至少应包括第17条第1款规定事项，即(1)个人信息处理者的名称或者姓名和联系方式；(2)个人信息的处理目的、处理方式，处理的个人信息种类、保存期限；(3)个人行使本法规定权利的方式和程序；(4)法律、行政法规规定应当告知的其他事项。此外，根据本法第4条对个人信息处理的定义，信息处理者任何收集、存储、使用、加工、传输、提供、公开、删除个人信息所遵循的规则均可被视为广义上的个人信息处理规则。

3. 个人信息处理规则的解释说明标准

此处的标准包括两个维度：行为标准和结果标准，前者是解释说明的形式要求，即如何进行解释说明；后者则是解释说明的效果要求，即解释到何种程度即可满足本法要求。在形式上，应尽量考虑到普通民众专业知识相对匮乏的现实，解释说明应语言通俗、表达准确、深入浅出、易于理解，避免采用晦涩难懂、专业性过强的语言进行解释和说明。具体实践中，可辅以图表、影像等形式，使深奥知识形象化、专业理论通俗化，便于信息主体理解重要个人信息处理规则。在效果上，应坚持"信息主体中心"的原则，即以信息主体能否准确理解个人信息处理规则作为判断信息处理者是否尽到解释说明义务的标准。司法实践中，可考虑以"社会一般公众合理理解"作为具体判断标准，避免因个体差异造成标准的不确定性。可由行业协会编写本行业个人信息处理规则的解释说明指南，用以指导本行业的互联网企业的个人信息处理规则的解释说明工作。

适用要点

本条在适用中需要注意信息主体的规则解释说明权与个人信息处理规则可解释性之间的冲突。无论是传统的纸质媒介还是电子数据库技术语境下的个人信息处理，都具有以下基本特征：一是结构性，即个人信息处理表现为一个线性、时序性的稳定的多环节流程，具有可预期性；二是逻辑性，即个人信息处理依人类可理解的、以因果关系为主的逻辑思路展开；三是先定性，所有个人信息处理的方式、范围、流程等均被事先固定且不再改变。上述特征共同构成了传统个人信息处理的可解释性。

但大数据时代，大量的个人信息通过机器学习算法完成处理，这些算法往往通过数据集训练形成，基于相关性而非因果关系作出反应，且具有自主学习、自我迭代的特征。基于上述原因，即使是专家也往往很难理解算法如何运行，此即所谓"算法黑箱"。"算法黑箱"的客观存在决定了经由算法的个人信息处理具有某种程度的不可解释性。但需要注意的是，个人信息的不可解释性仅仅是相对的,"算法黑箱"不仅不意味着信息主体的规则解释权没有意义,反而因信息主体获知其个人信息处理情况会更加依赖信息处理者的解释,从而更加不可或缺。为解决机器学习算法不可解释性与信息主体规则解释说明权间的冲突,需要完成从"以算法为中心的解释"向"以信息主体为中心的解释"的变革,将解释的重心由算法所设定的基本参数、用来训练算法的数据组、算法模型的性能指标、算法架构设置的全局逻辑、被处理信息等,转变为哪些个人信息主导了信息主体数字画像的形成、信息主体被分类为某一群组的主要特征是什么、系统对信息主体进行分类的信任区间多大、个人信息处理可能带来哪些预期风险以及相应的对策措施是什么等。通过上述思维变革,信息主体的规则解释说明权与个人信息处理可解释性间的冲突即可被有效调适。

案例指引

黄某宏与中国电信股份有限公司岱山分公司合同纠纷案[1]

裁判要旨:信息主体享有个人信息处理的规则解释说明权,有权要求信息处理者解释说明其个人信息如何被处理。

本案中,被告中国电信股份有限公司岱山分公司擅自将原告黄某宏登记为133号段88个手机移动电话客户,进而在87个手机移动电话欠费、坏账的情况下,向其催缴欠费。原告多次要求营业服务人员解释并提供87个账户的开户信息、通话记录以及所欠话费的手机账号,被告以各种理由拒绝。被告上述行为侵犯了原告的知情权、决定权和个人信息处理规则解释说明权等个人信息权益。

[1] 浙江省舟山市岱山县人民法院(2020)浙0921民初870号。

第四十九条　【死者个人信息利益保护】自然人死亡的，其近亲属为了自身的合法、正当利益，可以对死者的相关个人信息行使本章规定的查阅、复制、更正、删除等权利；死者生前另有安排的除外。

条文解读

本条是关于死者个人信息利益保护的规定。

此处“近亲属”，即《民法典》第1045条规定的“配偶、父母、子女、兄弟姐妹、祖父母、外祖父母、孙子女、外孙子女”。在死者生前无特殊安排的情况下，上述自然人均可基于自身的合法、正当利益行使本条规定之权利。至于权利的行使顺位，可参照《民法典》第994条之规定，配偶、子女、父母为权利行使的第一顺位；死者没有配偶、子女且父母已经死亡的，由其他近亲属行使死者个人信息处理中的权利。此处强调“为了自身的合法、正当利益”，是因为自然人一经死亡，其个人信息权益即归于消灭。即使近亲属出于维护死者的姓名、肖像、荣誉等人格利益行使本条规定之权利，本质上也是为了维护生者的合法权益。本条授权死者近亲属行使的权利包括查阅、复制、更正、删除等权利。除此之外，本法还于其他章节规定了部分信息主体在个人信息处理活动中的权利，如第15条第1款规定“基于个人同意处理个人信息的，个人有权撤回其同意”，第24条第3款规定“通过自动化决策方式作出对个人权益有重大影响的决定，个人有权要求个人信息处理者予以说明，并有权拒绝个人信息处理者仅通过自动化决策的方式作出决定”，这部分权利随自然人死亡而消失，并未一并交由死者近亲属行使。“死者生前另有安排的除外”是本条的适用除外情形。若死者生前已对其个人信息相关事项作出安排，则应遵循“遗嘱优先”的原则，按照其生前安排办理。需要特别注意的是，本条仅授权死者近亲属代为履行死者在个人信息处理中的权利，而非规定死者的个人信息由其近亲属继承。同时,上述权利也并非无期限的,一旦个人信息处理结束,随着信息处理者删除死者的个人信息,其由近亲属代行的个人信息权利也就彻底归于消灭。

保护死者的个人信息利益体现了《个人信息保护法》的人文关怀和时代精神。自然人的人格权虽随死亡而丧失,但出于对死者近亲属权利的维护,仍有必要在自然人死后继续对其人格利益给予某种程度的保护。大数据时代,随着个人信息处理的普遍化,政府机关、平台企业等大型信息处理者手中均掌握了大量的个人信息。在死者个人信息权益法定归属不明的情况下,这些个人信息势必会沦为信息处理者手中的"私产",不仅可能对其不加限制地反复调用、过度处理,甚至可能通过分析、处理死者的个人信息对尚在世自然人的人身、财产利益构成危害。既有的个人信息保护相关规范,如《消费者权利保护法》《网络安全法》《电子商务法》等,均未明确规定死者个人信息利益的归属问题。《民法典》虽于第994条规定"死者的姓名、肖像、名誉、荣誉、隐私、遗体等受到侵害的,其配偶、子女、父母有权依法请求行为人承担民事责任;死者没有配偶、子女且父母已经死亡的,其他近亲属有权依法请求行为人承担民事责任",规定了对死者人格利益的保护,但其中并未提及个人信息,其他条款中也未对死者个人信息利益的归属问题作出规定。本条明确了死者部分个人信息处理中的权利由其近亲属行使,既回应了社会关切,又弥补了法律空白,堪称本次《个人信息保护法》的一大创举。

适用要点

本条在适用中需要注意的是死者近亲属可行使的权利具体包括哪些。本条列举了查阅、复制、更正、删除四大权利,"等"字表明本条列举并非为穷尽式列举,本章规定的其他权利亦可能包含在内。本条未列举的权利有第44条规定的知情权、决定权,第45条规定的信息转移权,第46条规定的补充权,第48条规定的规则解释说明权,需逐一分析这些权利中哪些亦可由死者近亲属行使。

首先，知情权和决定权不应授权死者近亲属行使。知情权和决定权是本法第2章设置的个人信息处理“告知—同意”规则的权利化体系，是信息主体以自我意志影响、决定个人信息处理的控制机制，具有一定的人身依附性。自然人死亡后，死者近亲属既无权代替死者作为个人信息处理关系的相对方而“知情”，也无权授权他人处理死者个人信息，这也是本条在列举权利时跳过了知情权和同意权的原因。当然，将死者近亲属排除在知情权、决定权的行使主体之外，并不是说死者近亲属对其他权利的行使不需要知情，其可通过查阅权和规则解释说明权了解相关情况，作为其进一步行使权利的依据。其次，信息转移权同样不应交由死者近亲属行使。信息转移权同样具有一定的人身依附性，个人信息的转移意味着旧的个人信息处理结束和新的个人信息处理开始，死者近亲属仅有权结束旧的个人信息处理，但无权开始新的个人信息处理，因而不应授权其行使信息转移权。再次，死者近亲属应当被允许行使补充权。个人信息不完整的客观状况不因自然人死亡而改变，其可能造成的不良影响亦不因自然人死亡而终止。为避免死者不完整的个人信息对其近亲属合法权益造成影响，应当允许其行使补充权。最后，规则解释说明权应当授权死者近亲属行使。规则解释说明权属于广义上的知情权范畴，表现为信息主体主动要求信息处理者解释说明个人信息处理的基本情况。大数据时代，个人信息处理往往涉及诸多复杂的技术和法律问题，仅凭死者近亲属履行查阅权难以确知死者个人信息的处理情况，后续权利行使也就无从谈起。因此，有必要授权死者近亲属行使规则解释说明权。

关联法规

《民法典》第994条

案例指引

赵某航诉北京百度网讯公司侵害名誉权案[1]

裁判要旨：死者的个人信息权益受法律保护。对死者进行负面的社会评价，不仅侵犯了死者的名誉和个人信息权益，也影响到近亲属整体利益以及个人利益。因此，对于死者任一近亲属，均有权请求法院对死者人格权和个人信息权益进行保护，也可以同时基于近亲属的身份追究侵犯其人格权和个人信息权益的责任。

本案中，涉案词条中的“简介”末尾添加明显对死者职业道德、人格加以侮辱、贬损的言论，侵犯了死者的名誉和个人信息权益。北京百度网讯公司作为平台运营商，在其应当知悉网络用户利用其网络服务侵害他人民事权益时，未能尽到网络服务提供者的管理义务，应依法承担侵权责任。北京百度网讯公司有责任利用互联网技术提高审核系统的逻辑判断、运算能力，辅之以增强对词条创建、编辑的人工审核力度营造风清气朗的网络空间，让网络百科类产品真正服务于社会，服务于互联网发展。

第五十条　【申请受理和处理机制】个人信息处理者应当建立便捷的个人行使权利的申请受理和处理机制。拒绝个人行使权利的请求的，应当说明理由。

个人信息处理者拒绝个人行使权利的请求的，个人可以依法向人民法院提起诉讼。

---

[1] 北京市第四中级人民法院(2019)京04民终171号。

条文解读

本条是关于个人行使权利申请受理和处理机制的规定。

本条中的“个人”即行使权利的申请人。根据法律规定，适格申请人包括两类：一是信息主体及其代理人；二是死者近亲属。此处的“权利”显然涵盖了本章规定的个人在个人信息处理中的权利，包括知情权、决定权、查阅权、复制权、更正权、补充权、信息转移权、删除权和处理规则解释说明权九项权利。此外，本法还于其他章节赋予了信息主体部分权利，如第24条第3款“通过自动化决策方式作出对个人权益有重大影响的决定，个人有权要求个人信息处理者予以说明，并有权拒绝个人信息处理者仅通过自动化决策的方式作出决定”。本条并未明确这些权利是否同样适用申请受理和处理机制，但鉴于这些权利同样需在信息主体提出后由信息处理者配合行使，且本法亦未为其设置单独的行使机制，应当认为本条的申请受理和处理机制同样适用于这些权利。所谓“便捷的个人行使权利的申请受理和处理机制”，是指信息处理者建立的申请受理和处理机制应当方便直接、切实可用，便于信息主体以较低的成本行使权利。

“拒绝个人行使权利的请求的，应当说明理由”是对信息处理者拒绝个人权利请求的规定，其实质是允许信息处理者附条件对信息主体在个人信息处理中的权利进行限制乃至剥夺。此规定具有两层含义：其一，这一表述说明信息处理者并非在任何情况下均须满足信息主体的行权请求，而是在特定情况下可以拒绝。其二，若信息处理者拒绝信息主体的行权请求，应当将理由告知信息主体。此处的条件是“说明理由”，只要信息处理者有充分的理由，就可以拒绝信息主体行使权利的请求。为防止信息处理者滥用本条，此处的理由应当通过后续立法确定下来，只有法律、行政法规明确规定的情形方可拒绝信息主体的权利请求，其他任何理由均不得拒绝信息主体的权利请求。关于具体情形的设置，至少应当包括请求人并非适格主体、权利人超出权利范围提出请求、权利人提出的请求难以以合理成本实现以及法律规定的其他情形。是否接受信息主体申请以及说明的理由应当通过正式途径作出，通过告知途径告知信息主体并存留档案以备后续审查。

本条第2款“个人信息处理者拒绝个人行使权利的请求的，个人可以依法向人民法院提起诉讼”，规定了信息主体的行权请求被信息处理者拒绝时的救济渠道。若信息主体行使本章权利被拒绝的，可以向法院提起诉讼，要求信息处理者配合其权利行使。至于是否可以要求信息处理者赔偿损失，根据本法第69条第1款的规定，处理个人信息侵害个人信息权益造成损害，个人信息处理者不能证明自己没有过错的，应当承担损害赔偿等侵权责任，信息主体需证明其个人信息权益受到损害方可主张损害赔偿。

适用要点

本条在实践中的适用要点在于个人行使权利的申请受理和处理机制设计和流程设置。受理申请后，首先，应当对申请的形式要件进行审查。即审查提交申请的申请人姓名、证件名称及号码、联系方式等内容是否齐全；申请行使的权利种类、申请理由的描述以及二者的符合性等内容是否齐全。对于符合要求的申请，进入内容审查程序；对于不符合要求的申请，可通知申请人补正或拒绝申请。内容审查即对申请理由进行实质性和合法性审查，属于处理机制的核心部分。通过内容审查的，信息处理者依法履行信息处理义务，保证个人权利实现；未通过审查的，拒绝个人行使权利请求并说明理由。比如，查阅权和复制权行使的前提是信息处理者储存有申请人的个人信息，假如个人信息不存在，此两项权利则无法行使；再如，行使删除权需符合五种法定情形，如果经审查不符合上述情形，信息处理者即可拒绝个人行使权利请求。其次，建立申请办理沟通机制。当个人提出的权利申请不能全部满足，应做好沟通解释工作。收到内容描述不清的申请要主动向申请人核实，凡不能受理的申请必须说明原因并提出相关建议，凡拒绝个人行使权利请求的必须详细解释理由和依据，最大限度地争取申请人理解。最后，完善运行系统以响应个人请求。为了满足个人权利的在线申请和处理，需要开发能够记录申请人、申请事项、申请时间、响应时间、响应单位或响应人，以及对响应进行解释的系统；如需安装能够结构化、以常用和机器可读的格式向个人提供个人信息的程序，以满足信息转移权实现之需要，等等；同时，还需要配置申请人身份识别程序，以保证权利申请和处理中个人信息的安全性。

关联法规

《网络安全法》第49条；《信息安全技术　个人信息安全规范》(GB/T 35273－2020)第8.7、8.8条

案例指引

吴某某诉镇江市丹徒区民政局要求履行更正婚姻登记信息法定职责案[1]

裁判要旨：本条要求信息处理者建立申请受理和处理机制，对于信息主体的行权诉求，信息处理者必须就是否受理申请给予证明回应，不得以类似未设立受理机制或超出职权范围为由推诿搪塞。

本案中，法院认定婚姻登记证中当事人姓名系错误信息，信息主体有权要求更正该错误信息。但被告镇江市丹徒区民政局以"法律、法规等无规定，无法履行更正上述信息行为""本单位无权进行信息更正"等理由，拒绝履行更正义务，限制了信息主体更正权行使，违反了本条和《中华人民共和国政府信息公开条例》的有关规定，因而法院责令其依法对错误信息进行更正，确保信息主体更正权实施。

[1] 江苏省镇江市丹徒区人民法院(2014)徒行初字第00002号。

第五章　个人信息处理者的义务

第五十一条　【确保个人信息安全义务】个人信息处理者应当根据个人信息的处理目的、处理方式、个人信息的种类以及对个人权益的影响、可能存在的安全风险等，采取下列措施确保个人信息处理活动符合法律、行政法规的规定，并防止未经授权的访问以及个人信息泄露、篡改、丢失：

（一）制定内部管理制度和操作规程；

（二）对个人信息实行分类管理；

（三）采取相应的加密、去标识化等安全技术措施；

（四）合理确定个人信息处理的操作权限，并定期对从业人员进行安全教育和培训；

（五）制定并组织实施个人信息安全事件应急预案；

（六）法律、行政法规规定的其他措施。

条文解读

本条是关于个人信息处理者确保个人信息安全义务的规定。

本条规定是本法第 9 条安全责任原则的具体体现，可从以下几个方面对其进行理解：

1. 应采取的必要措施

除第 6 项作为兜底规定外，本条列举了 5 项具体的个人信息安全保护措施。其中第1、2、4、5项为管理措施，第3项为技术措施。首先，这5项措施是个人信息处理者应当采取的必要措施，不得豁免。其次，对于管理措施，应是一个完整的体系化的管理过程。内部管理制度和操作规程的范围应覆盖个人信息处理的全流程。内部管理制度中需包含严谨的操作规程，并对从业人员的操作权限作出清晰的规定。为了有效实施管理制度中的各项规定，又必然要求对从业人员进行包括安全教育在内的各项培训。此外，本法实际上对个人信息作了敏感个人信息和非敏感个人信息的区分，因此必要措施应针对不同个人信息的分类实施有针对性的安全保护措施。最后，对于技术措施，本条在列举了加密和去标识化两项技术之后，用“等安全技术措施”表明了这是一个开放的规定。因此，依据本法第51条的规定，随着技术的发展将可能加入其他技术措施。

2. 采取具体必要措施的依据和目标

首先，现实依据是个人信息处理者应当根据个人信息的处理目的、处理方式、个人信息的种类以及对个人权益的影响、可能存在的安全风险等不同采取有针对性的具体必要措施。因为目的、处理方式和个人信息的种类不同，其对个人权益的影响和安全风险也各不相同，如敏感个人信息遭到泄露或非法使用，可能导致更严重的人身或财产安全风险。而对于个人信息的跨境提供，其可能的影响与安全风险又有所不同，相应的必要措施也就不同。因此，必要措施的采用需要考量具体的实际情况。其次，法律、行政法规的规定是采取必要措施的法律依据，也是采取必要措施需达到的形式目标。不同的具体情况是采取必要措施的现实依据，与此同时，法律也对某些具体情形作出了特别规定。对于未满14周岁未成年人个人信息，第31条就规定了个人信息处理者应当制定专门的个人信息处理规则。依据本法第38条的规定，在个人信息跨境提供的情形下，个人信息处理者应当采取必要措施，保障境外接收方处理个人信息的活动达到本法规定的标准。最后，采取必要措施所欲达到的最终目标，是防止未经授权的访问以及个人信息泄露、篡改、丢失。此处“泄露、篡改、丢失”在二审稿之前仍为“泄露或者被窃取、篡改、删除”，最终通过的条文则与

《民法典》第 1038 条保持一致。

3. 必要措施的限度

本条所列的必要措施较为抽象，因此需要明确个人信息处理者所采取的措施应达到的程度。鉴于个人信息所具有的公共性，其在不同场景下的风险情况并不一致，所以除本条所列的 5 项具体措施外，第 6 项所指的“法律、行政法规规定的其他措施”对必要措施的限度具有重要意义。首先，依据本法第 52 条的规定，处理个人信息达到一定数量的，应当指定个人信息保护负责人，这也是一项必要管理措施。当个人信息处理者符合本法第 58 条规定时，其应当采取的必要措施还包括“成立主要由外部成员组成的独立机构，对个人信息处理活动进行监督”。

此外，相关部门规章对不同场景下涉及个人信息处理的行为作了具体规定，采取符合相应规定的措施才算达到必要的程度。如《征信机构管理办法》第 6 条第 1 款对征信机构内控制度和信息安全保护等级标准的要求；《电信和互联网用户个人信息保护规定》第 13 条对电信业务经营者、互联网信息服务提供者应当采取的个人信息安全保障措施的规定；《互联网保险业务监管办法》第 37、38 条分别对技术措施和管理措施的具体规定。

关于技术标准的程度。本条规定了加密和去标识化的技术措施，《信息安全技术　个人信息去标识化指南》（GB/T 37964－2019）对去标识化的目标、原则、过程等有所规定，必要的技术措施可参考该标准。

适用要点

本条规定既是与个人信息权益相对的义务，亦是对个人信息处理者所作的行政法上的义务，所以个人信息处理者违反本条规定的，可能会因此既需要承担民事侵权责任同时又需要承担行政责任。从体系上看，本法第 66 条规定，处理个人信息未按照规定采取必要的安全保护措施的，可由履行个人信息保护职责的部门对个人信息处理者及其相关人员作出行政处罚，因此本条规定首先是行政法上的义务，个人信息处理者未按照规定采取必要措施确保个人信息安全的，将受到行政处罚，且该行政处罚的作出不需要造成个人信息权益受到侵害的结果。与此同时，本条规定来源于《民法典》第1038条第2款，最高人民法院对该条文的理解是，如果信息处理者没有履行规定的技术标准确保信息安全义务，造成了个人信息泄露、毁损、缺失的情形，属于侵害个人信息的行为。[1] 因而，本条也应如此解释。并且，结合本法第69条第1款规定，个人信息处理者未按照规定采取必要的安全保护措施，最终造成个人信息权益受到侵害的，即为存在过错，应当承担侵权责任。

鉴于"必要措施"的规定较为抽象，以及不同领域对个人信息保护措施的不同规定，本条在适用上应注意与相应领域内相关法条的具体规定相结合以确定所采取的措施是否达到了必要的限度。

关联法规

《个人信息保护法》第9条；《全国人民代表大会常务委员会关于加强网络信息保护的决定》第4条；《消费者权益保护法》第29条第2款；《民法典》第111条、第1038条第2款；《网络安全法》第21条、第42条第2款；《互联网信息服务管理办法》第6条；《征信机构管理办法》第6条第1款；《电信和互联网用户个人信息保护规定》第13条；《互联网保险业务监管办法》第37、38条；《信息安全技术　个人信息安全规范》（GB/T 35273－2020）第7.1、11.5条

〔1〕 参见最高人民法院民法典贯彻实施工作领导小组主编：《中华人民共和国民法典人格权编理解与适用》，人民法院出版社2020年版，第397页。

案例指引

庞某鹏诉中国东方航空股份有限公司、北京趣拿信息技术有限公司隐私权纠纷案[1]

裁判要旨：个人信息处理者应当采取必要措施保障个人信息的安全，若疏于防范导致个人信息泄露的，可以认为对此具有过错。

本案庞某鹏被泄露的姓名、尾号9949手机号、行程安排（包括起落时间、地点、航班信息）等属于个人信息，并且应该属于隐私信息。任何他人未经权利人的允许，都不得扩散和不当利用能够指向特定个人的整体信息。从机票销售的整个环节看，庞某鹏和鲁某不存在故意泄露信息的可能，这表明东航和趣拿公司存在泄露庞某鹏个人隐私信息的高度可能，而东航公司和趣拿公司所提供的反证无法推翻上述高度可能。两被告在被媒体多次报道涉嫌泄露乘客隐私后，并未举证证明其迅速采取了专门的、有针对性的有效措施，以加强其信息安全保护。而本案泄露事件的发生，正是其疏于防范导致的结果，因而可以认定趣拿公司和东航具有过错，理应承担侵权责任。

综上，东航和趣拿公司存在泄露庞某鹏隐私信息的高度可能，并且存在过错，应当承担侵犯隐私权的相应侵权责任。庞某鹏请求趣拿公司和东航公司向其赔礼道歉，应予支持。

第五十二条　【个人信息保护负责人】处理个人信息达到国家网信部门规定数量的个人信息处理者应当指定个人信息保护负责人，负责对个人信息处理活动以及采取的保护措施等进行监督。

---

〔1〕 北京市第一中级人民法院（2017）京01民终509号。

个人信息处理者应当公开个人信息保护负责人的联系方式，并将个人信息保护负责人的姓名、联系方式等报送履行个人信息保护职责的部门。

条文解读

本条是关于指定个人信息保护负责人的规定。

指定个人信息保护负责人的规定是对欧盟《通用数据保护条例》中数据保护官制度的有益借鉴。

1. 适用对象及其标准

本条规定，处理个人信息达到国家网信部门规定数量的个人信息处理者应当指定个人信息保护负责人。考虑到个人信息处理者的规模不同，一律要求指定个人信息保护负责人很可能增加小规模个人信息处理者的成本，所以本条规定只有处理的个人信息数量达到规定标准的个人信息处理者，才会适用本条规定。此外，与欧盟的确定标准不同，本条规定相对易于操作。不过，具体的数量标准目前暂无规定。此处的数量如何计算，是否为一定周期内的数量抑或是累积数量；统计的范围如何确定，各主体间相互独立但存在控股或实际控制关系时是否统一计算，均未可知，还需有关部门在后续出台具体标准。

2. 个人信息保护负责人的确定

本条规定个人信息保护负责人是由个人信息处理者进行指定，此外再无规定。笔者认为，在无相应规定的情况下，此处的指定应作“确定”来理解，即能确定有具体的专门的人员对本条规定的监督职责进行负责即可。比如，《网络安全法》第 21 条规定了网络运营者应当履行的网络安全保护义务，其中第 1 项就包括“确定网络安全负责人”。这与本条的规定颇为相似，体现的是监管部门的一种“责任到人”的思想。如此看来，个人信息保护负责人的选择，既可来自个人信息处理者内部选任，亦可来自个人信息处理者外部聘任，只需有明确而具体的人员作为个人信息保护负责人即为满足了本条的形式要求。

3. 个人信息保护负责人的职责

个人信息保护负责人的职责是负责对个人信息处理活动以及采取的保护措施等进行监督。个人信息的处理涉及个人信息的收集、存储、使用、加工、传输、提供、公开等全流程，因此个人信息保护负责人须对个人信息处理的全流程进行监督。此外，结合本法第 51 条的规定，本条所指的“保护措施”应该是依据本法第 51 条规定所必须采取的确保个人信息安全的必要措施，因此个人信息保护负责人还须对采取的必要措施进行监督。与欧盟《通用数据保护条例》不同，本条并未规定个人信息保护负责人应当作为监管机构的联络人，配合监管机构进行个人信息保护监管的规定，但从立法目的看，应包含此种职责。

4. 个人信息保护负责人履职信息公开

本条第 2 款规定应当公开个人信息保护负责人的联系方式，并将其姓名、联系方式等报送履行个人信息保护职责的部门。与草案相比，二审稿删除了公开个人信息保护负责人姓名的规定，体现了个人信息保护的精神。另外，接受履职信息报送的具体个人信息保护职责部门，依据本法第 60 条的规定确定。

至于公开的方式，可结合本法第 7 条公开透明原则，以及第 17 条的具体规定实施。

适用要点

处理个人信息的数量达到何种程度才需要指定个人信息保护负责人，这对个人信息处理者而言是非常现实的问题，因此急需有关部门加以确定。

对于个人信息保护负责人的指定，由前述理解，确定了具体的人员并报送相应信息至履行个人信息保护职责的部门即可。但在其职责履行方面，还需个人信息处理者内部制定相应的管理制度。此外，在实际适用中，对于个人信息保护负责人的任职要求、任职条件、失职所应承担的责任、如何保证其有效履职以及如何配合履行个人信息保护职责的部门进行监管，本条未作规定。仍需后续制定相应的细则。《信息安全技术　个人信息安全规范》（GB/T 35273－2020）第 11.1 条明确责任部门与人员的规定可供参考。

个人信息保护负责人对采取的保护措施进行监督，应结合本法第 51 条进行适用。

依据本法第 58 条的规定，提供重要互联网平台服务、用户数量巨大、业务类型复杂的个人信息处理者，应当依法成立主要由外部成员组成的独立机构对个人信息保护情况进行监督。这一规定很可能使符合标准的个人信息处理者既需指定个人信息保护负责人，又应当成立独立机构，两者将存在职责上的重叠，因此在适用上可使个人信息保护负责人同时成为独立机构的成员。

关联法规

《互联网保险业务监管办法》第 38 条；《网络安全法》第 21 条；《信息安全技术　个人信息安全规范》（GB/T 35273－2020）

第五十三条　【境外个人信息处理者设立专门机构或者指定代表的义务】本法第三条第二款规定的中华人民共和国境外的个人信息处理者，应当在中华人民共和国境内设立专门机构或者指定代表，负责处理个人信息保护相关事务，并将有关机构的名称或者代表的姓名、联系方式等报送履行个人信息保护职责的部门。

条文解读

本条是关于境外个人信息处理者在我国境内设立专门机构或者指定代表的规定。

1. 本条的立法目的与意义

本条规定借鉴自欧盟《通用数据保护条例》的规定。如此规定，强化了本法的域外适用效力，也是本法第3条规定的延伸。从管辖的角度来看，依据《民事诉讼法》第265条的规定，要求境外个人信息处理者在我国境内设立专门机构或指定代表，可以在发生境外个人信息处理者侵害我国自然人个人信息权益的情况下，确保境内代表机构或代表的住所地法院对此有管辖权。这不仅有利于我国自然人个人信息权益的保护，同时也是对等原则的体现。

2. 适用对象

结合本法第3条第2款规定，处理我国境内自然人个人信息的活动虽然发生在境外，但该个人信息处理活动以向境内自然人提供产品或者服务为目的，或者是分析、评估境内自然人的行为以及符合法律、行政法规规定的其他情形的，进行该个人信息处理活动的境外个人信息处理者适用本条规定。具体详见本书关于本法第3条的注释，此处不赘述。

3. 设立专门机构或指定代表和报送联系方式义务

依据本条，符合规定的境外个人信息处理者应当履行的义务是在我国境内设立专门机构或者指定代表，并将专门机构名称或者指定代表的姓名、联系方式等报送履行个人信息保护职责的部门。首先，对于设立专门机构或者指定代表，可以选择其中一种即可。但是，既设立专门机构又指定代表的，甚至在不同地区分别设立多个专门机构或指定代表的，不违反本条的规定。其次，将有关机构的名称或者代表的姓名、联系方式等报送履行个人信息保护职责的部门，但并没有要求对此进行公开。此外，在实践中，设立专门机构或者指定代表可能存在不同情形。

（1）对“设立专门机构”的理解。顾名思义，设立专门机构就是境外个人信息处理者为了履行本条规定的义务，专门设立一个及以上的组织实体负责处理在我国境内的个人信息保护相关事务。但这里“专门机构”的性质并不明确。其一，设立的专门机构可以是营利和非营利法人以及非法人组织。这种情况是当然符合本条的规范目的的。其二，设立的专门机构为境外个人信息处理者在我国境内的子公司或关联公司的内设机构或组织部门。此时的专门机构虽不具有独立从事民事活动的资格，但其行为可归属于所在公司，可以认为此种设立专门机构的方式是指定了其所在公司为代表。

(2)对“指定代表”的理解。其一，指定我国境内公民自然人作为代表。从体系上看，本条后面规定应当报送“有关机构的名称或者代表的姓名”，既然是“代表的姓名”，那么此处指定的代表应是自然人。但该自然人应是具有我国国籍且经常居所地为我国的人。因为从立法目的来看，本条规定是为了强化本法的域外适用效力，确保我国法院可以管辖境外个人信息处理者侵害我国境内自然人个人信息权益的纠纷，以利于我国自然人个人信息权益的保护，因此，此时指定的自然人代表应具有我国国籍且经常居所地为我国才符合本条之立法目的。其二，笔者认为，本条的“指定代表”还可以指定我国境内法人或其他组织作为代表，其中包括境外个人信息处理者在我国境内的子公司或关联公司。参考《药品管理法》第38、136条以及《医疗器械监督管理条例》第15、16、98条的规定，境外的药品或医疗企业可指定我国境内企业法人处理相关事务和履行相关义务并因此承担相应的法律责任。因此，对于本条“指定代表”的理解虽然从体系上看应是自然人，但至少还可指定我国境内的营利和非营利法人以及非法人组织作为代表，如此解释也并不违反本条规定的立法目的。

4. 个人信息保护相关事务的内容

依本条规定设立的专门机构或者指定的代表应当负责处理境外个人信息处理者在我国境内的个人信息保护相关事务。这里的“个人信息保护相关事务”不包括个人信息处理活动。因为本条所规范的是在境外处理我国境内自然人个人信息的个人信息处理者，如果在我国境内设立的专门机构或指定代表的职责包括个人信息处理活动，则可直接适用本法的相应规定而无须适用本条规范。因此“个人信息保护相关事务”包含了除个人信息处理活动外的内容，即应当适用本法规定的各项原则、规则、义务和法律责任。

适用要点

参考《药品管理法》第38、136条以及《医疗器械监督管理条例》第15、16、98条的规定，境外个人信息处理者在我国境内设立的专门机构或者指定的代表，是代表其在我国处理个人信息保护相关事务，虽然不处理个人信息，但作为代表，仍然应当适用本法规定的各项原则、规则、义务，发生违反本法规定情形的，也需要承担相应的法律责任。

基于前述对“设立专门机构”和“指定代表”的理解，境外个人信息处理者既可以在我国境内设立专门的营利和非营利法人以及非法人组织，也可以在我国境内的子公司或关联公司中设立内设机构或组织部门作为专门机构；既可以指定具有我国国籍且经常居所地为我国的自然人，也可以指定我国境内的营利和非营利法人以及非法人组织或者在我国境内的子公司或关联公司作为代表。

关联法规

《药品管理法》第38、136条；《医疗器械监督管理条例》第15条第2款、第16条第2款、第98条第1款

第五十四条　【个人信息处理活动合规审计义务】个人信息处理者应当定期对其处理个人信息遵守法律、行政法规的情况进行合规审计。

条文解读

本条是关于个人信息处理者对个人信息处理活动合规审计义务的规定。

1. 个人信息处理活动合规审计

合规审计，是为了查明和确定被审计单位财务活动或经营活动是否符合有关法律、法规、规章制度、合同、协议和有关控制标准而进行的审计。对个人信息处理活动进行合规审计就是审查个人信息处理者的个人信息处理活动是否符合法律、行政法规等规定和要求。对个人信息处理活动遵守法律、行政法规的情况进行合规审计在我国尚属首次，并无先例可循，因此本条文的规定显得较为原则。由谁来审计，谁有资格审计以及合规审计的周期等问题，有待有关部门在后续加以明确。笔者认为，有资质的会计师事务所、律师事务所可以对此进行合规审计。个人信息处理活动合规审计首先应是企业内部的一种自律行为，在企业内部合规审计未能有效防止个人信息安全时，监管机构将有权要求个人信息处理者委托专业机构进行审计。

2. 合规审计的内容

本条规定，合规审计所审查的内容是个人信息处理活动遵守法律、行政法规的情况。即法律、行政法规规定个人信息处理者应当遵守的规定及履行的义务，都属于应当审计的内容。结合本法的相关规定，合规审计的内容至少应包括但不限于：(1)处理活动是否遵循个人信息处理的原则，如本法第 5 条规定的是否遵循合法、正当、必要和诚信原则，第 6 条规定的具有明确合理目的与最小范围原则，第 7 条规定的公开透明原则，第 8 条规定的质量准确原则，第 9 条规定的安全原则等；(2)处理活动是否符合个人信息处理的各项规则，如本法第 13 条规定的取得个人同意规则或具有法律规定的正当性、第 15 条规定的撤回同意规则、第 17 条规定的告知重要事项规则、第 20 条规定的共同处理规则、第 21 条规定的委托处理规则等；(3)涉及特别规定情形的，个人信息处理活动是否符合法律的特别规定。如处理敏感个人信息的,须有特定的目的和充分的必要性,还应当取得个人的单独同意,并告知处理敏感个人信息的必要性以及对个人权益的影响;国家机关处理个人信息的,应当遵守相应的特别规则;存在个人信息跨境提供情形的,还需符合个人信息跨境的相关特别规定,如第38条规定的安全评估、进行个人信息保护认证或订立标准合同,第40条规定的个人信息本地化存储义务;(4)其他有针对性的规定情形。如本法第51条规定的采取必要措施确保个人信息安全义务以及这些措施是否切实有效、第52条规定的指定个人信息保护负责人义务、第55条规定的事前个人信息保护影响评估义务等,都属于合规审计的内容。

3. 合规审计结果的处理

对于合规审计的结果如何处理,本条并未规定。笔者认为,对于合规审计发现并不存在问题的,自然无须处理,不断完善相关内部合规管理制度和个人信息保护措施即可。而对于在合规审计中发现存在问题的,参照本法第64条第1款的规定:"个人信息处理者应当按照要求采取措施,进行整改,消除隐患。"该规定虽是有关部门在对个人信息处理者约谈或进行合规审计之后作出的要求,但亦不妨参照适用。

适用要点

对个人信息处理活动是否合规进行审查,其前提是个人信息处理者存在相应的合规管理。个人信息处理活动的合规管理是为了防范个人信息处理过程和个人信息委托处理或跨境等活动中的合规风险,因此而组织建立起管理制度并加以实施的管理活动。这是出于防范个人信息处理活动合规风险而采取的自律行为。一般而言,企业内部都有合规管理制度,因此需要将个人信息处理活动的合规管理纳入企业内部已有的合规管理制度中。此外,本条规定较为原则,在具体适用上可参考《信息安全技术　个人信息安全规范》(GB/T 35273－2020)第11.7条安全审计中较为详细的规定。并且,本法第58条第1项规定了重要互联网平台个人信息处理者应当“按照国家规定建立健全个人信息保护合规制度体系”的义务，这表明有关部门很可能将在后续出台关于建立健全个人信息保护合规制度体系的实施细则或操作办法。届时，一般的个人信息处理者有关个人信息处理活动合规审计的内容及制度体系建设，应可参照适用。

关联法规

《信息安全技术　个人信息安全规范》（GB/T 35273－2020）第11.7条

第五十五条　【事前个人信息保护影响评估义务】有下列情形之一的，个人信息处理者应当事前进行个人信息保护影响评估，并对处理情况进行记录：

（一）处理敏感个人信息；

（二）利用个人信息进行自动化决策；

（三）委托处理个人信息、向其他个人信息处理者提供个人信息、公开个人信息；

（四）向境外提供个人信息；

（五）其他对个人权益有重大影响的个人信息处理活动。

条文解读

本条是关于事前个人信息保护影响评估义务的规定。

1. 应当事前个人信息保护影响评估的情形

本条规定了应当进行事前风险评估并记录处理情况的五种情形，除第5项作为兜底规定外，所列其余四种情形在实质上均为对个人权益有重大影响的个人信息处理活动。（1）处理敏感个人信息的。依据本法第

28 条的规定,敏感个人信息一旦泄露或者非法使用,将可能导致自然人的人格尊严受到侵害或者人身、财产安全受到危害。仅在具有特定的目的和充分的必要性并采取了严格的保护措施时,个人信息处理者才可以处理敏感个人信息。因此,在处理敏感个人信息之前,应当充分评估其影响。(2)利用个人信息进行自动化决策的。自动化决策通过对个人信息的分析得出决策结果,自动决策的过程缺少透明度,容易导致不公平、不公正的决策结果,可能对个人的权益产生重大影响。因此对于是否利用个人信息进行自动化决策,应当事先进行个人信息保护影响评估。(3)委托处理个人信息、向其他个人信息处理者提供个人信息、公开个人信息的。这三类行为使个人信息流向了第三方,这无疑大大增加了个人信息泄露和被非法使用的可能,存在严重侵害个人信息权益的潜在风险。因此需要事前评估此类个人信息处理行为的影响。(4)向境外提供个人信息的。这同样使个人信息流向第三方,而且是流向境外。一方面,这很可能使个人信息权益纠纷无法适用我国法律的管辖,无法有效对个人信息权益进行保护;另一方面,个人信息大量流向境外,还可能对我国国家安全产生不利影响。本法第 38 条规定,出于业务需要而向境外提供个人信息的,条件之一是依照规定通过了安全评估。因此,向境外提供个人信息属于有重大影响的个人信息处理活动,必然需要事前进行评估。(5)其他对个人权益有重大影响的个人信息处理活动。这一项是兜底规定,若存在其他对个人权益有重大影响的个人信息处理活动,也应依据本项要求在事前进行个人信息保护影响评估。

2. 对处理情况进行记录

本条在规定事前风险评估义务的同时,还一并规定了对处理情况进行记录的义务。从逻辑上看,这是指在完成风险评估之后,对其后所实施的相应处理情况进行记录,但不包括对风险评估本身的记录,因为本法第 56 条已规定了风险评估报告。从内容上看,所记录的处理情况因评估结果不同而有所不同。如个人信息保护影响评估不通过的,则不得进行相应的个人信息处理,所记录的处理情况显然是停止处理这一结果,或者是此后为了通过评估而进行的调整以及采取的各项改进措施。如个人信息保护影响评估通过的，则记录个人信息处理的目的、方式与过程等全流程的个人信息处理事项。

适用要点

本条与第56条一起构成了完整的个人信息保护影响评估制度，因此在适用上应与第56条结合起来。对于本条所规定的应当事前进行个人信息保护影响评估的情形，相应的评估内容还应结合本法对不同情形所作的特别规定。在具体操作上，可参考《信息安全技术 个人信息安全规范》(GB/T 35273－2020)第3.9、11.4条的相关标准。

此外，本条所规定的"对处理情况进行记录"，其内容显然应当包括第56条中的所有内容。

关联法规

《信息安全技术 个人信息安全规范》(GB/T 35273－2020)第3.9、11.4条

第五十六条 【个人信息保护影响评估内容】个人信息保护影响评估应当包括下列内容：

(一)个人信息的处理目的、处理方式等是否合法、正当、必要；

(二)对个人权益的影响及安全风险；

(三)所采取的保护措施是否合法、有效并与风险程度相适应。

个人信息保护影响评估报告和处理情况记录应当至少保存三年。

条文解读

本条是关于个人信息保护影响评估内容的规定。

本条规定承接本法第55条的内容，与第55条一起构成了完整的个人信息保护影响评估制度。

1. 事前个人信息保护影响评估的内容

（1）个人信息的处理目的、处理方式等是否合法、正当、必要。合法、正当、必要是本法第5条规定的处理个人信息应当遵循的基本原则，将要处理的个人信息对个人权益有重大影响的，理应对处理活动是否符合此项原则进行评估。在处理目的方面，依据本法第6条规定，应当评估其是否明确、合理，且个人信息的处理活动与目的直接相关并限于实现处理目的的最小范围。在处理方式方面，应当评估是否为对个人权益影响最小的方式，依据本法第5条的规定，还需评估处理方式是否存在误导、欺诈、胁迫的可能。此外，处理敏感个人信息的，还必须具有特定的目的和充分的必要性，且应当取得个人的单独同意并告知相关重要事项，即需要评估是否符合本法第2章第2节的规定。

（2）对个人权益的影响及安全风险。不同的个人信息及处理目的与处理方式，对个人权益的影响不同，事前个人信息保护影响评估应根据第55条规定的不同情形评估其不同的影响及安全风险程度。如敏感个人信息的泄露或非法公开，显然将对个人的人身、财产安全产生更为严重的危害，风险程度更高，需要采取更为严格的保护措施。又如自动化决策，需要利用个人信息，对个人的行为习惯、兴趣爱好或者经济、健康、信用状况等进行分析、评估，所作出的决策将可能对个人权益产生何种重大影响，显然需要事前评估。

（3）所采取的保护措施是否合法、有效并与风险程度相适应。为应对个人信息处理活动中可能产生的对个人权益的影响及安全风险，个人信息处理者需采取合理措施以减少影响和降低风险，以达到保护和利用个人信息之间的平衡，否则将无法处理个人信息。对“合法、有效”

的评估,可结合本法第 51 条的规定进行判断,即是否针对具体的处理目的、处理方式、个人信息的种类以及对个人权益的影响、可能存在的安全风险等制定有完善的管理措施和采取了符合标准的技术措施。此外,在不同场景下的具体领域如《电信和互联网用户个人信息保护规定》第 13 条和《互联网保险业务监管办法》第 37、38 条,都对必要的保护措施作了针对性的规定,可结合此类规定判断保护措施的合法性和有效性。

本条第 1 款所规定的事前个人信息保护影响评估应当包括的三项内容之间并非毫无干系,而是环环相扣、层层递进的,不能将其割裂开来理解。个人信息的处理目的、处理方式等是否合法、正当、必要是本法第 5 条所规定的原则的直接体现,也是处理个人信息应当遵循的基础性和前提性的原则,只有处理目的、处理方式合法、正当、必要,才能进行个人信息的处理。在处理目的、处理方式等符合合法、正当、必要的要求之后,则进一步需要评估该处理个人信息的活动将对个人权益产生何种影响以及相应的安全风险。而这其中又需要考虑不同的处理目的、处理方式、个人信息种类,不同场景下的具体风险和具体规定,以及由此带来的不同影响和安全风险。针对不同情形下处理个人信息可能对个人权益带来的影响及安全风险,个人信息处理者如果确需处理个人信息,则应当采取有针对性的措施以减少对个人权益的影响及降低安全风险,此时则必然需要评估保护措施是否合法、有效并与风险程度相适应。

2. 保存个人信息保护影响评估报告和处理情况记录

本条第 2 款规定,对于依据本法第 1 款及第 55 条规定所形成的个人信息保护影响评估报告和处理情况记录,应当至少保存 3 年。其意义在于:一方面可使这些报告和记录成为个人信息处理者已依法履行规定义务的凭证;另一方面对个人信息主体与监管机构而言也可留档备查,利于监督。

适用要点

本条规定与第55条一起构成了完整的个人信息保护影响评估制度，因此需注意将两个条文结合起来形成一个整体进行理解适用。本条所指的“个人信息保护影响评估报告和处理情况记录”显然应当包括第55条中规定的内容。

在个人信息处理活动中，不同的处理环节与处理方式存在不同的风险及其影响程度，是否采取和采取了何种风险防范措施也将对风险产生不同的影响，最终都可能对个人信息主体的个人信息权益产生不同影响。因此，在个人信息保护影响评估的内容上，本条的适用需充分考量具体的个人信息处理活动情况，比如结合本法第51条规定以及不同领域的具体规定。此外，还可以参考《信息安全技术　个人信息安全规范》(GB/T 35273－2020)第3.9、11.4条的规定。

关联法规

《电信和互联网用户个人信息保护规定》第13条；《互联网保险业务监管办法》第37、38条；《信息安全技术　个人信息安全规范》(GB/T 35273－2020)第3.9、11.4条

第五十七条　【个人信息泄露、篡改、丢失时的补救和通知义务】发生或者可能发生个人信息泄露、篡改、丢失的，个人信息处理者应当立即采取补救措施，并通知履行个人信息保护职责的部门和个人。通知应当包括下列事项：

（一）发生或者可能发生个人信息泄露、篡改、丢失的信息种类、原因和可能造成的危害；

（二）个人信息处理者采取的补救措施和个人可以采取的减轻危害的措施；

（三）个人信息处理者的联系方式。

个人信息处理者采取措施能够有效避免信息泄露、篡改、丢失造成危害的，个人信息处理者可以不通知个人；履行个人信息保护职责的部门认为可能造成危害的，有权要求个人信息处理者通知个人。

条文解读

本条是关于个人信息泄露、篡改、丢失时个人信息处理者的补救和通知义务的规定。

在发生或者可能发生个人信息泄露、篡改、丢失的时候，个人信息处理者应当立即履行两项义务：第一是采取补救措施；第二是同时通知履行个人信息保护职责的部门和个人。对此条文可以从以下三个方面理解：

1. 应当采取补救措施并通知的情形

本条第 1 款规定了应当采取补救措施并通知的两种情形：其一是发生了个人信息泄露、篡改、丢失的情形；其二是可能发生个人信息泄露、篡改、丢失的情形。并且，发生或可能发生“泄露、篡改、丢失”中的任何一种安全事件，都应当采取补救措施并通知。此规定与《民法典》第 1038 条第 2 款的保护规定一致，保障范围更加合理全面，同时也对个人信息处理者提出了更严格的要求，更能保护个人信息安全。需要指出的是，应当采取补救措施并通知的这两种情形均不要求个人信息权益发生了实际的损害结果，只需要有危害即可。

2. 通知应当包括的内容

本条第 1 款规定了通知至少应包括的三项内容：一是发生或可能发生的个人信息安全事件的基本情况，即发生或者可能发生个人信息泄露、篡改、丢失的信息种类、原因和可能造成的危害。二是避免危害或防止危害扩大的措施，这其中既包括个人信息处理者采取的补救措施，也包括个人可采取的减轻危害的措施。个人信息处理者采取的补救措施又包括已采取的和将采取的补救措施。此外,因为个人信息处理者负有确保个人信息安全的义务,对此具备更为丰富的经验,所以应由其告知个人可采取哪些减轻危害的措施。三是个人信息处理者的联系方式,便于履行个人信息保护职责的部门和个人与个人信息处理者取得联系并了解情况,更好地处置个人信息安全事件。

3. 通知义务的例外

鉴于个人信息泄露、篡改、丢失的影响范围一般比较广,而且有些个人信息安全事件危害性较小,或者可能并未发生实际损害,没有必要对所有情形都进行通知,因此本条第 2 款前半部分规定,在个人信息处理者采取措施能够有效避免信息泄露、篡改、丢失造成危害的情形下,可以不通知个人。不过此时仍需通知履行个人信息保护职责的部门。但与此同时,本条第 2 款后半部分规定,对于可以不通知个人的情形,履行个人信息保护职责的部门基于自己的判断有权要求个人信息处理者通知个人。这有助于避免个人信息处理者怠于履行个人信息泄露、篡改、丢失时通知个人的义务。

适用要点

本条规定,在发生或者可能发生个人信息泄露、篡改、丢失时,个人信息处理者应当立即采取补救措施,此处的"立即采取补救措施"该如何认定,在实践中不甚明了。欧盟《通用数据保护条例》第 33 条规定,如果可行,控制者在知悉后应当及时(至迟在 72 小时内)将个人数据泄露告知有权监管机构。我们认为,依据本法第 51 条的规定,个人信息处理者应当"制定并组织实施个人信息安全事件应急预案",在此预案中的内容至少应包含本条所规定的事项。具体而言,预案中应充分预估和设想可能的个人信息安全事件,并对具体情形作出针对性的应急安排,如具体的补救措施、个人可采取的减轻危害的措施、做出响应履行通知义务的时间等。

此外,本条并未规定发生个人信息安全事件时的记录义务,但是依据《网络安全法》第 21 条第 3 项的规定,网络运营者应当按要求采取监测、记录网络运行状态、网络安全事件的技术措施,并按照规定留存相关的网络日志不少于 6 个月。换言之,个人信息处理者应当采取技术措施对个人信息安全事件进行记录。

对于个人信息安全事件的情形,本法“泄露、篡改、丢失”的表述与《民法典》第 1038 条第 2 款的规定一致。不过,2012 年颁布的《全国人民代表大会常务委员会关于加强网络信息保护的决定》第 4 条采用的是“泄露、毁损、丢失”的表述,并在《网络安全法》第 42 条第 2 款和《电信和互联网用户个人信息保护规定》第 14 条第 1 款中被沿用。

关联法规

《全国人民代表大会常务委员会关于加强网络信息保护的决定》第 4 条;《网络安全法》第 21 条第 3 项、第 42 条第 2 款;《民法典》第 1038 条第 2 款;《电信和互联网用户个人信息保护规定》第 14 条第 1 款;《信息安全技术　个人信息安全规范》(GB/T 35273－2020)第 10.1、10.2 条

第五十八条　【大型互联网平台的特别义务】提供重要互联网平台服务、用户数量巨大、业务类型复杂的个人信息处理者,应当履行下列义务:

(一)按照国家规定建立健全个人信息保护合规制度体系,成立主要由外部成员组成的独立机构对个人信息保护情况进行监督;

(二)遵循公开、公平、公正的原则,制定平台规则,明确平台内产品或者服务提供者处理个人信息的规范和保护个人信息的义务;

（三）对严重违反法律、行政法规处理个人信息的平台内的产品或者服务提供者，停止提供服务；

（四）定期发布个人信息保护社会责任报告，接受社会监督。

条文解读

本条是关于大型互联网平台个人信息处理者特别义务的规定。

1. 大型互联网平台个人信息处理者的界定

“提供重要互联网平台服务、用户数量巨大、业务类型复杂”是大型互联网平台的三个特征，从我国诸多大型互联网平台的发展历程看，这三者之间互为因果，在共同作用下才形成了大型互联网平台。在积累用户阶段，互联网平台在积累了巨量用户之后便使其具有了成为平台的资本；巨量的用户吸引了众多第三方产品或服务提供者进驻平台，如此又使平台内的业务类型变得复杂多样。此外，由于巨量的用户和众多第三方产品或服务提供者都通过平台互通有无，平台也就具有了难以替代的重要地位，使平台对用户与第三方都具有很强的影响力。因此，这三个特征须同时具备，才是本条所指的大型互联网平台个人信息处理者。需要指出的是，本条并未规定用户数量巨大的标准，有待有关部门在后续中进一步明确。

2. 大型互联网平台个人信息处理者的四项特别义务

（1）建立健全个人信息保护合规制度体系，成立独立机构监督个人信息处理活动。这实际上包括了两项义务。建立健全个人信息保护合规制度体系，对个人信息处理活动是否合规进行审查，其前提是个人信息处理者存在合规管理，本条第 1 项即对大型互联网平台个人信息处理者明确提出了建立健全个人信息保护合规制度体系的要求。不过，这一义务是“按照国家规定”进行，表明有关部门可能将在后续出台相应的实施细则或操作办法。对于成立独立机构监督个人信息处理活动，其规定包括以下两个方面:其一是独立机构的组成。本条第 1 项仅规定其主要由外部成员组成,对于独立机构成员的数量、分工、任期、任职资格、相应责任、外部成员的比重、独立机构履职的保障等具体问题则未作规定,因此还需有关部门对此作出详细规定。其二是独立机构的职责。本项规定独立机构的职责是对个人信息处理活动进行监督。但本法第 52 条规定了指定个人信息保护负责人的义务,本条规定使独立机构与个人信息保护负责人的职责存在重叠。笔者认为,大型互联网平台处理的个人信息在数量上远超其他个人信息处理者,依法应当指定个人信息保护负责人,但为避免职能重叠,可使个人信息保护负责人同时成为独立机构的成员之一。因此,本项所规定的独立机构的职责应作扩大解释,使其包括对个人信息处理者所采取的确保个人信息安全之必要措施进行监督。进一步来讲,独立机构还将对建立健全个人信息保护合规制度体系及其实施情况进行监督。

(2)制定关于个人信息保护的平台规则。这是对大型互联网平台设置的"守门人"义务。"'守门人'是指控制移动互联网生态关键环节(技术环境和运营环境)、有资源或有能力影响其他个人信息处理者处理个人信息能力的互联网营运者。"[1]大型互联网平台显然对其平台用户与平台内产品或服务提供者具有巨大影响力,通过大型互联网平台对平台内的产品或者服务提供者的个人信息处理活动施加影响具有现实可能性和成本上的经济性。因此,本项规定大型互联网平台应当遵循公平、公开、公正的原则,制定平台规则,在规则中明确平台内产品或者服务提供者处理个人信息的规范和保护个人信息的义务。

(3)制止严重违法的平台内产品或者服务提供者。对于严重违反法律、行政法规处理个人信息的平台内产品或者服务提供者,"守门人"应当停止对其提供服务。类似规定也出现在《网络安全法》第 47、48 条以及

〔1〕 张新宝:《互联网生态"守门人"个人信息保护特别义务设置研究》,载《比较法研究》2021 年第 3 期。

《电子商务法》第29条中。对于严重违反法律、行政法规的判断,可能还需后续出台相关司法解释予以明确。不过,大型互联网平台对其商业模式、业务流程、技术规范最为熟悉,根据本条第2项的规定,大型互联网平台可以结合实际情况,制定出如何判断严重违反法律、行政法规情形的相应平台规则。

(4)定期发布个人信息保护社会责任报告,接受社会监督。本项规定实质是对大型互联网平台依法接受社会监督的规定,其接受监督的形式是定期发布个人信息保护社会责任报告。在法律中对社会责任报告作出规定尚属首次,因此并未规定社会责任报告的内容以及发布周期,有待履行个人信息保护职责的部门作出具体规定。

适用要点

需要注意的是,本条第3项与本法第51条、《民法典》第1197条规定的关系。本法第51条规定了个人信息处理者确保个人信息安全的义务,其中包括防止未经授权的访问以及个人信息泄露、篡改、丢失,这极易使人认为本法第51条规定的是个人信息处理者的个人信息安全保障义务,进而在发生未经授权的访问以及个人信息泄露、篡改、丢失时要求个人信息处理者承担补充责任。事实上,第51条所规定的确保个人信息安全的义务源于个人信息主体对个人信息处理者的信赖。个人信息处理者基于个人的同意而取得合法处理个人信息的地位,其理应保护个人信息的安全,若非如此则有失于信赖。此时若发生未经授权的访问以及个人信息泄露、篡改、丢失,侵害个人信息权益的,结合本法第69条的规定,个人信息处理者将因有过错而承担侵权责任,而非承担基于安全保障义务的补充责任。而本条第3项则与《民法典》第1197条的规定一脉相承,大型互联网平台因对其平台具有管理控制力而负有保障平台内个人用户的个人信息权益的义务。此时发生第三人严重侵害个人信息权益的情形,大型互联网平台未采取措施的,平台承担连带责任。而第三人侵害个人信息权益的行为未达到严重程度，大型互联网平台无义务采取措施的，可能由第三人承担侵权责任。

关联法规

《网络安全法》第47、48条；《电子商务法》第9条第2款、第29条；《民法典》第1197、1198条

第五十九条　【受托人的个人信息保护义务】接受委托处理个人信息的受托人，应当依照本法和有关法律、行政法规的规定，采取必要措施保障所处理的个人信息的安全，并协助个人信息处理者履行本法规定的义务。

条文解读

本条是关于受托人的个人信息保护义务的规定。

1. 适用对象

本条为本法二审稿新增并在正式颁布的法条中得到完善，与二审稿相比，正式通过的条文删除了“应当履行本章规定的相关义务”的内容，改成“应当依照本法和有关法律、行政法规的规定”，同时新增了“并协助个人信息处理者履行本法规定的义务”。这一修改进一步明晰了接受委托处理个人信息的受托人在本法中的法律地位。依照本法第73条及本法适用范围的规定，在个人信息处理活动中自主决定处理目的、处理方式的组织、个人即为个人信息处理者，应当适用本法的各项规定，履行各项义务。但结合本条规定的修改内容，本条所指的受托人，是不能自主决定个人信息的处理目的、处理方式的第三方。不过，此处需要指出的是，受托人也并非仅仅适用本条的规定。

2. 受托人的义务

本条规定的受托人的个人信息保护义务包括两项：一是采取必要措施保障所处理的个人信息的安全；二是协助个人信息处理者履行本法规定的义务。其一，对于采取必要措施保障所处理的个人信息安全的义务，从体系上看，应参照本法第 51 条的规定适用，即应当根据个人信息的处理目的、处理方式、个人信息的种类以及对个人权益的影响、可能存在的安全风险等采取本法第 51 条所列的各项必要措施，以确保个人信息处理活动符合法律、行政法规的规定，并防止未经授权的访问以及个人信息泄露、篡改、丢失。其二，协助个人信息处理者履行本法规定的义务，这实际上规定的是受托人的协助义务。本法第 21 条规定了个人信息处理者委托处理个人信息时的相应规则，即为保护个人信息而应当在委托处理个人信息合同中约定的具体内容，并要求个人信息处理者对受托人的个人信息处理活动进行监督。因此，为履行合同的需要以及为保护个人信息的需要，个人信息处理者都需要受托人积极履行合同义务并在受托处理个人信息过程中协助个人信息处理者履行本法规定的义务。

此外，本条规定受托人“应当依照本法和有关法律、行政法规的规定”履行上述两项义务，意味着受托人还应受到本法及其他法律、行政法规的约束，即还可能履行本条之外的义务。如本法第 21 条第 2 款后半部分规定，“委托合同不生效、无效、被撤销或者终止的，受托人应当将个人信息返还个人信息处理者或者予以删除，不得保留”，第 3 款规定，“未经个人信息处理者同意，受托人不得转委托他人处理个人信息”。如《数据安全法》第 40 条规定，受托建设、维护电子政务系统，存储、加工政务数据，受托人“应当依照法律、法规的规定和合同约定履行数据安全保护义务，不得擅自留存、使用、泄露或者向他人提供政务数据”。《儿童个人信息网络保护规定》第 16 条规定了受托人处理儿童个人信息应当履行的相关义务。

适用要点

从上文对本条适用对象的理解来看，本条所指的受托人并不是个人信息处理者，其并不能以个人信息处理者的身份而直接适用本法的各项规定。其因与委托人之间的委托合同而受到合同义务的约束，在发生侵害个人信息权益的时候，有可能因责任归于委托人而无须承担相应责任，这在实践中可能不利于个人信息权益的保护，故本法第 21 条规定了委托处理个人信息的合同应当约定的内容，以此来加强对受托人个人信息保护的约束。从另一方面来说，如果受托人能自主决定个人信息的处理目的、处理方式，则其已经是个人信息处理者而无须适用本条规定。

依本条规定，受托人仅因采取必要措施保障所处理的个人信息的安全和协助个人信息处理者履行本法规定的义务时，才需要“依照本法和有关法律、行政法规的规定”作出某些行为或不作某些行为。不过，本法中的某些规定也可能成为保障所处理的个人信息安全所必要的措施，因此受托人也存在适用这些条文的可能。如本法第 51 条所规定的确保个人信息安全的措施，作为受托人也应当遵守；第 52 条规定，处理个人信息的数量达到规定数量时须指定个人信息保护负责人；第 54 条规定对个人信息处理活动进行合规审计；第 57 条规定泄露、篡改、丢失个人信息时的补救和通知义务，这些规定也有成为确保个人信息安全的必要措施的可能。此外，当本法和其他法律、行政法规的规定成为委托处理个人信息的合同约定时，也就成为受托人应当履行的义务。

关联法规

《数据安全法》第 40 条；《儿童个人信息网络保护规定》第 16 条

第六章　履行个人信息保护职责的部门

第六十条　【履行个人信息保护职责的部门】国家网信部门负责统筹协调个人信息保护工作和相关监督管理工作。国务院有关部门依照本法和有关法律、行政法规的规定，在各自职责范围内负责个人信息保护和监督管理工作。

县级以上地方人民政府有关部门的个人信息保护和监督管理职责，按照国家有关规定确定。

前两款规定的部门统称为履行个人信息保护职责的部门。

条文解读

本条是关于履行个人信息保护和监督管理职责的部门的规定。

本条延续我国网络治理顶层设计方案，授权国家网信部门负责个人信息保护工作的统筹协调和监督管理两方面职责。国家网信部门在我国网络治理方面的综合性、协调性角色定位体现了我国网络治理机制的实践经验和创新智慧所在。一直以来，我国在网络治理方面，存在部分职责不清、各自为战乃至执法推诿的问题。2014 年 2 月，中央网络安全和信息化领导小组成立，全面统筹涉及经济、政治、文化 、社会、军事等各领域内网络安全和信息化重大事项，实现最高决策，以中央网络安全和信息化办公室作为办事机构，国家互联网信息办公室行使具体职权；2014 年 8 月，国务院发出通告，授权重新组建的国家互联网信息办公室负责全国互联网信息内容管理工作，并负责监督管理执法，升级我国网络治理顶层设计；2016 年 11 月 7 日，《网络安全法》以法律形式明确国家网信部门的统筹协调职能。因此，以 2014 年中央网络安全和信息化领导小组的成立为标志，我国网络治理顶层设计迈入新阶段，重新组建后的网信部门在我国网络治理体系中更具主导性、综合性，在原有多部门各负职责的基础上，强化统筹协调能力。本条对国家网信部门对个人信息保护统筹协调和相关监督管理职责的授权实则与网信部门当前的治理角色定位一脉相承。

本条第 1 款规定国务院有关部门依法在各自职责范围内负责个人信息保护和监督管理工作。随着网络对社会生产生活各行业、领域的融合、渗透，个人信息保护问题已经并非某一行业、领域的单一性问题，而是全行业、领域所面临的共性问题，并呈现出复杂性、多样性和广泛性的需求。因此，由各行业主管部门各司其职在各自职责范围内负责个人信息保护和监督管理工作，从监管模式选择的角度考虑，有其合理性和必要性，能够更加具有针对性、更加及时地回应本行业内个人信息保护需求。另外，我国此前对于个人信息监管职责的划分一直处于分散授权的状态，相应的监管职责授权涉及网信、工信、公安、市场监管总局、人民银行、银保监会、邮政等多个部门，若新设专门的个人信息保护监管机构，还需要将此前法律、行政法规已经明确授权的各主管部门个人信息保护相关监管职权加以剥离，统一由新设或新指定的专门监管机构行使，无疑成本巨大，新设监管机构也面临人手、经验、专业性等多方面考验。相比于合并建立单一机构，此种多部门统筹协调合作模式，无须涉及现有监管部门的调整，不影响日常监管执法工作。因此，此前法律、行政法规中对多部门共同负责个人信息保护监管事项的授权，也在一定程度上决定了我国个人信息保护监管职权分散配置的基本定位。

适用要点

本条在实施过程中还应当着力推进网信部门、各部门之间的合作与协力，确保多部门间个人信息保护监管执法的一致性，避免多部门监管交叉重叠可能出现的问题，扬长避短、充分发挥多部门统筹协作监管的优势。网信部门统筹协调、各部门负责各自职责内监管事项的多部门监管机制在《网络安全法》中已有所体现。《网络安全法》在2017年6月1日正式实施，全国人大常委会在其刚刚实施3个月即启动了执法检查工作，检查结果显示网络安全监管"九龙治水"现象仍然存在：在发生信息泄露、滥用用户个人信息等信息安全事件后，用户又经常遇到投诉无门、部门之间推诿扯皮的问题；在遇到网络安全问题后，用户不知该向哪个部门举报和投诉，即使举报了也往往不予处理或者没有结果；参加座谈的多数网络运营单位反映，行政执法过程中存在不同执法部门对同一单位、同一事项重复检查且检查标准不一等问题，不同法律实施主管机关采集的数据还不能实现"互联互通"，经常给网络运营商增加额外负担。此后，在网络安全领域，网信部门通过与其他部门开展联合执法工作，如中央网信办、工信部、公安部、市场监管总局联合开展"App违法违规收集使用个人信息专项治理行动"，便是典型尝试。可以预期的是，在本法实施过程中，必然也会面临不同主管部门之间执法需求、执法重点乃至执法标准不一致的问题，确实需要充分发挥网信部门的统筹协调职责，通过增进多部门之间自愿协作的意愿、加强多部门之间协作的制度约束等方式，促进不同行业、行业监管部门以及中央和地方不同层级监管机构之间的一致性。

个人信息保护问题属于具有广泛性的民生问题，不仅当前互联网等线上业务模式收集使用个人信息，而且传统线下消费者领域内也收集使用个人信息，本条规定履行个人信息保护职责的部门包含县级以上地方人民政府有关部门，便于在更大范围内动员和利用个人信息保护监管执法力量，并且由县级以上地方人民政府有关部门属地监管执法，也有利于个人较为便利的维权。与此同时，对于部分个人信息保护监管事项对履行个人信息保护职责的部门的专业性具有较高要求，本法第66条第2款针对严重违反本法规定处理个人信息或者处理个人信息未履行本法规定的个人信息保护义务的认定与追责，仅限省级以上履行个人信息保护职责的部门有权处以责令改正，没收违法所得，并处5000万元以下或者上一年度营业额5%以下罚款，并可以责令暂停相关业务或者停业整顿、通报有关主管部门吊销相关业务许可或者吊销营业执照；对直接负责的主管人员和其他直接责任人员处10万元以上100万元以下罚款，并可以决定禁止其在一定期限内担任相关企业的董事、监事、高级管理人员和个人信息保护负责人。该款规定了较为严格的法律责任，参考了欧盟《通用数据保护条例》的规定实施高额罚款，采用"上一年度营业额"作为罚款计算标准，一旦实施将对个人信息处理者具有极大影响，为确保处罚的权威性和专业性，规定对于该条款的处罚权限由省级以上履行个人信息保护职责部门实施。

关联法规

《网络安全法》第8条

第六十一条　【个人信息保护职责】履行个人信息保护职责的部门履行下列个人信息保护职责：

（一）开展个人信息保护宣传教育，指导、监督个人信息处理者开展个人信息保护工作；

（二）接受、处理与个人信息保护有关的投诉、举报；

（三）组织对应用程序等个人信息保护情况进行测评，并公布测评结果；

（四）调查、处理违法个人信息处理活动；

（五）法律、行政法规规定的其他职责。

条文解读

本条是关于履行个人信息保护职责的部门的基本职责的规定。

本条明确列举的个人信息保护职责包括以下四项：

(1)开展个人信息保护宣传教育，指导、监督个人信息处理者开展个人信息保护工作。开展个人信息保护宣传教育工作，对于提升全社会个人信息保护水平十分必要。一方面，个人信息保护宣传教育工作面向个人信息处理者开展，对其进行个人信息保护法律、政策的宣传解读，提升其守法意识，知敬畏、守底线，确保个人信息处理行为不逾越法律的红线；另一方面，个人信息保护宣传教育工作也面向个人信息主体开展，在全社会范围内提升个人信息保护意识。指导、监督个人信息处理者开展个人信息保护工作表现为履行个人信息保护职责的部门与个人信息处理者之间互动的两种方式：一种是以劝告、指引、鼓励等非强制性方式引导个人信息处理者合法合规开展个人信息保护工作；另一种是以行政权的强制性方式迫使个人信息处理者履行个人信息保护法定义务。

(2)接受、处理与个人信息保护有关的投诉、举报。目前，我国尚未建立专门的个人信息保护投诉、举报渠道，全国人大常委会在就《网络安全法》的执法检查工作中发现，在发生信息泄露、滥用用户个人信息等信息安全事件后，还存在用户投诉无门、用户不知该向哪个部门举报，甚至举报了有关部门也往往不予处理或者没有反馈等问题。本条第 2 项明确由履行个人信息保护职责的部门接受、处理与个人信息保护有关的投诉、举报，确保人民群众知道用、敢于用、能够用投诉举报机制，参与个人信息保护工作。需要指出的是，投诉和举报是有区别的：投诉是指发生争议后，投诉者向有关部门反映自己的权益遭受侵害的事实，请求协助解决争议的行为；举报是指公民、法人或者其他组织向有关部门反映其他主体存在的违法行为，但这种违法行为未必对其自身权益造成了直接侵害。

(3)组织对应用程序等个人信息保护情况进行测评，并公布测评结果。当前，移动互联网应用程序得到广泛应用，在促进经济社会发展、服务民生等方面发挥了不可替代的作用。同时,鉴于应用程序强制授权、过度索权、超范围收集个人信息的现象大量存在,中央网信办、工信部、公安部、市场监管总局四部门开展 App 违法违规收集使用个人信息专项治理。本条第 3 项规定的测评,可以认为是专项行动有益成果的立法确认。履行个人信息保护职责的部门通过测评,可以详细了解到应用程序收集使用用户个人的信息情况;公布测评结果不仅会从侧面敦促应用程序运营者依法处理、保护用户个人信息,而且能够借助应用商店下架等方式避免更多的民众使用存在问题的应用程序。

(4)调查、处理违法个人信息处理活动。行政调查是行政主体为了实现一定的行政目的,依其职权向行政相对人收集与公务有关的信息的活动。本法第 63 条规定了履行个人信息保护职责的部门在履行个人信息保护职责时,能够采取询问有关当事人、查阅或复制当事人与个人信息处理活动有关的资料、实施现场检查、检查与个人信息处理活动相关的设备或物品多项调查措施。行政处理是指行政主体为了实现相应法律、法规和规章所确定的行政管理目标和任务,而依行政相对人申请或依职权处理涉及特定行政相对人某种权利义务事项的具体行政行为。本法在第 7 章法律责任部分规定了履行个人信息保护职责的部门确认个人信息处理者存在违反本法规定处理个人信息行为的,由履行个人信息保护职责的部门责令改正、予以警告,没收违法所得,对违法处理个人信息的应用程序,责令暂停或者终止服务;拒不改正的,并处 100 万元以下罚款等多项行政处罚措施。

适用要点

本条所规定的是履行个人信息保护职责的部门的基本职责。与此同时,本法还进一步作了相关规定以配合本条的落实。如本法第 63 条规定了履行个人信息保护职责的部门在履职中可以采取的措施。又如,为了做好“接受、处理与个人信息保护有关的投诉、举报”工作,本法第 65 条就规定履行个人信息保护职责的部门应当公布接受投诉、举报的联系方式。并且,收到投诉、举报的部门应当依法及时处理,并将处理结果告知投诉、举报人。为了有效地履行个人信息保护指导这一职责,第 62 条规定由国家网信部门统筹协调推进相关工作,如制定个人信息保护具体规则、标准,支持研究开发和推广相关技术,推进个人信息保护社会化服务体系建设等。这些配套条款既是本条规定的职责的保障也是指引,因此在具体落实中,需要将本章中的各条款综合起来适用。

关联法规

《网络安全法》第 56 条;《行政处罚法》

第六十二条 【国家网信部门统筹协调职能】国家网信部门统筹协调有关部门依据本法推进下列个人信息保护工作:

(一)制定个人信息保护具体规则、标准;

(二)针对小型个人信息处理者、处理敏感个人信息以及人脸识别、人工智能等新技术、新应用,制定专门的个人信息保护规则、标准;

(三)支持研究开发和推广应用安全、方便的电子身份认证技术,推进网络身份认证公共服务建设;

(四)推进个人信息保护社会化服务体系建设,支持有关机构开展个人信息保护评估、认证服务;

(五)完善个人信息保护投诉、举报工作机制。

条文解读

本条是关于国家网信部门统筹协调职能的具体内容的规定。

本条第 1 项规定了国家网信部门统筹协调有关部门制定个人信息保护具体规则、标准，从而在个人信息保护规则、标准等抽象行政行为方面实现统筹协调。相较于一般性地认可履行个人信息保护职能的部门能够通过制定行政规范的方式执行和实施本法，本条第 1 项意在指出国家网信部门对于个人信息保护规则、标准方面的制定同样具有统筹协调职能，以便在行政规范层面实现个人信息保护规则、标准的一致性，避免部门利益法制化。

本条第 2 项规定了国家网信部门统筹协调有关部门针对小型个人信息处理者、处理敏感个人信息以及人脸识别、人工智能等新技术、新应用，制定专门的个人信息保护规则、标准。虽然这具有一定的规范但规范方案尚不成熟。所以，为了不影响本法的整体立法进程，明确由国家网信部门制定前述各领域个人信息保护规则、标准，也具有一定的授权性色彩。

本条第 3 项规定了支持研究开发和推广应用安全、方便的电子身份认证技术，推进网络身份认证公共服务建设。网络身份是指可以在网络空间中识别参与网络活动各主体身份的标识，主要用于实现网络空间中身份认证、授权管理和责任认定等活动。网络可信身份对于营造、维系可信、安全的网络环境、促进网络健康发展具有重要战略意义。我国在《网络安全法》中明确将网络可信身份建设提升到战略高度，并明确支持研究开发安全、方便的电子身份认证技术，推动不同电子身份之间的互认，以推动建立网络可信身份技术方案和规划实施。目前，我国法定信任基础级电子身份主要包括公安部第一研究所推进的居民身份网络可信凭证（简称“网证”或“CTID”）和公安部第三研究所推进的公民网络电子身份标识（简称 eID），二者均与公民真实法定身份相关，共同推进网络身份认证公共服务建设。

本条第 4 项规定了推进个人信息保护社会化服务体系建设，支持有关机构开展个人信息保护评估、认证服务。社会化服务机构是参与和推进个人信息保护工作的重要力量，对提高我国个人信息保护整体水平发挥着积极的作用。个人信息保护评估、认证服务是按照相关标准和操作规程所进行的合格评定程序,是我国《标准化法》确立的重要制度,也是国际通用做法。在我国个人信息保护实践中,保护评估、认证服务发挥着越来越重要的作用。如中央网信办、工信部、公安部、市场监管总局连续两年开展"App 违法违规收集使用个人信息专项治理行动",专项工作的主要内容便是委托专业评估机构开展 App 隐私政策和个人信息收集使用情况的评估工作。个人信息相关认证工作也在我国逐步推进,2019 年 3 月,市场监管总局、中央网信办发布公告,决定开展 App 安全认证工作,鼓励 App 运营者自愿通过 App 安全认证,并鼓励搜索引擎、应用商店等明确标识并优先推荐通过认证的 App,截至 2020 年 9 月该项认证工作已经有首批 18 款 App 通过认证,获得"移动互联网应用程序(App)安全认证"。

本条第 5 项规定了国家网信部门统筹协调各部门推进完善个人信息保护投诉、举报工作机制。一直以来,国家对公众参与个人信息保护工作具有深刻的认识,通过开设电话举报热线、举报网站、举报信箱等方式鼓励公众积极参与该工作。人民群众离个人信息处理者最近,并且是违法违规个人信息处理行为的直接受害者,因而也是个人信息保护中最为可靠的力量来源。通过构建投诉、举报工作机制可以拓展公众参与个人信息保护治理的渠道,为监管部门发现和打击个人信息保护相关违规行为提供帮助,有效改善监管力量不足的问题,同时有助于构建社会共治的个人信息保护监管的工作格局。

适用要点

在我国实践中,网信部门已经在扮演统筹协调有关部门制定个人信息保护规则、标准的角色,如国家互联网信息办公室秘书局会同工业和信息化办公厅、公安部办公厅、市场监管总局办公厅的形式联合发布的《App 违法违规收集使用个人信息行为认定方法》,从而统一各监督管理部门认定 App 违法违规收集使用行为的认定标准。可以预期的是,未来我国个人信息保护相关规则、标准的制定也将更多地体现为国家网信部门会同其他部门联合发布的形式，实现联合决策，并且多部门联合制定的行政规范优先于同层级的一个部门单独作出的规定。另外，除了联合发文的显性方式外，本条的规定也在事实上影响其他履行个人信息保护职能的部门，在自身制定个人信息保护规则、标准时，也会在行政规范制定过程中，事先征求国家网信部门的意见，以达到一定程度上联合决策的效果，确保规则、标准在各部门之间的一致性，增进监管协力。

关联法规

《网络安全法》第 14、24 条

第六十三条　【个人信息保护监督检查措施及当事人的协助配合义务】履行个人信息保护职责的部门履行个人信息保护职责，可以采取下列措施：

（一）询问有关当事人，调查与个人信息处理活动有关的情况；

（二）查阅、复制当事人与个人信息处理活动有关的合同、记录、账簿以及其他有关资料；

（三）实施现场检查，对涉嫌违法的个人信息处理活动进行调查；

（四）检查与个人信息处理活动有关的设备、物品；对有证据证明是用于违法个人信息处理活动的设备、物品，向本部门主要负责人书面报告并经批准，可以查封或者扣押。

履行个人信息保护职责的部门依法履行职责，当事人应当予以协助、配合，不得拒绝、阻挠。

条文解读

本条是关于个人信息保护监督检查措施及当事人的协助配合义务的规定。

本条第 1 款规定了履行个人信息保护工作职责的部门履行各自个人信息保护监督管理职责,对个人信息处理者、个人信息处理活动进行监督检查时可以采取的监督检查措施。根据本法第 60 条的规定,县级以上地方人民政府履行个人信息保护职责的部门均有权采取本条第 1 款规定的各项监督检查措施。从功能和性质上划分,本条第 1 款中所规定的监督检查措施可以分为行政检查措施和行政强制措施两类。"询问有关当事人""查阅、复制当事人与个人信息处理活动有关的合同、记录、账簿以及其他有关资料""实施现场检查""检查与个人信息处理活动有关的设备、物品"属于行政检查措施,是履行个人信息保护职责的部门处理违法个人信息处理活动,为了查处违法行为或收集和保全证据,在调查中所采取的行政措施。"对有证据证明是用于违法个人信息处理活动的设备、物品,向本部门主要负责人书面报告并经批准,可以查封或者扣押"属于行政强制措施,是履行个人信息保护职责的部门处理违法个人信息处理活动时,为制止违法行为、防止证据毁损、避免危害发生、控制危害扩大等,依法对个人信息处理活动有关的设备、物品进行暂时性控制的行政强制措施。本条的规定一方面是对履行个人信息保护职责的部门行使检查权和强制权的确认和保障,使其能够依法积极地查处违法个人信息处理行为或防止该行为的发生,保护公众的个人信息权益及其他人身财产安全以及社会公共利益等;另一方面是对履行个人信息保护职责的部门行使检查权和强制权的规范和制约,避免行政检查措施、行政强制措施的滥用对个人信息处理者等主体的合法权益造成侵害。

根据本条第 1 款的规定,履行个人信息保护职责的部门可以采取以下四项具体措施:

(1)询问有关当事人。即询问与被调查事件有关的单位和个人,要求其对与被调查事件有关的事项作出说明。履行个人信息保护职责的部门要了解事件的事实真相,需要从各个角度进行调查,其中包括询问当事人,要求其对与被调查事件有关的事项作出说明。

(2)查阅、复制有关资料。与个人信息处理活动相关的合同、记录、账簿以及其他有关资料(包括纸质资料和电子资料)具有很高的证明价值,查阅、复制前述资料是保证县级以上履行个人信息保护职责的部门依法履行个人信息保护监督检查职责,查清违法事实,获取书证的重要手段。通过查阅、复制有关资料,可以掌握是否存在违法个人信息处理活动,其行为性质、情节轻重、危害后果如何,从而为履行个人信息保护职责的部门作出处罚决定提供依据。就个人信息处理活动而言,需要查阅、复制的资料包括但不限于:第一,个人信息处理活动合法性依据的证明材料,如基于个人同意进行的个人信息处理活动,应查阅、复制本法第 17 条中规定的:在处理个人信息前,向个人信息主体履行告知义务、个人同意个人信息处理活动等的证明资料,如为订立、履行个人作为一方当事人的合同所必须进行个人信息处理,应查阅、复制相关合同;第二,委托他人进行个人信息处理、与其他个人信息处理者共同处理个人信息、与境外接收方签订的标准合同等相关合同情况;第三,个人向个人信息处理者行使其在个人信息处理活动中各项权利的记录、个人信息处理行为的操作日志记录;第四,个人信息处理活动内部管理制度和操作规程、个人信息保护影响评估记录、合规审计记录等。

(3)现场检查。履行个人信息保护职责的部门可以派检查人员进入违法个人信息处理活动相关的个人信息处理者、受托处理者等所在的场地,通过听取汇报、查验有关资料等方式进行实地检查。具体来说,可以对个人信息处理活动的合规性,如贯彻落实本法及其他个人信息保护法律、法规以及各项规定的情况进行检查,对前述主体个人信息处理活动的安全性进行检查,等等。在现场检查中,履行个人信息保护职责的部门可以通过查台账、采数据、看制度等多种方式,对个人信息处理操作行为、个人信息处理采取的加密、去标识化等安全技术措施、个人信息处理操作规程等进行全面检查,从而确认是否存在违法的个人信息处理活动。履行个人信息保护职责的部门实施现场检查,应当遵循一定的程序,避免影响被检查主体合法、正常的生产经营活动。对于违法个人信息处理活动无关的场所,不得进入检查。被检查主体不得拒绝、阻挠;否则,可以依照《治安管理处罚法》的有关规定给予治安管理处罚。构成犯罪的,可以依照《刑法》的有关规定追究刑事责任。

(4)检查有关设备、物品并依法定程序进行查封、扣押。对与被调查个人信息处理活动有关的设备、物品,有可能被转移、隐匿或者销毁、毁坏的,为制止违法行为、防止证据损毁、避免危害发生、控制危险扩大等情形,履行个人信息保护职责的部门可以查封或者扣押,进行暂时性控制。"查封"是指履行个人信息保护职责的部门以张贴封条或其他必要措施,将有证据证明用于违法个人信息处理活动的设备、物品封存起来,未经查封部门许可,任何单位和个人不得启封、动用。"扣押"是指履行个人信息保护职责的部门将上述设备、物品等运到另外的场所予以扣留。应当注意的是,查封、扣押有关设备、物品属于比较严密的行政强制措施,履行个人信息保护职责的部门在进行查封、扣押时必须符合法定条件,遵循法定程序,妥善行使行政强制权,对违法实施行政强制措施造成相对人损害的及时予以法律救济。

本条第 2 款规定了当事人对于履行个人信息保护职责的部门协助、配合义务。协助、配合行政机关执法为公民的基本义务。具体来说,当事人对于履行个人信息保护职责的部门的协助、配合义务表现为:如实回答履行个人信息保护职责的部门的询问,不得虚假陈述;应履行个人信息保护职责的部门要求提供其所查阅、复制的有关资料,不得隐匿、销毁、伪造有关资料;不得阻挠甚至暴力抗拒履行个人信息保护职责的部门的检查人员实施现场检查、查封、扣押等。我国《行政处罚法》第 32 条明确规定,当事人配合行政机关查处违法行为有立功表现的,构成从轻或减轻行政处罚的法定事由。

适用要点

除本条规定的向本部门主要负责人书面报告并经批准外，履行个人信息保护职责的部门决定实施行政强制措施的，需要遵守《行政强制法》第18、19、24、25条规定的程序，包括由两名以上行政执法人员实施，当场告知当事人采取行政强制措施的理由、依据以及当事人依法享有的权利、救济途径，听取当事人的陈述和申辩，制作现场笔录，现场笔录由当事人和行政执法人员签名或者盖章等程序；情况紧急，需要当场实施行政强制措施的，行政执法人员应当在24小时内向行政机关负责人报告，并补办批准手续。行政机关负责人认为不应当采取行政强制措施的，应当立即解除。同时，还应当按照《行政强制法》第24条的规定制作并当场交付查封、扣押决定书和清单。另外，本条并未对查封、扣押的期限作出特别规定，根据《行政强制法》第25条的规定，查封、扣押的期限不得超过30日；情况复杂的，经行政机关负责人批准，可以延长，但是延长期限不得超过30日。

关联法规

《行政强制法》第18、19、24、25条；《行政处罚法》第32条

第六十四条 【个人信息安全风险处置及侵害公民个人信息事件移送处理】履行个人信息保护职责的部门在履行职责中，发现个人信息处理活动存在较大风险或者发生个人信息安全事件的，可以按照规定的权限和程序对该个人信息处理者的法定代表人或者主要负责人进行约谈，或者要求个人信息处理者委托专业机构对其个人信息处理活动进行合规审计。个人信息处理者应当按照要求采取措施，进行整改，消除隐患。

履行个人信息保护职责的部门在履行职责中，发现违法处理个人信息涉嫌犯罪的，应当及时移送公安机关依法处理。

条文解读

本条是关于履行个人信息保护职责的部门在履职过程中，发现较大个人信息安全风险或侵害公民个人信息事件处置机制的特别规定。

对于个人信息处理活动存在较大风险或者发生个人信息安全事件的，履行个人信息保护职责的部门可以按照规定的权限和程序对该个人信息处理者的法定代表人或者主要负责人进行约谈。自《网络安全法》颁布以来，相关主管部门约谈相对人的情形十分常见。前文已述，约谈是指行政主体在相对人有违法意图或轻微违法时，通过约请谈话、说明教导、提出警示的方式建议相对人纠正违法行为，以避免违法之风险的行为。约谈行为在实践中发展出决策参谋型、纠纷协调型、违法预警型、执法和解型、督办处罚型等多种形式。在实践中，一方面应当避免约谈强制化，坚持行政约谈属于行政指导行为，通过劝导、协助、鼓励个人信息处理者采取相应行为达到行政目的；另一方面应当避免约谈过度化，既包括避免过度依赖约谈出现“以谈代罚”不当豁免个人信息处理者违法行为法律责任的情形，也包括谨慎适用约谈，以免造成对市场的不当干预。

对于个人信息处理活动存在较大风险或者发生个人信息安全事件的，履行个人信息保护职责的部门也可以要求个人信息处理者委托专业机构对其个人信息处理活动进行合规审计。合规审计属于本法新设的制度机制，包括本法第54条中个人信息处理者定期合规审计，以及本条中所述要求个人信息处理者委托专业机构进行合规审计两种情形，其目的在于确认个人信息处理活动遵守法律、行政法规的具体情况，通过合规审计的方式揭示个人信息处理活动中存在的具体风险，进而明确改进个人信息保护现状的途径，最终使个人信息处理活动符合法律、行政法规的具体要求。本条虽然提及专业机构，但并未明确开展合规审计的机构是否需要具备相应的资质，我们可以将其理解为个人信息保护社会化服务的具体类型。

本条也规定了个人信息处理者应当按照要求采取措施，进行整改，消除隐患。实践中存在一种情况：履行个人信息保护职责的部门在履行职责时，发现个人信息处理活动存在较大风险或者发生个人信息安全事件，但依照其风险或事件影响程度，尚未构成个人信息处理活动违法，而事实上对个人信息保护存在重大隐患的。比如，个人信息处理者未能及时更新个人信息安全事件应急预案或者个人信息安全事件应急预案科学性存在欠缺，但尚未引起个人信息安全事件的发生，此时，履行个人信息保护职责的部门可以提出相应的整改建议，个人信息处理者及时进行整改，消除隐患，即可视为其履行了相应义务。

同时，非法处理个人信息的行为，还可能触犯《刑法》有关侵害公民个人信息罪的规定。我国在个人信息保护问题的立法进程上，呈现出"刑法先行"的特点，在本法出台前，率先通过的《刑法修正案（七）》《刑法修正案（九）》明确了侵害公民个人信息罪，通过刑罚打击的方式提高震慑。为实现本法与《刑法》中"侵害公民个人信息罪"的有效对接，本条规定，履行个人信息保护职责的部门在履行职责中，发现违法处理个人信息涉嫌犯罪的，应当及时移送公安机关依法处理。

适用要点

自《网络安全法》颁布以来，相关主管部门约谈相对人的情形十分常见，本法及《数据安全法》也均明确了约谈制度。约谈是行政主体在相对人有违法之虞或轻微违法时，通过约请谈话、说明教导、提出警示的方式建议相对人纠正违法行为，以避免违法之风险的行为，并在实践中发展出决策参谋型、纠纷协调型、违法预警型、执法和解型、督办处罚型等多种模式。在实践中，一方面应当坚持行政约谈属于行政指导行为，通过劝导、协助、鼓励个人信息处理者采取相应行为达到行政目的，避免约谈强制化；另一方面应当避免约谈过度化，既包括避免过度依赖约谈出现“以谈代罚”不当豁免个人信息处理者违法行为法律责任的情形，也包括秉持谦抑品格谨慎适用约谈，以免造成对市场的不当干预。

关联法规

《刑法》第 253 条之一；《最高人民法院、最高人民检察院关于办理侵犯公民个人信息刑事案件适用法律若干问题的解释》

第六十五条　【投诉、举报权益保障】任何组织、个人有权对违法个人信息处理活动向履行个人信息保护职责的部门进行投诉、举报。收到投诉、举报的部门应当依法及时处理，并将处理结果告知投诉、举报人。

履行个人信息保护职责的部门应当公布接受投诉、举报的联系方式。

条文解读

本条是关于公民就违法个人信息处理活动投诉、举报权利以及履行个人信息保护职责的部门依法处理投诉、举报义务的规定。

本条第 1 款规定了任何组织、个人有权对违法个人信息处理活动进行投诉、举报。对违法行为进行投诉、举报是公民监督权的具体内容。对于个人信息保护而言，投诉、举报机制的有效运转能够极大地提升履行个人信息保护职责的部门发现违法个人信息处理活动的概率，提升监管的有效性和针对性。比如，面对 400 多万个 App 治理，中央网信办、工信部、公安部、市场监管总局在联合开展 App 违法违规收集使用个人信息专项治理行动时，专门设立了微信公众号“App 个人信息举报”等投诉举报渠道，便利广大网民提供 App 违法违规收集使用个人信息行为的相关线索，并通过对举报线索的梳理、核实，将问题反映集中、用户数量大、与民众生活密切相关的 App，纳入评估范围。从举报情况来看，广大网民已经成为个人信息违法违规行为线索发现的主力军。本条对违法个人信息处理活动的投诉、举报不限于收到违法个人信息处理活动侵害的具体个人，实践中个人信息保护社会化服务机构、消费者权益保护组织以及本法第 70 条中规定的由国家网信部门确定规定组织、新闻媒体乃至违法个人信息处理者的竞争对手等，均可行使监督权，并可以向履行个人信息保护职责的部门进行投诉、举报。

与任何组织、个人的投诉、举报权利相对应，本条第 1 款还规定了履行个人信息保护职责的部门在收到投诉、举报后，应当依法及时处理并将处理结果告知投诉、举报人的义务。第一，具体收到投诉、举报的履行个人信息保护职责的部门应当依法处理投诉、举报事宜。依法处理体现在对于属于本部门职责范围内的个人信息保护事项，应当核实投诉、举报线索，依据本法第 63 条的规定采取措施确认是否存在投诉、举报所述违法个人信息处理活动，如投诉、举报事项不属于本部门职责范围内事项，应当将其移交给相应的有权部门进行处理。第二，履行个人信息保护职责的部门应当及时处理投诉、举报事宜，体现了对于履行个人信息保护职责部门的时限性要求。若其在收到投诉、举报后没有正当事由未及时处理，则构成行政违法或行政不作为。第三，履行个人信息保护职责的部门应当将投诉、举报的处理结果告知投诉、举报人。投诉、举报后，如不能得到处理回复，不清楚投诉、举报是否被处理及处理进展，会影响组织、个人投诉、举报的积极性，折损制度价值。规定履行个人信息保护职责的部门的告知义务能够避免其拖延、推诿处理的情况。

本条第 2 款明确规定履行个人信息保护职责的部门负有信息公开义务，应当公布接受投诉、举报的联系方式（包括电话、举报邮箱和地址等信息），这有利于投诉人和举报人快速获悉监管部门的联系方式，从而减轻投诉、举报成本。如前所述，我国目前暂未建立专门的个人信息保护投诉、举报渠道。本法第62条第5项规定了国家网信部门统筹协调有关部门完善个人信息保护投诉、举报工作机制。有望在未来进一步顺畅投诉、举报工作机制，甚至类似于消费者权益保护领域设立投诉举报专用号码的形式。此外，中央网信办、工信部、公安部、市场监管总局在联合开展App违法违规收集使用个人信息专项治理行动时，设立专门投诉、举报微信公众号"App个人信息举报"的方式，也颇具参考性。

适用要点

本条所称的"投诉、举报"不同于个人信息处理者内部的投诉和举报。如《网络安全法》第49条第1款规定，网络运营者应当建立网络信息安全投诉、举报制度，公布投诉、举报方式等信息，及时受理并处理有关网络信息安全的投诉和举报。此处的投诉举报渠道为个人信息处理者内部设置、便于用户维护自身权益的权利行使和救济机制，并非本条所述的带有监督属性的投诉、举报。

关联法规

《网络安全法》第14条；《数据安全法》第12条

第七章 法律责任

第六十六条 【行政处罚】违反本法规定处理个人信息，或者处理个人信息未履行本法规定的个人信息保护义务的，由履行个人信息保护职责的部门责令改正，给予警告，没收违法所得，对违法处理个人信息的应用程序，责令暂停或者终止提供服务；拒不改正的，并处一百万元以下罚款；对直接负责的主管人员和其他直接责任人员处一万元以上十万元以下罚款。

有前款规定的违法行为，情节严重的，由省级以上履行个人信息保护职责的部门责令改正，没收违法所得，并处五千万元以下或者上一年度营业额百分之五以下罚款，并可以责令暂停相关业务或者停业整顿、通报有关主管部门吊销相关业务许可或者吊销营业执照；对直接负责的主管人员和其他直接责任人员处十万元以上一百万元以下罚款，并可以决定禁止其在一定期限内担任相关企业的董事、监事、高级管理人员和个人信息保护负责人。

条文解读

本条是关于违法处理个人信息行政责任的规定。

本条规定了个人信息处理者违反本法规定处理个人信息或者处理个人信息未履行本法规定的个人信息保护义务时需要承担的行政责任，与本章规定的民事责任、刑事责任等共同构成了较为完善的个人信息保护综合法律责任体系。

在《个人信息保护法》颁布之前，我国已经开始重视构建个人信息保护行政责任体系。其中，《消费者权益保护法》和《网络安全法》的规定最为典型。〔1〕

从行政责任形式与承担的角度来说，《消费者权益保护法》规定了"责令改正""警告""没收违法所得""罚款""责令停业整顿""吊销营业执照"等行政处罚措施，形成了较为多元的灵活的行政责任体系。《网络安全法》在《消费者权益保护法》的基础上，除了将"没收违法所得"的罚款上限由《消费者权益保护法》的"五十万元"提高至"一百万元"之外，新增了"责令暂停相关业务""关闭网站""吊销相关业务许可证"的处罚措施，并引入了对实施违法行为的单位与个人(包括直接负责的主管人员和其他直接责任人员)的行政处罚双罚制。

本条规定的个人信息保护行政责任较前述规定更加全面和严厉，顺应了全球加强行政监管的立法趋势，也契合了我国对保护个人信息的迫切需求。本条规定的行政责任特点突出，具体而言：第一，注重多种行政处罚方式的综合适用。除了前述立法上的"责令改正""警告""没收违法所得""罚款""责令暂停相关业务""停业整顿""吊销营业执照""吊销相关业务许可"责任形式，针对当下各类应用程序(App)违法处理个人信息的行为，规定了"责令暂停或者终止提供服务"，与我国当前加强规范应用程序处理活动的政策导向一致。第二，深化了单位和个人的行政处罚双罚制。在有相应违法行为的情形下，直接负责的主管人员和其他直接责

〔1〕《消费者权益保护法》第56条规定了在经营者侵害消费者个人信息权益时，由行政机关责令改正，根据情节单处或者并处警告、没收违法所得、处以违法所得1倍以上10倍以下的罚款，没有违法所得的，处以50万元以下的罚款；情节严重的，责令停业整顿、吊销营业执照。《网络安全法》第64条规定了网络运营者、网络产品或者服务的提供者侵害个人信息权益时，由行政机关责令改正，根据情节单处或者并处警告、没收违法所得、处违法所得1倍以上10倍以下罚款，没有违法所得的，处100万元以下罚款，对直接负责的主管人员和其他直接责任人员处1万元以上10万元以下罚款；情节严重的，并可以责令暂停相关业务、停业整顿、关闭网站、吊销相关业务许可证或者吊销营业执照。

任人员除了要承担行政罚款责任以外,处罚机关还可以决定“禁止其在一定期限内担任相关企业的董事、监事、高级管理人员和个人信息保护负责人”。第三,仍然延续以往立法,根据违法行为的情节轻重制定分级处罚制度,即区分为一般情节与情节严重。其中,在针对一般情节的处罚上,首先考虑实施“责令改正,给予警告,没收违法所得,对违法处理个人信息的应用程序,责令暂停或者终止提供服务”的处罚,只有当拒不改正违法行为时,才对单位和个人实施双罚制予以行政罚款。在针对情节严重的处罚上,本法规定了非常严厉的行政责任,其中包括规定了高额罚款责任。此种宽严相济的做法充分体现了本法既保护个人信息权益,规范个人信息处理活动,也要促进个人信息合理利用的立法思想。第四,就行政罚款而言,对于罚款数额的计算,各国有不同的立法例,包括乘积式、封顶式、数距式、封顶附加营业额百分比式等,我国采取的是封顶附加营业额百分比式的方式。特别需要注意的是,本条规定对情节严重的违法行为处5000万元以下或者上一年度营业额5%以下罚款,即实施高额罚款,此举强化了行政执法,可以在一定程度上解决侵害人违法与侵权的低成本问题,可以对信息处理者形成更强的威慑力。

需要指出的是,本条的规定仍然非常原则和抽象,为了实现执法的规范化,应当在理解本条的实施目标和任务基础上,在以后的实施中通过细则等形式明确本条规定的各类行政责任的构成要件、执法主体、执法对象、执法标准、执法程序等。

适用要点

1. 行政责任的构成要件

关于构成要件的规定,《个人信息保护法草案(一次审议稿)》和《个人信息保护法草案(二次审议稿)》采取的表述是“违反本法规定处理个人信息,或者处理个人信息未按照规定采取必要的安全保护措施的”,但是在审议通过的文本中,将后者修改为了“处理个人信息未履行本法规定的个人信息保护义务”。个人信息处理者的保护义务广泛，处理“采取必要的安全保护措施”之外，还有“合规审计”“个人信息保护影响评估”等内容，因此正式通过的文本表述能够囊括个人信息处理者更广泛的违法行为，可以尽量避免处罚漏洞。

具体而言，对“违反本法规定处理个人信息”和“处理个人信息未履行本法规定的个人信息保护义务”行为的理解需要结合本法对个人信息处理活动的规定来进行。另外需要指出的是，在传统《行政处罚法》确立的架构下，《个人信息保护法》规定的个人信息保护行政责任仍然坚持“客观违法”的一元归责原则，并不考究个人信息侵权者的主观心态程度，亦即不区分信息处理者主观上是存有故意还是过失。

2. 履行个人信息保护职责的部门的范围

根据《个人信息保护法》第60条的规定，履行个人信息保护职责的部门包括国家网信部门、国务院中负责个人信息保护和监管的部门、县级以上地方人民政府中负责个人信息保护和监管的部门。其中，国家网信部门范围明确。国务院中负责个人信息保护和监管的部门，范围则较宽泛。经过2018年的国务院机构改革，现行的国务院建制除国务院办公厅外，目前设置还有26个组成部门。[1] 显然，这26个国务院部门均可能在各自职责的范围内涉及个人信息的保护与监管，在特定领域都可被解释为“履行个人信息保护职责的部门”。例如中国人民银行、发改委、工信部、公安机关等。就县级以上地方人民政府中负责个人信息保护和监管的部门而言，范围也同样很宽泛。根据我国法律法规和部门规章的规定，县级

〔1〕 2018年3月23日，根据国务院机构改革方案，改革后，除国务院办公厅外，国务院设置组成部门26个。包括：外交部、国防部、国家发展和改革委员会、科学技术部、国家民族事务委员会、国家安全部、司法部、人力资源和社会保障部、生态环境部、交通运输部、农业农村部、文化和旅游部、退役军人事务部、中国人民银行、教育部、工业和信息化部、公安部、民政部、财政部、自然资源部、住房和城乡建设部、水利部、商务部、国家卫生健康委员会、应急管理部、审计署。

以上统计机构[1],县级以上测绘地理信息主管部门[2],县级以上卫生行政部门、卫生健康主管部门、卫生计生行政部门[3],县级以上旅游行政管理部门[4],县级以上建设(房地产)主管部门[5]等都具有针对侵害个人信息行为的行政处罚权。如前所述,本条规定根据违法行为的情节轻重实施分级处罚制度,即区分为一般情节与情节严重,因此,对本条第1款中针对一般违法行为的执法主体即履行个人信息保护职责的部门的范围的理解,应包含前述所有主体。但是,本条第2款针对情节严重的违法行为的执法主体则应作限缩解释。由于国家机构职能优化协同高效是推进国家治理体系和国家治理能力现代化的基本原则之一,因此高额罚款等责任的执法主体的确定要遵从科学合理和权责一致,并坚持一类事项原则上由一个部门统筹、一件事情原则上由一个部门负责,避免政出多门、责任不明、推诿扯皮。因此,要坚持有统有分、有主有次,即以网信部门为牵头单位,其他部门共同参与的联合执法机制。在这一机制中,网信部门作为牵头单位负责联合调查的组织协调工作,其他部门根据各自管辖领域和执法权限参与其中,进而实现统筹协调,各司其职。

3."情节严重"的认定

本条第2款针对高额罚款等行政责任规定的适用条件是情节严重的违法行为,但是对于情节严重的参考因素和认定标准仍有待进一步释明。对此本书以刑法的规定作为参考,以违反本法第10条规定的"任何组织、个人不得非法收集、使用、加工、传输他人个人信息,不得非法买卖、提供或者公开他人个人信息"为例,来说明情节严重的认定方法。

例如,从行为加重的角度可以设定为三种:(1)出售或者提供行踪轨

---

〔1〕《统计法》第39条;《统计执法监督检查办法》第46条;《新闻出版统计管理办法》第28、35条。

〔2〕《测绘法》第65条;《地图管理条例》第35、47条。

〔3〕《基本医疗卫生与健康促进法》第102条;《结核病防治管理办法》第35、36条;《涉及人的生物医学研究伦理审查办法》第46条。

〔4〕《旅行社条例实施细则》第50、65条。

〔5〕《房地产经纪管理办法》第25、37条。

迹信息，被他人用于违法行为的；(2)知道或者应当知道他人利用个人信息实施违法行为，向其出售或者提供；(3)曾因侵犯个人信息2年内受过行政处罚，又非法获取、出售或者提供个人信息的。从结果加重的角度，可以将“情节严重”设定为五种：(1)非法获取、出售或者提供高度敏感个人信息30条以上；(2)非法获取、出售或者提供次级敏感个人信息300条以上；(3)非法获取、出售或者提供第(1)项、第(2)项规定以外的个人信息3000条以上；(4)违法所得3000元以上；(5)将在履行职责或者提供服务过程中获得的个人信息出售或者提供给他人，数量或者数额达到第(1)项至第(3)项规定标准一半以上。此外，虽然《个人信息保护法》等法律中没有规定“情节特别严重”的情形，但现实可能会发生违法处理个人信息从而导致人身伤害、经济损失和社会影响等结果。因此本书主张在后续的法律解释中，可以在“情节严重”的基础上增加“情节特别严重”的规定。“情节特别严重”可以包括四种情形：(1)造成被害人轻伤等后果；(2)造成较大经济损失或者较坏社会影响；(3)违反国家核心数据管理制度，危害国家主权、安全和发展利益；(4)数量或者数额达到前款规定标准5倍以上。

4. 高额罚款数额的确定

我国《行政处罚法》第5条第2款规定，设定行政处罚必须以事实为依据，与违法行为的事实、性质、情节以及社会危害程度相当。本条第2款规定的高额罚款作为一种行政处罚，也应遵循合理行政原则，即在设定罚款金额时应考虑到罚款的有效性、成比例性和劝诫性。有效性指罚款应当切实得到实施，成比例性指个案的罚款金额应当结合主体种类、行为和情节加以确定，劝诫性指罚款金额应当足以警告和惩罚违法主体的违法行为。[1] 欧盟《通用数据保护条例》第83条第2款同时从客观层面、主观层面和造成损害结果方面出发，规定了作出行政处罚的诸多参考因素，具体包括：结合相关处理的性质、范围或目的，被影响的信息主体的数

〔1〕 参见孙莹：《大规模侵害下个人信息高额罚款研究》，载《中国法学》2020年第5期。

量以及损害程度而确定的违法的性质、严重性与持续时间;违法的性质是基于故意还是过失;个人信息控制者或处理者为了减轻信息主体损失而采取的所有行动;结合控制者或处理者采取的符合欧盟《通用数据保护条例》的技术性与组织性措施而认定的控制者或处理者的责任程度;控制者或处理者之前的所有相关违法行为;为了纠正违法行为和减轻违法所造成的可能负面影响而和监管机构进行合作的程度;为违法行为所影响的个人信息类型;监管机构得知违法行为的方式,特别是控制者或处理者是否对违法行为进行了报告,以及在何种程度上进行了报告;如果对同一主题事项已经对控制者或处理者发布欧盟《通用数据保护条例》规定的措施,对这些措施是否遵守;遵守已生效的行为准则或认证机制;对于案件情形可以适用的所有加重或减轻因素,例如因为违法而直接或间接导致的经济收益、避免的损失。其在上述基础之上构建了高额罚款制度,并于第 83 条第 4、5、6 款规定了三种情况下不同的罚款额度。对此,我们可以予以借鉴。

在探讨了高额罚款数额确定的参考因素之后,还需要明确如何适用"五千万元以下或者上一年度营业额百分之五以下"。《行政处罚法》第 29 条规定:"对当事人的同一个违法行为,不得给予两次以上罚款的行政处罚。同一个违法行为违反多个法律规范应当给予罚款处罚的,按照罚款数额高的规定处罚。"有学者指出罚款"就高"的具体适用规则,认为"就高"并非以具体执法的罚款数额为标准,而是以法律规范中罚款数额规定为标准;对于有固定数额的罚款,直接适用数额高的规定;对于有幅度的罚款,"就高"先比较罚款上限,适用罚款上限高的规定;没有罚款上限或者罚款上限一致的,适用罚款下限高的规定;对于形式上难以比较数额高低的,则需根据案情等实际情况作出判断。[1] 本书赞同这种看法,因此,如果"上一年度营业额百分之五"高于 5000 万元,显然应当适用罚款上限较高的这种计算方法。对于此处上一年度营业额作何理解,有两

〔1〕 参见黄海华:《新行政处罚法的若干制度发展》,载《中国法律评论》2021 年第 3 期。

种不同看法：一种是认为此处仅指本国区域内的营业额；另一种是认为这里指全球营业额。以印度为例，《个人数据保护法案》规定，数据受托者违法的，应处以1.5亿印度卢比，或其上一财政年度全球总营业额4%的罚款（以两者中较高者为准），并规定"全球总营业额"系指利润亏损账目或与利润亏损账目同等性质、可适用的其他报表确认的总收入。该收入由印度境内外的销售、供应或分销货物或服务或由于提供服务或前述两者而产生的；数据受托者全球总营业额是数据受托者全球总营业额和数据受托者所有集团企业全球总营业额之和。

关联法规

《全国人民代表大会常务委员会关于加强网络信息保护的决定》第11条；《消费者权益保护法》第56条；《网络安全法》第64条；《电子商务法》第79条；《居民身份证法》第19条

案例指引

交通银行、华夏银行、兴业银行因违反信用信息采集等规定被予以行政处罚[1]

2021年8月20日，中国人民银行官网发布的行政处罚信息显示，交通银行、华夏银行、兴业银行因违反信用信息采集、提供、查询及相关管理规定，被罚款合计553万元。同时，时任交通银行太平洋信用卡中心风险

〔1〕 行政处罚决定文书号：银罚字〔2021〕23－24号，载中国人民银行官网2021年8月20日，http://www.pbc.gov.cn/zhengwugongkai/4081330/4081344/4081407/4081705/4322120/index.html；银罚字〔2021〕25号，载中国人民银行官网2021年8月20日，http://www.pbc.gov.cn/zhengwugongkai/4081330/4081344/4081407/4081705/4322135/index.html；银罚字〔2021〕26号，载中国人民银行官网2021年8月20日，http://www.pbc.gov.cn/zhengwugongkai/4081330/4081344/4081407/4081705/4322140/index.html。

管理和控制部操作风险管理团队经理、资深综合管理顾问的沈某栋，对交通银行“违反信用信息采集、提供、查询及相关管理规定”违法违规行为负有责任，被罚款7万元。

科勒公司因违法收集人脸信息被处罚50万元[1]

科勒公司与万店掌公司签订合约，由万店掌公司在科勒公司门店安装摄像设备，摄像设备自动抓取到店人员的人脸信息，并通过软件系统将收集到的人脸信息图片上传至万店掌公司租用的阿里云服务器，再经过算法计算用于精准统计客流，方便制订销售政策。但当事人在利用上述摄像设备收集消费者人脸信息时，并未取得消费者的明示或授权同意。由于未将消费者个人信息用于商业交易，故无违法所得。

当事人未经消费者同意擅自在门店安装摄像设备抓取人脸信息的行为违反《消费者权益保护法》第29条第1款的规定，构成经营者未经消费者同意收集消费者个人信息的违法行为，被中央电视台“315”晚会报道，造成恶劣社会影响，且收集信息数量巨大，依据《消费者权益保护法》第56条第1款第9项的规定，决定责令当事人改正违法行为并对当事人罚款人民币50万元整。

第六十七条 【失信约束】有本法规定的违法行为的，依照有关法律、行政法规的规定记入信用档案，并予以公示。

条文解读

本条是关于失信约束制度的规定。

---

〔1〕 行政处罚决定文书号：沪市监静处〔2021〕062021000787号，载上海市静安区市场监督管理局官网，http://fw.scjgj.sh.gov.cn/shaic/punish!detail.action?uuid=2c9bf29c7af27b3e017b0cbe4e3e1ec8。

“加快推进信用信息系统建设,完善信用信息的记录、整合和应用,是形成守信激励和失信惩戒机制的基础和前提。”〔1〕依据《国务院办公厅关于进一步完善失信约束制度构建诚信建设长效机制的指导意见》精神,这一机制也可称为失信约束制度,即基于信用档案或信用记录,通过联合惩戒的方式对失信主体加以约束,促使个人、组织诚实守信、遵纪守法。

1. 对“依照有关法律、行政法规的规定”的理解

就记入信用档案的具体实施,尽管国家对于社会信用体系建设出台了一系列政策和文件,但却没有颁布相应的法律和行政法规,而是鼓励各地先行探索,部分地方已经出台了地方性法规及政府规章。〔2〕因此,此处“依照有关法律、行政法规的规定”中的法律、行政法规指向的应该是程序法规定,而非实体法规定。主要理由是,从规范目的的角度来说,本条位于第7章“法律责任”之下,意在通过失信约束机制,促使个人信息处理者遵守法律规定,履行个人信息保护义务,而此处的实体法依据即是本法。

以立法实践为例,《网络安全法》第71条与本条表述一致,在国家发展改革委2021年7月13日公布的《全国公共信用信息基础目录(2021年版)(征求意见稿)》中,《网络安全法》第71条被作为公共信用信息归集重点领域的法规政策依据。而《企业信息公示暂行条例》第6条第1款中也规定,工商行政管理部门应当通过企业信用信息公示系统,公示其在履行职责过程中产生的下列企业信息:“(四)行政处罚信息;(五)其他依法应当公示的信息”。据此,市场监督管理部门仅是据实对企业的行政处罚情况进行记录和公示,并不对违法行为作出认定。因此,个人信息处理者因“有本法规定的违法行为”受到了行政处罚的,属于应当记录的企业信

〔1〕《国务院关于印发社会信用体系建设规划纲要(2014—2020年)的通知》。

〔2〕截至2021年8月,海南省(2004)、广东省(2007)、陕西省(2012)、湖北省(2017)、上海市(2017)、河北省(2017)、浙江省(2017)、辽宁省(2019)、河南省(2019)、山东省(2020)、天津市(2020)、内蒙古自治区(2021)、青海省(2021)、重庆市(2021)、江苏省(2021)等15个省级地方制定或修订了关于社会信用的地方性法规,此外还有若干地市制定或修订了相关规章。这些地方性法规几乎都对守信激励、失信惩戒、失信约束、信用档案作出了规定。

用信息,也应进行公示。

2. 对“记入信用档案,并予以公示”的理解

信用档案是政府部门或者征信机构对个人、组织的信用信息进行采集、保存、加工而提供的信用记录,体现了个人、组织在市场活动中的可信度、公信力,是证实其是否诚实守信、遵纪守法或有无违法违约、欺诈等行为的重要凭证和依据,是出具信用报告和进行信用惩戒的基础。[1] 部分法律法规中采用信用记录这一内涵相近的表述。可以认为,信用档案即是一种信用记录,两者基本通用。

我们认为,仅仅记入信用档案并予以公示这一做法本身并不属于某种传统的法律责任形式,也不属于某种具体的责任承担方式,其仅是对违反法律规定这一事实进行记录并依法公示,是社会信用体系建设的一项具体措施,故而被记入信用档案并不一定会因此承担实质性的责任。不过,作为失信约束制度的一环,信用记录与守信激励和失信惩戒机制密切联系,在因违反本法规定而被记入信用档案之后,个人信息处理者仍有可能受到另一种形式的制裁,即失信惩戒。国家发展改革委 2021 年 7 月 13 日公布了《全国失信惩戒措施基础清单(2021 年版)(征求意见稿)》,其中便列出了三类共 14 项失信惩戒措施。[2]

对于信用信息的公示,我国已建立了全国信用信息共享平台。该平台具备信用信息归集、共享、应用服务等功能,并可以向接入的政务部门及地方平台提供核心数据机制化共享,以及信息查询、失信核验等服务,

〔1〕 杨合庆等编写:《〈中华人民共和国网络安全法〉释义》,中国民主法制出版社 2016 年版,第 143 页。

〔2〕 该清单所列失信惩戒措施包括三类,共 14 项:一是由国家机关依法依规实施的减损信用主体权益或增加其义务的措施,如限制市场或行业准入、限制任职、限制消费、限制出境、限制升学等;二是由国家机关根据履职需要实施的相关管理措施,不涉及减损信用主体权益或增加其义务,如限制申请财政性资金项目、限制参加评先评优、限制享受优惠政策和便利措施、纳入严重失信主体名单、共享公示失信信息、纳入重点监管范围等;三是由国家机关以外的组织自主实施的措施,如纳入市场化征信或评级报告、从严审慎授信等。

可公开信息通过“信用中国”网站面向社会公众服务。[1]

适用要点

对于如何实施记入信用档案或信用记录,我国目前尚无专门的程序性法律和行政法规,因此尚需后续出台统一规定。不过,2021 年 7 月 30 日颁布的《市场监督管理严重违法失信名单管理办法》,对严重违法失信名单管理进行了详细的规定。在消费者权益保护领域,结合该法第 2 条及第 8 条第 1 项规定,对于违反法律、行政法规侵害消费者人格尊严、个人信息依法得到保护等权利的违法行为,性质恶劣、情节严重、社会危害较大,受到市场监督管理部门较重行政处罚的,由市场监督管理部门依照该办法列入严重违法失信名单,并通过国家企业信用信息公示系统公示。而在其他领域,或可借鉴《民办教育促进法实施条例》第 47 条、《粮食流通管理条例》第 24 条、《医疗器械监督管理条例》第 78 条、《食品安全法实施条例》第 66 条,由行政法规作出规定,授权相应主管部门建立对应行业的信用档案并纳入全国信用信息共享平台。

关联法规

《全国人民代表大会常务委员会关于加强网络信息保护的决定》第 11 条;《网络安全法》第 71 条;《消费者权益保护法》第 56 条;《旅游法》第 108 条;《企业信息公示暂行条例》第 6 条;《儿童个人信息网络保护规定》第 27 条

〔1〕《全国信用信息共享平台简介》,载国家公共信用信息中心网站 2020 年 10 月 22 日,http://www.ncpci.org.cn/ztzl/202010/t20201022_213912.html。

第六十八条　【国家机关不履行个人信息保护义务、履行个人信息保护职责的部门的工作人员渎职的法律责任】国家机关不履行本法规定的个人信息保护义务的，由其上级机关或者履行个人信息保护职责的部门责令改正；对直接负责的主管人员和其他直接责任人员依法给予处分。

履行个人信息保护职责的部门的工作人员玩忽职守、滥用职权、徇私舞弊，尚不构成犯罪的，依法给予处分。

条文解读

本条是关于国家机关不履行个人信息保护义务、履行个人信息保护职责的部门的工作人员渎职的法律责任的规定。

1. 国家机关不履行本法规定的个人信息保护义务的法律责任

（1）责令不履行个人信息保护义务的国家机关改正。

国家机关是指国家为实现其政治统治职能和管理职能而设立的国家机构的总称，包括立法机关、行政机关、审判机关、检察机关和军事机关，它们主要的活动经费都是由中央和地方各级财政负担。依据《民法典》第97条的规定，承担行政职能的法定机构也具有机关法人资格，例如银保监会、证监会、社保机构等，它们本身不是行政机构，但又对国家政治、经济和社会公共事务进行管理，行使一定的行政管理职能。[1] 而依据本法第37条的规定，法律、法规授权的具有管理公共事务职能的组织为履行法定职责处理个人信息，适用本法关于国家机关处理个人信息的规定，因此同样适用本条规定。

对于国家机关不履行个人信息保护义务的，本条规定由其上级机关或履行个人信息保护职责的部门责令其改正。上级机关或履行个人信息

〔1〕 最高人民法院民法典贯彻实施工作领导小组主编：《中华人民共和国民法典总则编理解与适用（上）》，人民法院出版社2020年版，第492页。

保护职责部门的责令改正,是要求违反本法规定的国家机关为或不为一定行为的命令,即履行应当履行的义务,使原本偏离法律规定的行为得以纠正,以及失序的法律秩序恢复到应然的状态。因此在具体责任承担上,即违反本法规定的国家机关在被责令改正之后应作为或不作为。具言之,对于因主动作为而违法的,责令其停止行为;对于因不作为而违法的,责令其主动作为,履行义务。

(2)对直接负责的主管人员和其他直接责任人员依法给予处分。

在责令不履行个人信息保护义务的国家机关改正的同时,对其中直接负责的主管人员和其他直接责任人员,还将依法给予处分。这延续了我国在国家机关实施违法行为时"机关—个人"双层责任的规范构造。

首先,直接负责的主管人员应是在职能分工上直接组织和领导国家机关履行个人信息保护义务的管理人员。此处的"直接",意味着主管人员对国家机关履行个人信息保护义务与否及程度具有直接的决定力和影响力。其次,直接责任人员应是在具体个案中,与国家机关不履行个人信息保护义务的事件的发生有直接因果关系的工作人员。

此外,依据本法第 37 条的规定,法律、法规授权的具有管理公共事务职能的组织不履行本法规定的义务时,其直接负责的主管人员和其他直接责任人员也应给予相应的处分。

2. 履行个人信息保护职责的部门的工作人员渎职的法律责任

在适用主体上,本款仅适用于履行个人信息保护职责的部门的工作人员,即本法第 60 条所规定的部门中的工作人员。这与第 1 款规定显著不同。

在行为表现上,本款规定了"玩忽职守、滥用职权、徇私舞弊"三种渎职行为,即只要存在其中一种,在不构成犯罪的情况下,均应予以处分。玩忽职守,是指严重不负责任,不履行职责或者不正确履行职责的行为。[1] 滥用职权,是指不法行使职务上的权限的行为,即就属于国家机

〔1〕 参见张明楷:《刑法学(下)》(第 5 版),法律出版社 2016 年版,第 1248 页。

关工作人员一般职务权限的事项,以行使职权的外观,实施实质的、具体的违法、不当的行为。[1] 在刑法上,玩忽职守和滥用职权均需达到致使公共财产、国家和人民利益遭受重大损失的程度方才构成犯罪。对于徇私舞弊,刑法上并无徇私舞弊罪,且对于徇私和舞弊是主观要素抑或客观要素尚有争论,[2]则徇私舞弊能否在本款中成为单独的违法行为,尚有疑问。不过,本法将徇私舞弊与玩忽职守和滥用职权并列,应当认为其可成为独立的违法行为表现。

在法律责任上,本款规定,“尚不构成犯罪的,依法给予处分”。这有两层含义:第一,对履行个人信息保护职责的部门的工作人员渎职的行为,依据《刑法》第9章渎职罪的规定认定为犯罪的,则按《刑法》的有关规定处置;第二,尚不构成渎职犯罪的,则依法给予处分。此处的处分可参考上述“对直接负责的主管人员和其他直接责任人员依法给予处分”的部分,此处亦不再赘述。

适用要点

本法第6章对履行个人信息保护职责的部门及其职责作了规定,显然,这类部门在履职时的角色并非个人信息处理者,因此这类部门的工作人员玩忽职守、滥用职权、徇私舞弊的渎职行为所违反的并非个人信息保护义务,不适用本条第1款规定。对此应予以注意。但是,履行个人信息保护职责的部门在履行职责过程中涉及个人信息处理活动的,若不履行本法规定的个人信息保护义务,则因其角色已转换,故此时自当适用本条第1款的规定,即由其上级机关责令改正,并且对其中直接负责的主管人员和其他直接责任人员依法给予处分。

对公职人员的处分,其依据为《公务员法》、《公职人员政务处分法》和《行政机关公务员处分条例》。法律、法规授权的具有管理公共事

[1] 参见张明楷:《刑法学(下)》(第5版),法律出版社2016年版,第1245页。

[2] 参见张明楷:《刑法学(下)》(第5版),法律出版社2016年版,第1241~1243页。

务职能的组织(如事业单位)不履行个人信息保护义务,其直接负责的主管人员和其他直接责任人员的处分,依据《事业单位人事管理条例》《事业单位工作人员处分暂行规定》《行政机关公务员处分条例》作出。

关联法规

《数据安全法》第 49 条;《国家情报法》第 31 条;《电子商务法》第 87 条;《网络安全法》第 73 条;《护照法》第 20 条;《统计法》第 39 条;《社会保险法》第 92 条;《公共图书馆法》第 50 条;《居住证暂行条例》第 20 条;《社会救助暂行办法》第 66 条;《医疗保障基金使用监督管理条例》第 46 条;《征信业管理条例》第 43 条;《刑法》第 397 条

案例指引

邓某诉宁波市海曙区市场监督管理局违法向他人提供原告有关投诉举报信息案[1]

裁判要旨:市场监管局是国家机关,违反规定对外提供个人信息的,属于未尽个人信息保护义务的违法行为,应承担相应法律责任。

本案被告海曙市场监管局是工商行政管理部门,对投诉、举报事项、受理情况以及与举报人、投诉人相关的信息应予以保密,不得随意泄露、转交他人。因此,对举报投诉材料进行妥善保管,避免因泄露而影响消费者行使监督权,是被告在履行工商管理职权中应负的法律义务。被告仅依好又多公司的申请,就将原告进行消费投

〔1〕 浙江省宁波市海曙区人民法院(2015)甬海行初字第 14 号。

诉的相关记录共19份，包含10份12315消费者申诉转办单、6份消费者投诉登记表、1份举报登记表和2份终止调解通知书，转交给好又多公司的行政行为，违反了《消费者权益保护法》第32条有关被告负有保护消费者合法权益的职权要求，是不当行使行政管理职权的表现，被确认为违法行为。

第六十九条　【民事侵权责任】处理个人信息侵害个人信息权益造成损害，个人信息处理者不能证明自己没有过错的，应当承担损害赔偿等侵权责任。

前款规定的损害赔偿责任按照个人因此受到的损失或者个人信息处理者因此获得的利益确定；个人因此受到的损失和个人信息处理者因此获得的利益难以确定的，根据实际情况确定赔偿数额。

条文解读

本条是关于侵害个人信息权益的侵权责任的规定。

本条第1款确定了侵害个人信息权益的侵权责任为过错推定责任，具有重大意义。此外，本条第2款还对损害赔偿的范围及顺序作了规定。

1. 侵害个人信息权益损害赔偿责任的构成要件

（1）推定过错与加害行为。

在侵权法上，受害人因权益受到侵害而发生的损害，其可将损害赔偿的责任归于加害人的理由称为损害归责事由，即归责原则。过错责任原则要求行为人对加害行为具有过错才应该承担责任。但在大数据时代，掌握大量个人信息的主体通常也具有强大的经济和技术实力，如果要求个人举证证明个人信息处理者存在过错，显然难度极大。因而本条第1款明确规定了个人信息处理者的过错推定责任，将举证责任倒置给个人信息处理者,其不能证明自己没有过错的,应当承担损害赔偿等侵权责任。

对于过错的认定,目前存在主观过错、客观过错与综合过错的分歧。主观过错,即行为人对自己行为及其后果所具有的主观心理状态。客观过错,是指行为人违反了法定的义务或者未尽到一般人所能尽到的注意义务。综合过错则同时考量行为人的主观心理状态和具体行为。我们认为对于本条中的过错应采客观过错说。并且,我们进一步认为本条的推定过错应理解为行为违法性的推定,个人信息处理者存在违反本法规定侵害个人信息权益的行为,即可推定其存在过错,个人信息处理者应对个人信息处理行为的违法性提供反证。主要理由如下:

首先,过错认定的客观化是当前的趋势。其次,本法对个人信息处理的全过程设立了全面的规则与义务,如果违反本法规定,则显然可以认定个人信息处理者存在过错,这种方式利于对过错的认定。最后,在实践中,个人信息处理者多是从其行为没有违反法律规定的义务和要求等客观行为来证明自己没有过错的,所以对个人信息处理者而言,自证行为没有违法性以证明其没有过错,客观上同样是便利的。

(2)损害事实。

损害,是指因行为人的行为造成受害人的权益遭受不利后果的状态,一般包括人身损害、财产损失和精神损害。就个人信息权益受侵害后的损害而言,除直接的精神损害之外,其中的人身损害、财产损失多是新型的次生损害,且在一定程度上会陷入损害难以认定的困境。对于次生损害,典型如个人信息泄露之后遭到欺诈、勒索、盗用、冒领等造成的财产损失或者被用于犯罪造成人身损害。此外还有为了制止侵权行为所支出的各项合理费用。

虽然对于本法所保护的个人信息权益究竟包含哪些内容尚有争议,不过其中至少含有人格权益是没有疑问的。本条所称的损害并未区分人身损害、财产损失和精神损害,所以当然包括精神损害在内。事实上,侵害个人信息权益,绝大多数时候产生的是精神损害。不过,对于精神损害赔偿,我国《民法典》第 1183 条要求达到“严重精神损害”的程度。本条是否也有如此要求,存在疑问。

我们认为,对于个人信息权益受侵害后的精神损害赔偿,无须达到严重精神损害的程度即可请求。首先,如前所述,本条所称的损害包含了精神损害,而本条第 1 款第 2 句和第 3 句同时规定,个人信息处理者不能证明自己没有过错的,应当承担损害赔偿等侵权责任,其中并没有特别指出对于精神损害赔偿应达到严重程度,即只需要存在精神损害即可请求赔偿。其次,精神上的痛苦本就难以量化,更难以举证。而现实中发生侵害个人信息权益造成精神损害的情况极为常见,并且大多数时候并没有伴随着直接或间接的财产损失,受害人无法主张财产损失,却又苦于难以证明精神损害达到严重程度,这在事实上使受害人被侵害的权益无法得到救济。再者说,本法对个人信息的保护彰显了对公民人格尊严的重视,坚持精神损害需达到“严重”程度与此旨意不符。最后,本法是关于侵害个人信息权益承担损害赔偿责任的特别法,将本条规定解释为不要求精神损害达到严重程度而优先适用,在法理上并无障碍。

(3)因果关系。

对于侵害个人信息权益造成损害的,如何证明存在因果关系的困难较大。由于个人信息具有公共性,个人信息的处理行为涵盖了收集、存储、使用、加工、传输、提供、公开、删除等各个环节,即任何一个环节均有可能发生侵害个人信息权益的行为,并且其中可能会涉及各个不同的主体,导致因果关系异常复杂。因此对于因果关系的判定,应结合具体案件综合分析。

2. 侵害个人信息权益损害赔偿金额的确定

本条第 2 款规定了侵害个人信息权益的损害赔偿金额的确定方式。即分两个步骤进行确定:首先是按照个人因此受到的损失或者个人信息处理者因此获得的利益确定;其次是由人民法院根据实际情况确定。其中,个人因此受到的损失和个人信息处理者因此获得的利益之间没有先后之别，而是并列的和可选择的，被侵权人可以选择其中对自己更为有利的确定方式。

适用要点

对于本条第 2 款规定的侵害个人信息权益的损害赔偿金额的确定方式，此规定与《民法典》第 1182 条虽然极为相似但并不相同。《民法典》第 1182 条规定的是侵害他人的人身权益造成财产损失时的赔偿数额确定方式，而本款规定则并未将其范围限定为侵害他人的人身权益造成的财产损失。因此本款适用于侵害个人信息权益造成被侵权人财产损失、人身损害和精神损害的情况，也就是这三类损害的赔偿数额都可以按照这一款的规定确定。

此外，虽然本条第 2 款规定并未如《民法典》第 1182 条一样规定可以由被侵权人和侵权人就赔偿数额进行协商，但鉴于民事领域的意思自治原则，在司法实践中仍可由被侵权人和侵权人对赔偿数额进行协商。

对于精神损害赔偿的具体数额，据《最高人民法院关于确定民事侵权精神损害赔偿责任若干问题的解释》第 5 条的规定，人民法院根据实际情况确定时应考虑以下因素：(1)侵权人的过错程度；(2)侵权行为的目的、方式、场合等具体情节；(3)侵权行为所造成的后果；(4)侵权人的获利情况；(5)侵权人承担责任的经济能力；(6)受理诉讼法院所在地的平均生活水平。

关联法规

《民法典》第 1165、1167、1179、1182、1183 条；《网络安全法》第 74 条；《消费者权益保护法》第 29、50 条

案例指引

肖某亮诉某平台泄露个人信息纠纷案[1]

裁判要旨：公民的举报信息具有私密性，不应为被举报人知悉，属于应当保密的信息。

肖某亮在某平台第三方店铺某化妆品专营店购买货物，后因订单超时未付款被取消。肖某亮事后向工商部门举报某化妆品专营店销售的产品涉嫌欺诈。某化妆品专营店通过平台协查的通知得知了肖某亮的个人信息。购物平台在接到工商部门的调查函后，以协查的名义将举报订单的编号告知被举报人，属于泄露个人私密信息的行为。涉案的订单编号对应的交易记录包含举报人的联系方式、收货地址等个人信息。被举报人可以通过上述信息了解并锁定举报对象。

平台泄露举报信息的行为违反了《广告法》第53条的相关规定。平台违反相关规定，应承担相应侵权责任。平台接受了二审的处理意见，最终与肖某亮达成了和解协议，肖某亮在二审期间撤回了起诉。

罗某杉诉某保险公司隐私权纠纷案[2]

裁判要旨：非法收集、利用公民个人信息而又无法说明合法来源，属于违反个人信息保护的规定且不能证明自己没有过错，应承担侵权责任。

在本案中，被告某保险公司多次向原告打电话推销保险，却又拒不说明是如何获取了原告个人信息，既非法收集、利用原告个人信息，又侵害了原告隐私权，侵扰了原告正常生活，造成原告精神损害，且该案经媒体报道后在社会上造成了较大影响。法院判令被告某保险公

---

〔1〕 北京互联网法院（2019）京0491民初320号，北京市第四中级人民法院（2019）京04民终158号，北京市第四中级人民法院互联网民商事审判十大典型案例之五。

〔2〕 湖南省郴州市北湖区人民法院（2014）郴北民二初字第947号。

司向原告赔礼道歉并赔偿原告罗某杉精神损害抚慰金人民币 1 元及通话费 4.54 元,共计 5.54 元。

第七十条 【个人信息保护公益诉讼】个人信息处理者违反本法规定处理个人信息,侵害众多个人的权益的,人民检察院、法律规定的消费者组织和由国家网信部门确定的组织可以依法向人民法院提起诉讼。

条文解读

本条是关于个人信息保护公益诉讼的规定。

1. 提起个人信息保护公益诉讼的条件

(1)首先是违法处理个人信息。

本法对个人信息处理活动的全流程规定了全面的原则与规则,如"告知—同意"规则、确保个人信息安全义务、个人信息保护影响评估、合规审计义务等,个人信息处理者违反这些规定,侵害众多个人的权益的,相关主体有权依据《民事诉讼法》第 55 条及本条提起个人信息保护公益诉讼。

(2)其次是侵害众多个人的信息权益。

关于"众多"的含义,《最高人民法院关于适用〈中华人民共和国民事诉讼法〉的解释》未对《民事诉讼法》第 55 条规定中的"众多"作出解释,实践中多由法院运用法律解释方法于个案中加以具体化。[1] 有待后续由最高人民法院出具相关司法解释或者由国家网信部门出台相关文件予以确定。

2. 提起个人信息保护公益诉讼的适格主体

(1)人民检察院。

根据《民事诉讼法》第 55 条的规定,人民检察院可在若干领域中对损

〔1〕 参见杜乐其:《消费公益诉讼制度的局限及其矫正——〈中华人民共和国消费者权益保护法〉第 47 条之评析》,载《理论月刊》2014 年第 10 期。

害社会公共利益的行为提起公益诉讼,将人民检察院作为个人信息保护公益诉讼的起诉主体,不仅具有客观必然性,也具有相当的合法性。而在现实中,检察机关成为个人信息民事公益诉讼的主要起诉主体,已在司法实践中取得良好的实施效果。再者,检察机关熟悉诉讼程序,有专业人员且具备充裕的资源,相比其他机关、组织和个人更有诉讼能力,利于进行公益诉讼。[1] 而在比较法上,赋予检察机关提起公益诉讼的职能,也是许多国家的选择。

(2)法律规定的消费者组织。

根据《消费者权益保护法》第 47 条的规定,符合规定的消费者组织可以对侵害众多消费者合法权益的行为提起公益诉讼,因此本法赋予其提起个人信息公益诉讼的资格亦较为合理。而在司法实践中也有相应个人信息保护公益诉讼案例。此外,如此规定还可与已有的消费者保护公益诉讼规则衔接,实现法律体系内在的协调性。需要注意的是,依据《消费者权益保护法》第 47 条,符合规定的消费者组织是指"中国消费者协会以及在省、自治区、直辖市设立的消费者协会"。

(3)由国家网信部门确定的组织。

本条规定,由国家网信部门确定的组织也可以成为个人信息保护公益诉讼的起诉主体。如此规定可充分发挥社会组织的力量,利于个人信息的保护。不过目前暂未确定具体的组织,还有待国家网信部门予以确定。

适用要点

在个人信息保护公益诉讼中,由于不涉及具体的受害人,损害赔偿并不是主要的法律责任。此外也不涉及精神损害赔偿,因为精神损害赔偿

---

〔1〕 参见别涛:《环境民事公诉及其进展》,载《环境保护》2004 年第 4 期;蔡彦敏:《中国环境民事公益诉讼的检察担当》,载《中外法学》2011 年第 1 期;吕忠梅:《环境司法理性不能止于"天价"赔偿:泰州环境公益诉讼案评析》,载《中国法学》2016 年第 3 期。

一定是针对个人的损害填补，受害人可以通过私益诉讼来解决。所以个人信息保护公益诉讼中主要的诉讼请求并非损害赔偿，而是要求加害人按照法律规定作为或不作为。

对于要求加害人按照法律规定作为或不作为的义务，即请求履行本法规定的相应义务。如强制删除相关个人信息的义务，强制准许查阅、复制相关个人信息的义务，强制更正、补充相关个人信息的义务，强制解释说明其处理个人信息规则的义务，强制采取必要措施确保个人信息安全的义务，强制定期进行合规审计的义务等。除此之外，实践中还总结出其他强制义务，主要包括：登报赔礼道歉、关闭网站、注销涉案 App、采取隐匿化技术处理等措施保护个人信息以及对存在的问题逐一开展对照整改及优化等。[1]

对于损害赔偿，其内容主要是提起公益诉讼的合理支出，具体可以参照消费者公益诉讼的规定予以明确[2]。其中可能包括：律师费、调查取证费、鉴定费、专家咨询费、交通费等必要合理支出费用。此外，要求加害人履行责任产生的费用以及验收评估费用，也应该由败诉被告方承担。

另外，依据《最高人民法院关于适用〈中华人民共和国民事诉讼法〉的解释》第 288 条的规定，人民法院受理公益诉讼案件，不影响同一侵权行为的受害人根据《民事诉讼法》第 119 条规定自行提起私益诉讼。

关联法规

《民事诉讼法》第 55 条；《消费者权益保护法》第 47 条；《未成年人保护法》第 106 条；《最高人民法院关于适用〈中华人民共和国民事诉讼法〉的解释》第 288 条

---

〔1〕 详见杭州下城区检察院诉孙某个人信息保护民事公益诉讼案，杭州互联网法院（2020）浙 0192 民初 10605 号；上海市宝山区检察院诉韩某某等人侵犯公民个人信息刑事附带民事公益诉讼案，上海市宝山区人民法院（2019）沪 0113 刑初 2482 号。

〔2〕《最高人民法院关于审理消费民事公益诉讼案件适用法律若干问题的解释》第 17 条规定：原告为停止侵害、排除妨碍、消除危险采取合理预防、处置措施而发生的费用，请求被告承担的，人民法院应依法予以支持。

案例指引

浙江省杭州市余杭区人民检察院诉某网络科技有限公司侵害公民个人信息民事公益诉讼案[1]

裁判要旨:浙江省杭州市某网络科技有限公司开发经营的一款音乐视频教学类App,存在未经用户同意收集使用个人信息、违反必要原则收集与其提供的服务无关的个人信息、未公开收集使用规则等情形。该行为已侵害不特定多数个人信息权益,致使社会公共利益受到损害。对此,检察机关依法提起民事公益诉讼,要求侵权者承担侵权责任。

庭审中,被告同意履行检察机关提出的全部诉讼请求。双方当庭达成调解协议:被告立即删除违法违规收集、储存的全部用户个人信息1100万余条;在《法治日报》及案涉App首页公开赔礼道歉;承诺今后合法合规经营,若存在违反协议约定的行为,将自愿支付50万元违约金用于全国性个人信息保护公益基金的公益支出。

第七十一条 【治安管理处罚、刑事责任的规定】违反本法规定,构成违反治安管理行为的,依法给予治安管理处罚;构成犯罪的,依法追究刑事责任。

条文解读

本条是关于治安管理处罚、刑事责任的规定。

1. 构成违反治安管理行为

《治安管理处罚法》并未有关于违反个人信息保护的行为将受到治安

[1] 最高检发布检察机关个人信息保护公益诉讼典型案例之七。

管理处罚的具体规定。不过,公安部于2017年在《中华人民共和国治安管理处罚法(修订公开征求意见稿)》中新增了两条涉及违反个人信息保护义务的条文,[1]但目前尚未通过。因此,对于违反本法规定的行为,是否构成违反治安管理行为,目前仍需结合《治安管理处罚法》第2条的规范目的进行个案判断及衡量。但这无法有效应对侵害个人信息权益而违反治安管理的行为,仍需在后续修订中作出进一步的具体规定。

从《中华人民共和国治安管理处罚法(修订公开征求意见稿)》的新增规定来看,其第32条的规定位于"扰乱公共秩序的行为和处罚"一节中,第57条则位于"侵犯人身权利、财产权利的行为和处罚"一节中。可以认为,对于违反《个人信息保护法》规定的行为,如若构成扰乱公共秩序或侵犯人身权利、财产权利,仍可能构成违反治安管理行为。比如,发生大规模侵害个人信息的行为,则既"侵害了私人利益,同时也侵害了公共利益和社会秩序"[2]。个人信息处理者非法处理大量个人信息,或未依法采取安全措施保障个人信息的安全造成泄露,一方面违反了本法的规定;另一方面,侵害了人身权利,还引发了公共秩序的混乱,在不构成刑事犯罪的情况下,则可能构成违反治安管理行为而受到处罚。

另外,对于违反《个人信息保护法》规定处理敏感个人信息,如非法披露或公开的,可能构成《治安管理处罚法》第42条第6项规定的"偷窥、偷

[1] 《中华人民共和国治安管理处罚法(修订公开征求意见稿)》(2017年1月16日)第57条规定:非法获取、持有、使用、出售、提供、传播公民个人信息的,处十日以上十五日以下拘留,并处违法所得三倍以上五倍以下罚款;没有违法所得或者违法所得不足一千元的,并处三千元以上五千元以下罚款。情节较轻的,处五日以上十日以下拘留,并处违法所得一倍以上三倍以下罚款;没有违法所得或者违法所得不足一千元的,并处一千元以上三千元以下罚款。违反国家规定,将在履行职责或者提供服务过程中获得的公民个人信息出售或者提供给他人的,处十日以上十五日以下拘留,并处违法所得五倍以上十倍以下罚款;没有违法所得或者违法所得不足一千元的,并处五千元以上一万元以下罚款。因疏于管理,致使公民个人信息泄露的,对单位处一万元以上五万元以下罚款,对直接负责的主管人员和其他直接责任人员处五日以上十日以下拘留;情节较重的,对单位处五万元以上二十万元以下罚款,对直接负责的主管人员和其他直接责任人员处十日以上十五日以下拘留。单位实施第一款行为的,处违法所得五倍以上十倍以下罚款;没有违法所得或者违法所得不足四万元的,处二十万元以上五十万元以下罚款。

[2] 孙莹:《大规模侵害个人信息高额罚款研究》,载《中国法学》2020年第5期。

拍、窃听、散布他人隐私的”情形，视情节轻重，可处不同期限的拘留或不同金额的罚款。

2. 构成犯罪

(1)侵犯公民个人信息罪。违反本法规定，同时构成《刑法》第 253 条之一规定的侵害公民个人信息罪的，将被追究刑事责任。

本罪有以下三种行为类型：一是违反国家有关规定，向他人出售或者提供公民个人信息。二是违反国家有关规定，将在履行职责或者提供服务过程中获得的公民个人信息，出售或者提供给他人。三是窃取或者以其他方法非法获取公民个人信息。本罪要求的主观方面为故意，目的与动机不影响本罪的构成。因此过失行为不构成本罪。本罪的犯罪主体包括单位，并且对于单位犯罪的，依法实行双罚制，即对单位判处罚金；对其直接负责的主管人员和其他直接责任人员，依照本罪相应自然人犯罪的定罪量刑标准规定处罚。

(2)违反本法规定构成其他犯罪。违反本法规定的行为，还可能构成其他犯罪。如窃取、收买、非法提供信用卡信息罪、非法获取计算机信息系统数据罪、拒不履行信息网络安全管理义务罪。

适用要点

《治安管理处罚法》第 2 条规定：“扰乱公共秩序，妨害公共安全，侵犯人身权利、财产权利，妨害社会管理，具有社会危害性，依照《中华人民共和国刑法》的规定构成犯罪的，依法追究刑事责任；尚不够刑事处罚的，由公安机关依照本法给予治安管理处罚。”因此对于违反本法规定的行为，应注意《治安管理处罚法》与《刑法》之间的衔接，做到严密法网，有效保护个人信息。

对于侵害公民个人信息罪，由于情节严重与否影响该罪是否成立，故侵害公民个人信息行为已具备本罪的其他要件，但尚未达到情节严重程度的，应当结合《治安管理处罚法》的规定，依法认定为“构成违反治安管理行为"并给予治安管理处罚。对情节严重的认定,《最高人民法院、最高人民检察院关于办理侵犯公民个人信息刑事案件适用法律若干问题的解释》第 5 条列举了 9 种具体情形,第 6 条列举了 2 种具体情形。具体而言,是从信息的类型及数量、违法所得数额、主观恶性、行为危害性这几个方面对情节严重与否进行认定,此处不赘述。

关联法规

《全国人民代表大会常务委员会关于加强网络信息保护的决定》第 11 条;《网络安全法》第 74 条;《电子商务法》第 88 条;《居民身份证法》第 19 条;《基本医疗卫生与健康促进法》第 105 条;《刑法》第 253 条之一、第 286 条之一;《征信业管理条例》第 38、40、42 条;《最高人民法院、最高人民检察院关于办理侵犯公民个人信息刑事案件适用法律若干问题的解释》第 2、5 ~7 条

案例指引

韩某等侵犯公民个人信息案[1]

裁判要旨:《最高人民法院、最高人民检察院关于办理侵犯公民个人信息刑事案件适用法律若干问题的解释》第 5 条第 5 项规定,非法获取、出售或者提供本条第 1 款第 3 项、第 4 项规定以外的公民个人信息 5000 条以上的,可以认定为情节严重。而违反国家有关规定,将在履行职责或者提供服务过程中获得的公民个人信息,出售或者提供给他人的,从重处罚。

本案中,韩某作为上海市疾病预防控制中心工作人员,在 2014 年年

〔1〕 上海市浦东新区人民法院(2016)沪 0115 刑初 4166 号,最高检发布六起侵犯公民个人信息犯罪典型案例之一。

初至2016年7月期间，利用其工作便利，进入他人账户窃取上海市疾病预防控制中心每月更新的全市新生婴儿信息，并出售给黄浦区疾病预防控制中心工作人员张某某，再由张某某转卖给被告人范某某。直至案发，韩某、张某某、范某某非法获取新生婴儿信息共计30万余条。

被告窃取、出售、收买等方式侵犯公民个人信息的行为违反国家规定，情节严重，均已构成侵犯公民个人信息罪。国家工作人员利用职务便利非法获取公民个人信息出售，构成侵犯公民个人信息罪的，应当从重处罚。

第八章　附　　则

第七十二条　【对本法适用范围的特别规定】自然人因个人或者家庭事务处理个人信息的，不适用本法。

法律对各级人民政府及其有关部门组织实施的统计、档案管理活动中的个人信息处理有规定的，适用其规定。

条文解读

本条是关于适用范围的特别规定的规定。

1. 自然人因个人或者家庭事务处理个人信息的，不适用本法

本法第13条在规定处理个人信息必须取得个人同意的同时，还规定了若干无须取得个人同意的情形，而这些情形几乎都是为进行某项事务而必需的，若一律要求取得个人同意将阻碍正常的生产和交流活动。同理，鉴于人所具有的社会性，必要的个人信息是人与人之间得以交流和沟通的前提，因此在个人与个人之间日常交往的场合，获得对方的姓名、联系方式、住址之类的个人信息是极为正常的，大可不必适用本法。

此外，在家庭事务中，基于家庭关系的亲密性，家庭成员之间相互处理个人信息的情形，显然没有适用本法的必要；而在因家庭事务对外披露或提供家庭成员个人信息的行为，则类似于家事代理，在通常情形下已然取得相应成员的同意，且同时也是正常的社会交往所需。同时，对个人信息进行保护的广泛呼声是进入信息化和大数据时代后，随着大规模的商

业化个人信息处理活动而出现的。而在此之前，因个人或者家庭事务处理个人信息的情形本就广泛存在，是人们日常生活的一部分。当时，人们并不需要个人信息保护法。简言之，自然人因个人或者家庭事务处理个人信息的活动，“往往是为了维持正常的社会交往所必需的，并不涉及侵害个人信息权益的问题，无须给此等情形中的信息处理者施加各种法定义务，更无须个人信息保护机关强制介入。”[1]

2. 法律对各级人民政府及其有关部门组织实施的统计、档案管理活动中的个人信息处理有规定的，适用其规定

统计是一项基础性工作，是国家管理、决策、计划、组织、建设活动的重要支撑，在了解国情国力、服务经济社会发展中发挥着重要作用。我国历来重视统计工作并强调要建立严格的、系统的科学统计制度，并已建立起完善的统计制度。[2] 根据《统计法》第 7 条规定，国家机关、企业事业单位和其他组织以及个体工商户和个人等统计调查对象必须依照《统计法》和国家有关规定，真实、准确、完整、及时地提供统计调查所需的资料，不得提供不真实或者不完整的统计资料，不得迟报、拒报统计资料。因此，出于统计需要而对个人信息进行处理的，个人必须提供信息而非只是同意处理行为。另外，《社会保险法》第 74 条第 1 款规定，“社会保险经办机构通过业务经办、统计、调查获取社会保险工作所需的数据，有关单位和个人应当及时、如实提供。”因此，在社会保险经办机构统计、调查获取社会保险工作所需数据的活动中，涉及个人信息的，单位和个人必须提供信息而非只是同意处理行为。所以，各级人民政府及其有关部门在组织实施档案活动中如若涉及个人信息的，鉴于统计活动的基础性和对于国家各项活动的重要性，其对信息的采集、处理与利用，应优先适用统计法

---

[1] 程啸：《论我国个人信息保护法中的个人信息处理规则》，载《清华法学》2021 年第 3 期。

[2] 我国早在 1953 年 1 月 8 日的《政务院关于充实统计机构加强统计工作的决定》（现已失效）中就强调了统计工作的重要性，并提出要建立严格的、系统的科学统计制度。1983 年 12 月 8 日，我国颁布第一部《统计法》。为此，国务院先后出台《关于加强统计工作的决定》（1984 年 1 月 6 日）、《统计法实施细则》（1987 年 2 月 15 日，现已失效）、《统计法实施条例》（2017 年 5 月 28 日）。历经两次修改的《统计法》与相关实施条例一起，构成了我国完善的统计制度。

律的相关规定。

依据我国《档案法》第2条第2款的规定,档案,是指过去和现在的机关、团体、企业事业单位和其他组织以及个人从事经济、政治、文化、社会、生态文明、军事、外事、科技等各方面活动直接形成的对国家和社会具有保存价值的各种文字、图表、声像等不同形式的历史记录。中华人民共和国成立后先后出台了一系列关于档案工作的政策,[1]并于1987年9月5日出台了我国第一部《档案法》。此后该法连同1990年11月19日颁布的《档案法实施办法》历经多次修改。可以说,档案工作在我国有悠久的历史,并有成熟的法律法规体系,已经形成了完善的管理和运行制度。此外,《国务院关于加强国家档案工作的决定》和《国务院关于加强档案工作的决定》均指出,"档案工作是一项专门业务,又是一项机要工作"。这体现了档案管理工作的政治性(机要性),所以为了维护国家和个人的利益,档案需要保持其真实性和机密性,也就自有其独立的运行制度。[2] 可见档案涉及国家、社会和个人的方方面面,具有其独特的重要性和特殊性,已形成了成熟且相对独立的管理与运行制度,因此,各级人民政府及其有关部门在进行档案活动时,如若涉及个人信息的,应优先适用相应法律的规定。

3. 本条第2款中的"法律"一词仅指狭义上的法律而不包括行政法规

首先,从体系上看,本法存在多处提及"法律、行政法规"作为其他情形的情况,但本款并未如此规定,显然是有意为之而非立法疏忽。其次,从规范精神上看,本法的审议结果报告中提到,鉴于"制定实施本法对于保障公民的人格尊严和其他权益具有重要意义",[3]因此三审稿增加了

---

〔1〕 如《国务院关于加强国家档案工作的决定》(1956年3月27日)、《国务院关于加强档案工作的决定》(1956年4月6日)、《改进档案、资料工作方案》(1957年9月6日),以上政策文件均现行有效。

〔2〕 参见何权衡等主编:《档案与档案管理》,河南人民出版社1988年版,第78~79页;陶庆萍等主编:《档案信息管理》,东南大学出版社2015年版,第23~24页。

〔3〕《全国人民代表大会宪法和法律委员会关于〈中华人民共和国个人信息保护法(草案)〉审议结果的报告》,载中国人大网2021年8月20日,http://www.npc.gov.cn/npc/c30834/202108/a528d76d41c44f33980eaffe0e329ffe.shtml。

“依据宪法”制定本法的表述。可见个人信息权益与公民的人格尊严密切相关。也正因如此,《个人信息保护法》被称为个人信息保护领域的基本法。所以,对于个人信息处理活动的例外规定,只能由法律保留。

适用要点

需要特别注意的是,自然人因个人或者家庭事务处理个人信息的活动不适用本法,并不意味着自然人在个人或家庭事务中所获得的个人信息不受保护。一方面,个人存在将其在个人或家庭事务中所获得的个人信息出售、非法披露或向他人提供等侵害个人信息权益行为的,此时显然已非个人或家庭事务,理应受到本法规范。另一方面,在个人或者家庭事务中发生的侵害个人信息权益的行为,还可以由《民法典》中的姓名权、肖像权、隐私权和个人信息保护制度等加以规范。换言之,本款所称“不适用”,其实质是自然人因个人或者家庭事务处理个人信息的,自然人不被视为个人信息处理者,因而也就不适用本法关于个人信息处理者的各项规定,但超出这一范围的,其个人信息处理活动仍将受到本法的规范。

关联法规

《民法典》第 1060 条;《数据安全法》第 53 条第 2 款;《统计法》第 7 条;《社会保险法》第 74 条;《档案法》第 2 条第 2 款、第 9 条;《档案法实施办法》第 12、17 条,第 23 条第 2 款

第七十三条 【用语定义】本法下列用语的含义:

(一)个人信息处理者,是指在个人信息处理活动中自主决定处理目的、处理方式的组织、个人。

(二)自动化决策,是指通过计算机程序自动分析、评估个人的行为习惯、兴趣爱好或者经济、健康、信用状况等,并进行决策的活动。

（三）去标识化，是指个人信息经过处理，使其在不借助额外信息的情况下无法识别特定自然人的过程。

（四）匿名化，是指个人信息经过处理无法识别特定自然人且不能复原的过程。

条文解读

本条是关于用语定义的规定。

1. 个人信息处理者的含义

一是主体要素。个人信息处理者在类型上包括了组织和个人，具有全面性。组织，是按照一定的宗旨和系统建立起来的团体。[1] “组织”一词并无法律上的定义，但《民法典》多次提到“组织”一词，从中可以看出“组织”一词外延很广。可以认为，组织是除个人之外的有组织性的团体。这意味着任何主体都有可能成为本法所称的个人信息处理者。

二是责任要素。本条第1项所指的“自主决定”意味着，无论出于何种目的，意欲采取何种方式对个人信息进行处理，这样的决定都应是基于个人信息处理者自主意志的结果。这里的自主决定表明了个人信息处理者在个人信息处理活动中理应承担起并且有能力承担起本法所规定的责任与义务。由此，在委托处理个人信息的场合，受托人对个人信息处理活动具有自主决定力与控制力的，应承担本法所规定的义务与责任，反之则无须承担。

三是内容要素。本条第1项在草案中曾将“处理目的、处理方式”称为“个人信息处理事项”，也即个人信息处理者所能自主决定的内容是处理的目的和方式。本法第4条第2款规定，“个人信息的处理包括个人信息的收集、存储、使用、加工、传输、提供、公开、删除等”。因而进行这些处

〔1〕 参见夏征农等主编：《辞海》（第6版），上海辞书出版社2009年版，第3083页。

理活动的目的与方式都可以是个人信息处理者可能自主决定的内容。

2. 自动化决策的含义

自动化决策是相对人工决策而言的。简单来说，自动化决策就是计算机程序代替人工进行分析评估，最终作出决定的过程。欧盟《通用数据保护条例》第 4 条的定义(4)规定了"用户画像"这一自动化决策的典型，"用户画像指的是为了评估自然人的某些条件而对个人数据进行的任何自动化处理，特别是为了评估自然人的工作表现、经济状况、健康、个人偏好、兴趣、可靠性、行为方式、位置或行踪而进行的处理。"

自动化决策的实质仍然是对个人信息的处理利用，即分析评估。当前的自动化决策，主要是通过利用大量的数据进行训练进而得到做出决策的能力。所以在方式上，自动化决策是利用训练所得的计算机程序分析评估个人的行为习惯、兴趣爱好或者经济、健康、信用状况、个人偏好、可靠性、行为方式、位置或行踪等，最终得出决策结果。在目的上，自动化决策的目的可能用于商业营销或提供服务。这种基于大数据训练得到的决策能力很可能没有考虑到被决策者的独特性，且因决策过程缺乏透明度，容易造成对个人权益的侵害。

3. 去标识化的含义

标识符是可以实现对个人信息主体的唯一识别的一个或多个属性。标识符可以分为直接标识符和准标识符。特定环境下可以单独识别个人信息主体的标识符为直接标识符。结合其他属性可唯一识别个人和主体的标识符为准标识符。[1] 因此，去标识化的核心与关键在于降低或消除个人信息中所具有的可识别性。具体而言，去标识化首先应是对标识符进行处理而消除或降低其与个人信息主体之间关联性和识别性的过程。在效果上，去标识化的信息仍是个人信息，受到本法的保护。

4. 匿名化的含义

在对标识符的理解上，匿名化与去标识化是一致的，无论是去标识化

---

〔1〕 参见《信息安全技术个人信息去标识化指南》(GB/T 37964－2019)3.6、3.7、3.8。

还是匿名化，其核心都是通过对个人信息进行某些处理使其无法识别特定自然人，即去除个人信息的识别性这一核心的过程。

在程度上，匿名化要求达到"无法识别特定自然人且不能复原"的程度，比去标识化应达到的程度更高，在概念上是质的差别。对这种程度的把握在于对"不能复原"的理解。从逻辑上看，去标识化后的个人信息借助额外信息仍能识别特定自然人，那么不能复原的其中一种情形则应该是即便借助额外信息仍不能识别特定自然人。此时的匿名化可以理解为无法再重新识别和再次关联到特定自然人。从匿名化技术的角度考虑，个人信息经过匿名化后的"不可复原"还可以是技术上的不可复原，即在技术上的不可实现。在效果上，依本法第 4 条第 1 款第 2 句的规定，个人信息"不包括匿名化处理后的信息"。即个人信息经过匿名化的处理后便不属于个人信息，因而个人信息处理者在处理匿名化之后的信息时，可不再适用本法。

适用要点

虽然去标识化后的个人信息在不借助额外信息的情况下无法识别特定自然人，但是，当下的无法识别不意味着更大范围内和更长时间后的无法识别。因为技术是发展的，当前在技术上的不可实现不意味着在未来不可实现。同样，经过处理无法识别特定自然人且不能复原的匿名化信息也仅是在概念上不能复原。因此从这个层面来看，个人信息的去标识化和匿名化是一个场景化的、个案化的动态的过程。因而，匿名化的方法并不是一劳永逸的，它并不意味着匿名化后的个人信息永久地不再适用本法。当出现新的额外信息或随着技术的发展，原本匿名化的信息可能会从匿名化信息"跌落"至去标识化的个人信息。

需要特别指出的是，本条第 3 项、第 4 项所称"个人信息经过处理"中的"处理"与本法第 4 条第 2 款规定中的处理含义并不一致，不可作相同理解。

关联法规

《信息安全技术 个人信息安全规范》(GB/T 35273－2020)第3.4、3.14、3.15条;《信息安全技术 个人信息去标识化指南》(GB/T 37964－2019)第3.3、3.6、3.7、3.8条;《征信机构信息安全规范》(JR/T 0117－2014)第9.6条;《网络安全法》第42条

第七十四条 【施行日期】本法自2021年11月1日起施行。

条文解读

本条是关于本法施行日期的规定。

我国《立法法》第57条明确规定:"法律应当明确规定施行日期。"法律的施行日期,即法律的生效时间,是指法律何时开始生效,以及法律对于其生效前的事件或者行为是否具有溯及力的问题,是一部法律的重要组成部分。在我国,法律生效的时间的条款都单独成条,放在附则里为最后一条。没有附则的法律,施行时间放在法律的最后一条中规定。法律施行的时间是根据某法律的具体性质和实际需要决定的,一般有两种情形:(1)自法律颁布之日起生效;(2)法律颁布后经过一段时间开始生效。其中后者又包括:第一,该法律中的条文自行规定其生效的时间;第二,另由法律制定机关发布专门文件规定生效时间;第三,没有明文规定生效时间的,一般自公布之日起生效。法律应当明确规定施行时间,只有明确了施行时间,才能做好准备,使法律进入实施状态,使其得到执行、适用和遵守。如果没有施行时间,法律就难以进入实施状态,难以发挥其应有的社会作用。

2021年8月20日,《个人信息保护法》由十三届全国人大常委会第三十次会议通过,作为个人信息保护领域的基本法,其针对相关主体进行了较为完善的制度设计,因此需要留出一定的时间让各方做好实施该法的

准备工作。以个人信息处理者为例,本法规定了诸多规则与义务,个人信息处理者并不能在本法颁布之日就具备规定的条件或符合相关的要求,如本法第52条规定的指定个人信息保护负责人义务,第55条规定的事前个人信息保护影响评估义务,第58条规定的提供互联网平台的信息处理者的义务等,个人信息处理者不可能在法律颁布之日起便做好了相应的安排。因此,本条规定,“本法自2021年11月1日起施行”是妥当且必要的。

附录

中华人民共和国宪法(节录)

(1982年12月4日第五届全国人民代表大会第五次会议通过　1982年12月4日全国人民代表大会公告公布施行　根据1988年4月12日第七届全国人民代表大会第一次会议通过的《中华人民共和国宪法修正案》、1993年3月29日第八届全国人民代表大会第一次会议通过的《中华人民共和国宪法修正案》、1999年3月15日第九届全国人民代表大会第二次会议通过的《中华人民共和国宪法修正案》、2004年3月14日第十届全国人民代表大会第二次会议通过的《中华人民共和国宪法修正案》和2018年3月11日第十三届全国人民代表大会第一次会议通过的《中华人民共和国宪法修正案》修正)

第四十条　中华人民共和国公民的通信自由和通信秘密受法律的保护。除因国家安全或者追查刑事犯罪的需要,由公安机关或者检察机关依照法律规定的程序对通信进行检查外,任何组织或者个人不得以任何理由侵犯公民的通信自由和通信秘密。

中华人民共和国民法典(节录)

(2020年5月28日第十三届全国人民代表大会第三次会议通过　2020年5月28日中华人民共和国主席令第45号公布　自2021年1月1日起施行)

第四编　人　格　权

第六章　隐私权和个人信息保护

第一千零三十二条　自然人享有隐私权。任何组织或者个人不得以刺探、侵扰、泄露、公开等方式侵害他人的隐私权。

隐私是自然人的私人生活安宁和不愿为他人知晓的私密空间、私密活动、私密信息。

第一千零三十三条　除法律另有规定或者权利人明确同意外,任何组织或者个人不得实施下列行为:

(一)以电话、短信、即时通讯工具、电子邮件、传单等方式侵扰他人的私人生活安宁;

(二)进入、拍摄、窥视他人的住宅、宾馆房间等私密空间;

(三)拍摄、窥视、窃听、公开他人的私密活动;

(四)拍摄、窥视他人身体的私密部位;

(五)处理他人的私密信息;

(六)以其他方式侵害他人的隐私权。

第一千零三十四条　自然人的个人信息受法律保护。

个人信息是以电子或者其他方式记录的能够单独或者与其他信息结合识别特定自然人的各种信息,包括自然人的姓名、出生日期、身份证件号码、生物识别信息、住址、电话号码、电子邮箱、健康信息、行踪信息等。

个人信息中的私密信息，适用有关隐私权的规定；没有规定的，适用有关个人信息保护的规定。

第一千零三十五条　处理个人信息的，应当遵循合法、正当、必要原则，不得过度处理，并符合下列条件：

（一）征得该自然人或者其监护人同意，但是法律、行政法规另有规定的除外；

（二）公开处理信息的规则；

（三）明示处理信息的目的、方式和范围；

（四）不违反法律、行政法规的规定和双方的约定。

个人信息的处理包括个人信息的收集、存储、使用、加工、传输、提供、公开等。

第一千零三十六条　处理个人信息，有下列情形之一的，行为人不承担民事责任：

（一）在该自然人或者其监护人同意的范围内合理实施的行为；

（二）合理处理该自然人自行公开的或者其他已经合法公开的信息，但是该自然人明确拒绝或者处理该信息侵害其重大利益的除外；

（三）为维护公共利益或者该自然人合法权益，合理实施的其他行为。

第一千零三十七条　自然人可以依法向信息处理者查阅或者复制其个人信息；发现信息有错误的，有权提出异议并请求及时采取更正等必要措施。

自然人发现信息处理者违反法律、行政法规的规定或者双方的约定处理其个人信息的，有权请求信息处理者及时删除。

第一千零三十八条　信息处理者不得泄露或者篡改其收集、存储的个人信息；未经自然人同意，不得向他人非法提供其个人信息，但是经过加工无法识别特定个人且不能复原的除外。

信息处理者应当采取技术措施和其他必要措施，确保其收集、存储的个人信息安全，防止信息泄露、篡改、丢失；发生或者可能发生个人信息泄露、篡改、丢失的，应当及时采取补救措施，按照规定告知自然人并向有关主管部门报告。

第一千零三十九条 国家机关、承担行政职能的法定机构及其工作人员对于履行职责过程中知悉的自然人的隐私和个人信息,应当予以保密,不得泄露或者向他人非法提供。

中华人民共和国刑法(节录)

(1979年7月1日第五届全国人民代表大会第二次会议通过 1997年3月14日第八届全国人民代表大会第五次会议修订 根据1998年12月29日第九届全国人民代表大会常务委员会第六次会议通过的《关于惩治骗购外汇、逃汇和非法买卖外汇犯罪的决定》、1999年12月25日第九届全国人民代表大会常务委员会第十三次会议通过的《中华人民共和国刑法修正案》、2001年8月31日第九届全国人民代表大会常务委员会第二十三次会议通过的《中华人民共和国刑法修正案(二)》、2001年12月29日第九届全国人民代表大会常务委员会第二十五次会议通过的《中华人民共和国刑法修正案(三)》、2002年12月28日第九届全国人民代表大会常务委员会第三十一次会议通过的《中华人民共和国刑法修正案(四)》、2005年2月28日第十届全国人民代表大会常务委员会第十四次会议通过的《中华人民共和国刑法修正案(五)》、2006年6月29日第十届全国人民代表大会常务委员会第二十二次会议通过的《中华人民共和国刑法修正案(六)》、2009年2月28日第十一届全国人民代表大会常务委员会第七次会议通过的《中华人民共和国刑法修正案(七)》、2009年8月27日第十一届全国人民代表大会常务委员会第十次会议通过的《关于修改部分法律的决定》、2011年2月25日第十一届全国人民代表大会常务委员会第十九次会议通过的《中华人民共和国刑法修正案(八)》、2015 年 8 月 29 日第十二届全国人民代表大会常务委员会第十六次会议通过的《中华人民共和国刑法修正案(九)》、2017 年 11 月 4 日第十二届全国人民代表大会常务委员会第三十次会议通过的《中华人民共和国刑法修正案(十)》、2020 年 12 月 26 日第十三届全国人民代表大会常务委员会第二十四次会议通过的《中华人民共和国刑法修正案(十一)》修正)

第二百五十三条之一 违反国家有关规定,向他人出售或者提供公民个人信息,情节严重的,处三年以下有期徒刑或者拘役,并处或者单处罚金;情节特别严重的,处三年以上七年以下有期徒刑,并处罚金。

违反国家有关规定,将在履行职责或者提供服务过程中获得的公民个人信息,出售或者提供给他人的,依照前款的规定从重处罚。

窃取或者以其他方法非法获取公民个人信息的,依照第一款的规定处罚。

单位犯前三款罪的,对单位判处罚金,并对其直接负责的主管人员和其他直接责任人员,依照各该款的规定处罚。

中华人民共和国数据安全法

(2021 年 6 月 10 日第十三届全国人民代表大会常务委员会第二十九次会议通过　2021 年 6 月 10 日中华人民共和国主席令第 84 号公布　自 2021 年 9 月 1 日起施行)

目　录

第一章　总　　则

第一条　为了规范数据处理活动，保障数据安全，促进数据开发利用，保护个人、组织的合法权益，维护国家主权、安全和发展利益，制定本法。

第二条　在中华人民共和国境内开展数据处理活动及其安全监管，适用本法。

在中华人民共和国境外开展数据处理活动，损害中华人民共和国国家安全、公共利益或者公民、组织合法权益的，依法追究法律责任。

第三条　本法所称数据，是指任何以电子或者其他方式对信息的记录。

数据处理，包括数据的收集、存储、使用、加工、传输、提供、公开等。

数据安全，是指通过采取必要措施，确保数据处于有效保护和合法利用的状态，以及具备保障持续安全状态的能力。

第四条　维护数据安全，应当坚持总体国家安全观，建立健全数据安全治理体系，提高数据安全保障能力。

第五条　中央国家安全领导机构负责国家数据安全工作的决策和议事协调，研究制定、指导实施国家数据安全战略和有关重大方针政策，统筹协调国家数据安全的重大事项和重要工作，建立国家数据安全工作协调机制。

第六条　各地区、各部门对本地区、本部门工作中收集和产生的数据及数据安全负责。

工业、电信、交通、金融、自然资源、卫生健康、教育、科技等主管部门承担本行业、本领域数据安全监管职责。

公安机关、国家安全机关等依照本法和有关法律、行政法规的规定，在各自职责范围内承担数据安全监管职责。

国家网信部门依照本法和有关法律、行政法规的规定，负责统筹协调网络数据安全和相关监管工作。

第七条　国家保护个人、组织与数据有关的权益，鼓励数据依法合理有效利用，保障数据依法有序自由流动，促进以数据为关键要素的数字经济发展。

第八条　开展数据处理活动，应当遵守法律、法规，尊重社会公德和伦理，遵守商业道德和职业道德，诚实守信，履行数据安全保护义务，承担社会责任，不得危害国家安全、公共利益，不得损害个人、组织的合法权益。

第九条　国家支持开展数据安全知识宣传普及，提高全社会的数据安全保护意识和水平，推动有关部门、行业组织、科研机构、企业、个人等共同参与数据安全保护工作，形成全社会共同维护数据安全和促进发展的良好环境。

第十条　相关行业组织按照章程，依法制定数据安全行为规范和团体标准，加强行业自律，指导会员加强数据安全保护，提高数据安全保护水平，促进行业健康发展。

第十一条　国家积极开展数据安全治理、数据开发利用等领域的国际交流与合作，参与数据安全相关国际规则和标准的制定，促进数据跨境安全、自由流动。

第十二条　任何个人、组织都有权对违反本法规定的行为向有关主管部门投诉、举报。收到投诉、举报的部门应当及时依法处理。

有关主管部门应当对投诉、举报人的相关信息予以保密，保护投诉、举报人的合法权益。

第二章　数据安全与发展

第十三条　国家统筹发展和安全，坚持以数据开发利用和产业发展促进数据安全,以数据安全保障数据开发利用和产业发展。

第十四条 国家实施大数据战略,推进数据基础设施建设,鼓励和支持数据在各行业、各领域的创新应用。

省级以上人民政府应当将数字经济发展纳入本级国民经济和社会发展规划,并根据需要制定数字经济发展规划。

第十五条 国家支持开发利用数据提升公共服务的智能化水平。提供智能化公共服务,应当充分考虑老年人、残疾人的需求,避免对老年人、残疾人的日常生活造成障碍。

第十六条 国家支持数据开发利用和数据安全技术研究,鼓励数据开发利用和数据安全等领域的技术推广和商业创新,培育、发展数据开发利用和数据安全产品、产业体系。

第十七条 国家推进数据开发利用技术和数据安全标准体系建设。国务院标准化行政主管部门和国务院有关部门根据各自的职责,组织制定并适时修订有关数据开发利用技术、产品和数据安全相关标准。国家支持企业、社会团体和教育、科研机构等参与标准制定。

第十八条 国家促进数据安全检测评估、认证等服务的发展,支持数据安全检测评估、认证等专业机构依法开展服务活动。

国家支持有关部门、行业组织、企业、教育和科研机构、有关专业机构等在数据安全风险评估、防范、处置等方面开展协作。

第十九条 国家建立健全数据交易管理制度,规范数据交易行为,培育数据交易市场。

第二十条 国家支持教育、科研机构和企业等开展数据开发利用技术和数据安全相关教育和培训,采取多种方式培养数据开发利用技术和数据安全专业人才,促进人才交流。

第三章 数据安全制度

第二十一条 国家建立数据分类分级保护制度,根据数据在经济社会发展中的重要程度,以及一旦遭到篡改、破坏、泄露或者非法获取、非法利用,对国家安全、公共利益或者个人、组织合法权益造成的危害程度,对数据实行分类分级保护。国家数据安全工作协调机制统筹协调有关部门制定重要数据目录,加强对重要数据的保护。

关系国家安全、国民经济命脉、重要民生、重大公共利益等数据属于国家核心数据,实行更加严格的管理制度。

各地区、各部门应当按照数据分类分级保护制度,确定本地区、本部门以及相关行业、领域的重要数据具体目录,对列入目录的数据进行重点保护。

第二十二条　国家建立集中统一、高效权威的数据安全风险评估、报告、信息共享、监测预警机制。国家数据安全工作协调机制统筹协调有关部门加强数据安全风险信息的获取、分析、研判、预警工作。

第二十三条　国家建立数据安全应急处置机制。发生数据安全事件,有关主管部门应当依法启动应急预案,采取相应的应急处置措施,防止危害扩大,消除安全隐患,并及时向社会发布与公众有关的警示信息。

第二十四条　国家建立数据安全审查制度,对影响或者可能影响国家安全的数据处理活动进行国家安全审查。

依法作出的安全审查决定为最终决定。

第二十五条　国家对与维护国家安全和利益、履行国际义务相关的属于管制物项的数据依法实施出口管制。

第二十六条　任何国家或者地区在与数据和数据开发利用技术等有关的投资、贸易等方面对中华人民共和国采取歧视性的禁止、限制或者其他类似措施的,中华人民共和国可以根据实际情况对该国家或者地区对等采取措施。

第四章　数据安全保护义务

第二十七条　开展数据处理活动应当依照法律、法规的规定,建立健全全流程数据安全管理制度,组织开展数据安全教育培训,采取相应的技术措施和其他必要措施,保障数据安全。利用互联网等信息网络开展数据处理活动，应当在网络安全等级保护制度的基础上，履行上述数据安全保护义务。

重要数据的处理者应当明确数据安全负责人和管理机构，落实数据安全保护责任。

第二十八条 开展数据处理活动以及研究开发数据新技术，应当有利于促进经济社会发展，增进人民福祉，符合社会公德和伦理。

第二十九条 开展数据处理活动应当加强风险监测，发现数据安全缺陷、漏洞等风险时，应当立即采取补救措施；发生数据安全事件时，应当立即采取处置措施，按照规定及时告知用户并向有关主管部门报告。

第三十条 重要数据的处理者应当按照规定对其数据处理活动定期开展风险评估，并向有关主管部门报送风险评估报告。

风险评估报告应当包括处理的重要数据的种类、数量，开展数据处理活动的情况，面临的数据安全风险及其应对措施等。

第三十一条 关键信息基础设施的运营者在中华人民共和国境内运营中收集和产生的重要数据的出境安全管理，适用《中华人民共和国网络安全法》的规定；其他数据处理者在中华人民共和国境内运营中收集和产生的重要数据的出境安全管理办法，由国家网信部门会同国务院有关部门制定。

第三十二条 任何组织、个人收集数据，应当采取合法、正当的方式，不得窃取或者以其他非法方式获取数据。

法律、行政法规对收集、使用数据的目的、范围有规定的，应当在法律、行政法规规定的目的和范围内收集、使用数据。

第三十三条 从事数据交易中介服务的机构提供服务，应当要求数据提供方说明数据来源，审核交易双方的身份，并留存审核、交易记录。

第三十四条 法律、行政法规规定提供数据处理相关服务应当取得行政许可的，服务提供者应当依法取得许可。

第三十五条 公安机关、国家安全机关因依法维护国家安全或者侦查犯罪的需要调取数据，应当按照国家有关规定，经过严格的批准手续，依法进行,有关组织、个人应当予以配合。

第三十六条 中华人民共和国主管机关根据有关法律和中华人民共和国缔结或者参加的国际条约、协定,或者按照平等互惠原则,处理外国司法或者执法机构关于提供数据的请求。非经中华人民共和国主管机关批准,境内的组织、个人不得向外国司法或者执法机构提供存储于中华人民共和国境内的数据。

第五章 政务数据安全与开放

第三十七条 国家大力推进电子政务建设,提高政务数据的科学性、准确性、时效性,提升运用数据服务经济社会发展的能力。

第三十八条 国家机关为履行法定职责的需要收集、使用数据,应当在其履行法定职责的范围内依照法律、行政法规规定的条件和程序进行;对在履行职责中知悉的个人隐私、个人信息、商业秘密、保密商务信息等数据应当依法予以保密,不得泄露或者非法向他人提供。

第三十九条 国家机关应当依照法律、行政法规的规定,建立健全数据安全管理制度,落实数据安全保护责任,保障政务数据安全。

第四十条 国家机关委托他人建设、维护电子政务系统,存储、加工政务数据,应当经过严格的批准程序,并应当监督受托方履行相应的数据安全保护义务。受托方应当依照法律、法规的规定和合同约定履行数据安全保护义务,不得擅自留存、使用、泄露或者向他人提供政务数据。

第四十一条 国家机关应当遵循公正、公平、便民的原则,按照规定及时、准确地公开政务数据。依法不予公开的除外。

第四十二条 国家制定政务数据开放目录,构建统一规范、互联互通、安全可控的政务数据开放平台,推动政务数据开放利用。

第四十三条 法律、法规授权的具有管理公共事务职能的组织为履行法定职责开展数据处理活动,适用本章规定。

第六章 法律责任

第四十四条 有关主管部门在履行数据安全监管职责中,发现数据处理活动存在较大安全风险的，可以按照规定的权限和程序对有关组织、个人进行约谈，并要求有关组织、个人采取措施进行整改，消除隐患。

第四十五条 开展数据处理活动的组织、个人不履行本法第二十七条、第二十九条、第三十条规定的数据安全保护义务的，由有关主管部门责令改正，给予警告，可以并处五万元以上五十万元以下罚款，对直接负责的主管人员和其他直接责任人员可以处一万元以上十万元以下罚款；拒不改正或者造成大量数据泄露等严重后果的，处五十万元以上二百万元以下罚款，并可以责令暂停相关业务、停业整顿、吊销相关业务许可证或者吊销营业执照，对直接负责的主管人员和其他直接责任人员处五万元以上二十万元以下罚款。

违反国家核心数据管理制度，危害国家主权、安全和发展利益的，由有关主管部门处二百万元以上一千万元以下罚款，并根据情况责令暂停相关业务、停业整顿、吊销相关业务许可证或者吊销营业执照；构成犯罪的，依法追究刑事责任。

第四十六条 违反本法第三十一条规定，向境外提供重要数据的，由有关主管部门责令改正，给予警告，可以并处十万元以上一百万元以下罚款，对直接负责的主管人员和其他直接责任人员可以处一万元以上十万元以下罚款；情节严重的，处一百万元以上一千万元以下罚款，并可以责令暂停相关业务、停业整顿、吊销相关业务许可证或者吊销营业执照，对直接负责的主管人员和其他直接责任人员处十万元以上一百万元以下罚款。

第四十七条 从事数据交易中介服务的机构未履行本法第三十三条规定的义务的，由有关主管部门责令改正，没收违法所得，处违法所得一倍以上十倍以下罚款，没有违法所得或者违法所得不足十万元的，处十万元以上一百万元以下罚款，并可以责令暂停相关业务、停业整顿、吊销相关业务许可证或者吊销营业执照；对直接负责的主管人员和其他直接责任人员处一万元以上十万元以下罚款。

第四十八条 违反本法第三十五条规定，拒不配合数据调取的，由有关主管部门责令改正，给予警告，并处五万元以上五十万元以下罚款，对直接负责的主管人员和其他直接责任人员处一万元以上十万元以下罚款。

违反本法第三十六条规定，未经主管机关批准向外国司法或者执法机构提供数据的，由有关主管部门给予警告，可以并处十万元以上一百万元以下罚款，对直接负责的主管人员和其他直接责任人员可以处一万元以上十万元以下罚款；造成严重后果的，处一百万元以上五百万元以下罚款，并可以责令暂停相关业务、停业整顿、吊销相关业务许可证或者吊销营业执照，对直接负责的主管人员和其他直接责任人员处五万元以上五十万元以下罚款。

第四十九条　国家机关不履行本法规定的数据安全保护义务的，对直接负责的主管人员和其他直接责任人员依法给予处分。

第五十条　履行数据安全监管职责的国家工作人员玩忽职守、滥用职权、徇私舞弊的，依法给予处分。

第五十一条　窃取或者以其他非法方式获取数据，开展数据处理活动排除、限制竞争，或者损害个人、组织合法权益的，依照有关法律、行政法规的规定处罚。

第五十二条　违反本法规定，给他人造成损害的，依法承担民事责任。

违反本法规定，构成违反治安管理行为的，依法给予治安管理处罚；构成犯罪的，依法追究刑事责任。

第七章　附　　则

第五十三条　开展涉及国家秘密的数据处理活动，适用《中华人民共和国保守国家秘密法》等法律、行政法规的规定。

在统计、档案工作中开展数据处理活动，开展涉及个人信息的数据处理活动，还应当遵守有关法律、行政法规的规定。

第五十四条　军事数据安全保护的办法，由中央军事委员会依据本法另行制定。

第五十五条　本法自2021年9月1日起施行。

中华人民共和国电子商务法

（2018年8月31日第十三届全国人民代表大会常务委员会第五次会议通过　2018年8月31日中华人民共和国主席令第7号公布　自2019年1月1日起施行）

目　　录

第一章　总　　则

第一条　为了保障电子商务各方主体的合法权益，规范电子商务行为，维护市场秩序，促进电子商务持续健康发展，制定本法。

第二条　中华人民共和国境内的电子商务活动，适用本法。

本法所称电子商务，是指通过互联网等信息网络销售商品或者提供服务的经营活动。

法律、行政法规对销售商品或者提供服务有规定的，适用其规定。金融类产品和服务，利用信息网络提供新闻信息、音视频节目、出版以及文化产品等内容方面的服务，不适用本法。

第三条 国家鼓励发展电子商务新业态，创新商业模式，促进电子商务技术研发和推广应用，推进电子商务诚信体系建设，营造有利于电子商务创新发展的市场环境，充分发挥电子商务在推动高质量发展、满足人民日益增长的美好生活需要、构建开放型经济方面的重要作用。

第四条 国家平等对待线上线下商务活动，促进线上线下融合发展，各级人民政府和有关部门不得采取歧视性的政策措施，不得滥用行政权力排除、限制市场竞争。

第五条 电子商务经营者从事经营活动，应当遵循自愿、平等、公平、诚信的原则，遵守法律和商业道德，公平参与市场竞争，履行消费者权益保护、环境保护、知识产权保护、网络安全与个人信息保护等方面的义务，承担产品和服务质量责任，接受政府和社会的监督。

第六条 国务院有关部门按照职责分工负责电子商务发展促进、监督管理等工作。县级以上地方各级人民政府可以根据本行政区域的实际情况，确定本行政区域内电子商务的部门职责划分。

第七条 国家建立符合电子商务特点的协同管理体系，推动形成有关部门、电子商务行业组织、电子商务经营者、消费者等共同参与的电子商务市场治理体系。

第八条 电子商务行业组织按照本组织章程开展行业自律，建立健全行业规范，推动行业诚信建设，监督、引导本行业经营者公平参与市场竞争。

第二章 电子商务经营者

第一节 一般规定

第九条 本法所称电子商务经营者，是指通过互联网等信息网络从事销售商品或者提供服务的经营活动的自然人、法人和非法人组织，包括电子商务平台经营者、平台内经营者以及通过自建网站、其他网络服务销售商品或者提供服务的电子商务经营者。

本法所称电子商务平台经营者，是指在电子商务中为交易双方或者多方提供网络经营场所、交易撮合、信息发布等服务，供交易双方或者多方独立开展交易活动的法人或者非法人组织。

本法所称平台内经营者，是指通过电子商务平台销售商品或者提供服务的电子商务经营者。

第十条 电子商务经营者应当依法办理市场主体登记。但是，个人销售自产农副产品、家庭手工业产品，个人利用自己的技能从事依法无须取得许可的便民劳务活动和零星小额交易活动，以及依照法律、行政法规不需要进行登记的除外。

第十一条 电子商务经营者应当依法履行纳税义务，并依法享受税收优惠。

依照前条规定不需要办理市场主体登记的电子商务经营者在首次纳税义务发生后，应当依照税收征收管理法律、行政法规的规定申请办理税务登记，并如实申报纳税。

第十二条 电子商务经营者从事经营活动，依法需要取得相关行政许可的，应当依法取得行政许可。

第十三条 电子商务经营者销售的商品或者提供的服务应当符合保障人身、财产安全的要求和环境保护要求，不得销售或者提供法律、行政法规禁止交易的商品或者服务。

第十四条 电子商务经营者销售商品或者提供服务应当依法出具纸质发票或者电子发票等购货凭证或者服务单据。电子发票与纸质发票具有同等法律效力。

第十五条 电子商务经营者应当在其首页显著位置，持续公示营业执照信息、与其经营业务有关的行政许可信息、属于依照本法第十条规定的不需要办理市场主体登记情形等信息，或者上述信息的链接标识。

前款规定的信息发生变更的，电子商务经营者应当及时更新公示信息。

第十六条 电子商务经营者自行终止从事电子商务的，应当提前三十日在首页显著位置持续公示有关信息。

第十七条　电子商务经营者应当全面、真实、准确、及时地披露商品或者服务信息，保障消费者的知情权和选择权。电子商务经营者不得以虚构交易、编造用户评价等方式进行虚假或者引人误解的商业宣传，欺骗、误导消费者。

第十八条　电子商务经营者根据消费者的兴趣爱好、消费习惯等特征向其提供商品或者服务的搜索结果的，应当同时向该消费者提供不针对其个人特征的选项，尊重和平等保护消费者合法权益。

电子商务经营者向消费者发送广告的，应当遵守《中华人民共和国广告法》的有关规定。

第十九条　电子商务经营者搭售商品或者服务，应当以显著方式提请消费者注意，不得将搭售商品或者服务作为默认同意的选项。

第二十条　电子商务经营者应当按照承诺或者与消费者约定的方式、时限向消费者交付商品或者服务，并承担商品运输中的风险和责任。但是，消费者另行选择快递物流服务提供者的除外。

第二十一条　电子商务经营者按照约定向消费者收取押金的，应当明示押金退还的方式、程序，不得对押金退还设置不合理条件。消费者申请退还押金，符合押金退还条件的，电子商务经营者应当及时退还。

第二十二条　电子商务经营者因其技术优势、用户数量、对相关行业的控制能力以及其他经营者对该电子商务经营者在交易上的依赖程度等因素而具有市场支配地位的，不得滥用市场支配地位，排除、限制竞争。

第二十三条　电子商务经营者收集、使用其用户的个人信息，应当遵守法律、行政法规有关个人信息保护的规定。

第二十四条　电子商务经营者应当明示用户信息查询、更正、删除以及用户注销的方式、程序，不得对用户信息查询、更正、删除以及用户注销设置不合理条件。

电子商务经营者收到用户信息查询或者更正、删除的申请的，应当在核实身份后及时提供查询或者更正、删除用户信息。用户注销的，电子商务经营者应当立即删除该用户的信息；依照法律、行政法规的规定或者双方约定保存的，依照其规定。

第二十五条 有关主管部门依照法律、行政法规的规定要求电子商务经营者提供有关电子商务数据信息的，电子商务经营者应当提供。有关主管部门应当采取必要措施保护电子商务经营者提供的数据信息的安全，并对其中的个人信息、隐私和商业秘密严格保密，不得泄露、出售或者非法向他人提供。

第二十六条 电子商务经营者从事跨境电子商务，应当遵守进出口监督管理的法律、行政法规和国家有关规定。

第二节 电子商务平台经营者

第二十七条 电子商务平台经营者应当要求申请进入平台销售商品或者提供服务的经营者提交其身份、地址、联系方式、行政许可等真实信息，进行核验、登记，建立登记档案，并定期核验更新。

电子商务平台经营者为进入平台销售商品或者提供服务的非经营用户提供服务，应当遵守本节有关规定。

第二十八条 电子商务平台经营者应当按照规定向市场监督管理部门报送平台内经营者的身份信息，提示未办理市场主体登记的经营者依法办理登记，并配合市场监督管理部门，针对电子商务的特点，为应当办理市场主体登记的经营者办理登记提供便利。

电子商务平台经营者应当依照税收征收管理法律、行政法规的规定，向税务部门报送平台内经营者的身份信息和与纳税有关的信息，并应当提示依照本法第十条规定不需要办理市场主体登记的电子商务经营者依照本法第十一条第二款的规定办理税务登记。

第二十九条 电子商务平台经营者发现平台内的商品或者服务信息存在违反本法第十二条、第十三条规定情形的，应当依法采取必要的处置措施，并向有关主管部门报告。

第三十条 电子商务平台经营者应当采取技术措施和其他必要措施

保证其网络安全、稳定运行,防范网络违法犯罪活动,有效应对网络安全事件,保障电子商务交易安全。

电子商务平台经营者应当制定网络安全事件应急预案,发生网络安全事件时,应当立即启动应急预案,采取相应的补救措施,并向有关主管部门报告。

第三十一条　电子商务平台经营者应当记录、保存平台上发布的商品和服务信息、交易信息,并确保信息的完整性、保密性、可用性。商品和服务信息、交易信息保存时间自交易完成之日起不少于三年;法律、行政法规另有规定的,依照其规定。

第三十二条　电子商务平台经营者应当遵循公开、公平、公正的原则,制定平台服务协议和交易规则,明确进入和退出平台、商品和服务质量保障、消费者权益保护、个人信息保护等方面的权利和义务。

第三十三条　电子商务平台经营者应当在其首页显著位置持续公示平台服务协议和交易规则信息或者上述信息的链接标识,并保证经营者和消费者能够便利、完整地阅览和下载。

第三十四条　电子商务平台经营者修改平台服务协议和交易规则,应当在其首页显著位置公开征求意见,采取合理措施确保有关各方能够及时充分表达意见。修改内容应当至少在实施前七日予以公示。

平台内经营者不接受修改内容,要求退出平台的,电子商务平台经营者不得阻止,并按照修改前的服务协议和交易规则承担相关责任。

第三十五条　电子商务平台经营者不得利用服务协议、交易规则以及技术等手段,对平台内经营者在平台内的交易、交易价格以及与其他经营者的交易等进行不合理限制或者附加不合理条件,或者向平台内经营者收取不合理费用。

第三十六条　电子商务平台经营者依据平台服务协议和交易规则对平台内经营者违反法律、法规的行为实施警示、暂停或者终止服务等措施的,应当及时公示。

第三十七条　电子商务平台经营者在其平台上开展自营业务的,应当以显著方式区分标记自营业务和平台内经营者开展的业务,不得误导消费者。

电子商务平台经营者对其标记为自营的业务依法承担商品销售者或者服务提供者的民事责任。

第三十八条 电子商务平台经营者知道或者应当知道平台内经营者销售的商品或者提供的服务不符合保障人身、财产安全的要求,或者有其他侵害消费者合法权益行为,未采取必要措施的,依法与该平台内经营者承担连带责任。

对关系消费者生命健康的商品或者服务,电子商务平台经营者对平台内经营者的资质资格未尽到审核义务,或者对消费者未尽到安全保障义务,造成消费者损害的,依法承担相应的责任。

第三十九条 电子商务平台经营者应当建立健全信用评价制度,公示信用评价规则,为消费者提供对平台内销售的商品或者提供的服务进行评价的途径。

电子商务平台经营者不得删除消费者对其平台内销售的商品或者提供的服务的评价。

第四十条 电子商务平台经营者应当根据商品或者服务的价格、销量、信用等以多种方式向消费者显示商品或者服务的搜索结果;对于竞价排名的商品或者服务,应当显著标明“广告”。

第四十一条 电子商务平台经营者应当建立知识产权保护规则,与知识产权权利人加强合作,依法保护知识产权。

第四十二条 知识产权权利人认为其知识产权受到侵害的,有权通知电子商务平台经营者采取删除、屏蔽、断开链接、终止交易和服务等必要措施。通知应当包括构成侵权的初步证据。

电子商务平台经营者接到通知后,应当及时采取必要措施,并将该通知转送平台内经营者;未及时采取必要措施的,对损害的扩大部分与平台内经营者承担连带责任。

因通知错误造成平台内经营者损害的,依法承担民事责任。恶意发出错误通知，造成平台内经营者损失的，加倍承担赔偿责任。

第四十三条　平台内经营者接到转送的通知后，可以向电子商务平台经营者提交不存在侵权行为的声明。声明应当包括不存在侵权行为的初步证据。

电子商务平台经营者接到声明后，应当将该声明转送发出通知的知识产权权利人，并告知其可以向有关主管部门投诉或者向人民法院起诉。电子商务平台经营者在转送声明到达知识产权权利人后十五日内，未收到权利人已经投诉或者起诉通知的，应当及时终止所采取的措施。

第四十四条　电子商务平台经营者应当及时公示收到的本法第四十二条、第四十三条规定的通知、声明及处理结果。

第四十五条　电子商务平台经营者知道或者应当知道平台内经营者侵犯知识产权的，应当采取删除、屏蔽、断开链接、终止交易和服务等必要措施；未采取必要措施的，与侵权人承担连带责任。

第四十六条　除本法第九条第二款规定的服务外，电子商务平台经营者可以按照平台服务协议和交易规则，为经营者之间的电子商务提供仓储、物流、支付结算、交收等服务。电子商务平台经营者为经营者之间的电子商务提供服务，应当遵守法律、行政法规和国家有关规定，不得采取集中竞价、做市商等集中交易方式进行交易，不得进行标准化合约交易。

第三章　电子商务合同的订立与履行

第四十七条　电子商务当事人订立和履行合同，适用本章和《中华人民共和国民法总则》《中华人民共和国合同法》《中华人民共和国电子签名法》等法律的规定。

第四十八条　电子商务当事人使用自动信息系统订立或者履行合同的行为对使用该系统的当事人具有法律效力。

在电子商务中推定当事人具有相应的民事行为能力。但是，有相反证据足以推翻的除外。

第四十九条 电子商务经营者发布的商品或者服务信息符合要约条件的,用户选择该商品或者服务并提交订单成功,合同成立。当事人另有约定的,从其约定。

电子商务经营者不得以格式条款等方式约定消费者支付价款后合同不成立;格式条款等含有该内容的,其内容无效。

第五十条 电子商务经营者应当清晰、全面、明确地告知用户订立合同的步骤、注意事项、下载方法等事项,并保证用户能够便利、完整地阅览和下载。

电子商务经营者应当保证用户在提交订单前可以更正输入错误。

第五十一条 合同标的为交付商品并采用快递物流方式交付的,收货人签收时间为交付时间。合同标的为提供服务的,生成的电子凭证或者实物凭证中载明的时间为交付时间;前述凭证没有载明时间或者载明时间与实际提供服务时间不一致的,实际提供服务的时间为交付时间。

合同标的为采用在线传输方式交付的,合同标的进入对方当事人指定的特定系统并且能够检索识别的时间为交付时间。

合同当事人对交付方式、交付时间另有约定的,从其约定。

第五十二条 电子商务当事人可以约定采用快递物流方式交付商品。

快递物流服务提供者为电子商务提供快递物流服务,应当遵守法律、行政法规,并应当符合承诺的服务规范和时限。快递物流服务提供者在交付商品时,应当提示收货人当面查验;交由他人代收的,应当经收货人同意。

快递物流服务提供者应当按照规定使用环保包装材料,实现包装材料的减量化和再利用。

快递物流服务提供者在提供快递物流服务的同时,可以接受电子商务经营者的委托提供代收货款服务。

第五十三条 电子商务当事人可以约定采用电子支付方式支付价款。

电子支付服务提供者为电子商务提供电子支付服务，应当遵守国家规定，告知用户电子支付服务的功能、使用方法、注意事项、相关风险和收费标准等事项，不得附加不合理交易条件。电子支付服务提供者应当确保电子支付指令的完整性、一致性、可跟踪稽核和不可篡改。

电子支付服务提供者应当向用户免费提供对账服务以及最近三年的交易记录。

第五十四条　电子支付服务提供者提供电子支付服务不符合国家有关支付安全管理要求，造成用户损失的，应当承担赔偿责任。

第五十五条　用户在发出支付指令前，应当核对支付指令所包含的金额、收款人等完整信息。

支付指令发生错误的，电子支付服务提供者应当及时查找原因，并采取相关措施予以纠正。造成用户损失的，电子支付服务提供者应当承担赔偿责任，但能够证明支付错误非自身原因造成的除外。

第五十六条　电子支付服务提供者完成电子支付后，应当及时准确地向用户提供符合约定方式的确认支付的信息。

第五十七条　用户应当妥善保管交易密码、电子签名数据等安全工具。用户发现安全工具遗失、被盗用或者未经授权的支付的，应当及时通知电子支付服务提供者。

未经授权的支付造成的损失，由电子支付服务提供者承担；电子支付服务提供者能够证明未经授权的支付是因用户的过错造成的，不承担责任。

电子支付服务提供者发现支付指令未经授权，或者收到用户支付指令未经授权的通知时，应当立即采取措施防止损失扩大。电子支付服务提供者未及时采取措施导致损失扩大的，对损失扩大部分承担责任。

第四章　电子商务争议解决

第五十八条　国家鼓励电子商务平台经营者建立有利于电子商务发展和消费者权益保护的商品、服务质量担保机制。

电子商务平台经营者与平台内经营者协议设立消费者权益保证金的，双方应当就消费者权益保证金的提取数额、管理、使用和退还办法等作出明确约定。

消费者要求电子商务平台经营者承担先行赔偿责任以及电子商务平台经营者赔偿后向平台内经营者的追偿，适用《中华人民共和国消费者权益保护法》的有关规定。

第五十九条 电子商务经营者应当建立便捷、有效的投诉、举报机制，公开投诉、举报方式等信息，及时受理并处理投诉、举报。

第六十条 电子商务争议可以通过协商和解，请求消费者组织、行业协会或者其他依法成立的调解组织调解，向有关部门投诉，提请仲裁，或者提起诉讼等方式解决。

第六十一条 消费者在电子商务平台购买商品或者接受服务，与平台内经营者发生争议时，电子商务平台经营者应当积极协助消费者维护合法权益。

第六十二条 在电子商务争议处理中，电子商务经营者应当提供原始合同和交易记录。因电子商务经营者丢失、伪造、篡改、销毁、隐匿或者拒绝提供前述资料，致使人民法院、仲裁机构或者有关机关无法查明事实的，电子商务经营者应当承担相应的法律责任。

第六十三条 电子商务平台经营者可以建立争议在线解决机制，制定并公示争议解决规则，根据自愿原则，公平、公正地解决当事人的争议。

第五章 电子商务促进

第六十四条 国务院和省、自治区、直辖市人民政府应当将电子商务发展纳入国民经济和社会发展规划，制定科学合理的产业政策，促进电子商务创新发展。

第六十五条 国务院和县级以上地方人民政府及其有关部门应当采取措施，支持、推动绿色包装、仓储、运输，促进电子商务绿色发展。

第六十六条　国家推动电子商务基础设施和物流网络建设，完善电子商务统计制度，加强电子商务标准体系建设。

第六十七条　国家推动电子商务在国民经济各个领域的应用，支持电子商务与各产业融合发展。

第六十八条　国家促进农业生产、加工、流通等环节的互联网技术应用，鼓励各类社会资源加强合作，促进农村电子商务发展，发挥电子商务在精准扶贫中的作用。

第六十九条　国家维护电子商务交易安全，保护电子商务用户信息，鼓励电子商务数据开发应用，保障电子商务数据依法有序自由流动。

国家采取措施推动建立公共数据共享机制，促进电子商务经营者依法利用公共数据。

第七十条　国家支持依法设立的信用评价机构开展电子商务信用评价，向社会提供电子商务信用评价服务。

第七十一条　国家促进跨境电子商务发展，建立健全适应跨境电子商务特点的海关、税收、进出境检验检疫、支付结算等管理制度，提高跨境电子商务各环节便利化水平，支持跨境电子商务平台经营者等为跨境电子商务提供仓储物流、报关、报检等服务。

国家支持小型微型企业从事跨境电子商务。

第七十二条　国家进出口管理部门应当推进跨境电子商务海关申报、纳税、检验检疫等环节的综合服务和监管体系建设，优化监管流程，推动实现信息共享、监管互认、执法互助，提高跨境电子商务服务和监管效率。跨境电子商务经营者可以凭电子单证向国家进出口管理部门办理有关手续。

第七十三条　国家推动建立与不同国家、地区之间跨境电子商务的交流合作，参与电子商务国际规则的制定，促进电子签名、电子身份等国际互认。

国家推动建立与不同国家、地区之间的跨境电子商务争议解决机制。

第六章 法律责任

第七十四条 电子商务经营者销售商品或者提供服务，不履行合同义务或者履行合同义务不符合约定，或者造成他人损害的，依法承担民事责任。

第七十五条 电子商务经营者违反本法第十二条、第十三条规定，未取得相关行政许可从事经营活动，或者销售、提供法律、行政法规禁止交易的商品、服务，或者不履行本法第二十五条规定的信息提供义务，电子商务平台经营者违反本法第四十六条规定，采取集中交易方式进行交易，或者进行标准化合约交易的，依照有关法律、行政法规的规定处罚。

第七十六条 电子商务经营者违反本法规定，有下列行为之一的，由市场监督管理部门责令限期改正，可以处一万元以下的罚款，对其中的电子商务平台经营者，依照本法第八十一条第一款的规定处罚：

（一）未在首页显著位置公示营业执照信息、行政许可信息、属于不需要办理市场主体登记情形等信息，或者上述信息的链接标识的；

（二）未在首页显著位置持续公示终止电子商务的有关信息的；

（三）未明示用户信息查询、更正、删除以及用户注销的方式、程序，或者对用户信息查询、更正、删除以及用户注销设置不合理条件的。

电子商务平台经营者对违反前款规定的平台内经营者未采取必要措施的，由市场监督管理部门责令限期改正，可以处二万元以上十万元以下的罚款。

第七十七条 电子商务经营者违反本法第十八条第一款规定提供搜索结果，或者违反本法第十九条规定搭售商品、服务的，由市场监督管理部门责令限期改正，没收违法所得，可以并处五万元以上二十万元以下的罚款；情节严重的，并处二十万元以上五十万元以下的罚款。

第七十八条 电子商务经营者违反本法第二十一条规定，未向消费者明示押金退还的方式、程序，对押金退还设置不合理条件，或者不及时退还押金的，由有关主管部门责令限期改正，可以处五万元以上二十万元以下的罚款；情节严重的，处二十万元以上五十万元以下的罚款。

第七十九条　电子商务经营者违反法律、行政法规有关个人信息保护的规定，或者不履行本法第三十条和有关法律、行政法规规定的网络安全保障义务的，依照《中华人民共和国网络安全法》等法律、行政法规的规定处罚。

第八十条　电子商务平台经营者有下列行为之一的，由有关主管部门责令限期改正；逾期不改正的，处二万元以上十万元以下的罚款；情节严重的，责令停业整顿，并处十万元以上五十万元以下的罚款：

（一）不履行本法第二十七条规定的核验、登记义务的；

（二）不按照本法第二十八条规定向市场监督管理部门、税务部门报送有关信息的；

（三）不按照本法第二十九条规定对违法情形采取必要的处置措施，或者未向有关主管部门报告的；

（四）不履行本法第三十一条规定的商品和服务信息、交易信息保存义务的。

法律、行政法规对前款规定的违法行为的处罚另有规定的，依照其规定。

第八十一条　电子商务平台经营者违反本法规定，有下列行为之一的，由市场监督管理部门责令限期改正，可以处二万元以上十万元以下的罚款；情节严重的，处十万元以上五十万元以下的罚款：

（一）未在首页显著位置持续公示平台服务协议、交易规则信息或者上述信息的链接标识的；

（二）修改交易规则未在首页显著位置公开征求意见，未按照规定的时间提前公示修改内容，或者阻止平台内经营者退出的；

（三）未以显著方式区分标记自营业务和平台内经营者开展的业务的；

（四）未为消费者提供对平台内销售的商品或者提供的服务进行评价的途径，或者擅自删除消费者的评价的。

电子商务平台经营者违反本法第四十条规定，对竞价排名的商品或者服务未显著标明“广告”的，依照《中华人民共和国广告法》的规定处罚。

第八十二条 电子商务平台经营者违反本法第三十五条规定，对平台内经营者在平台内的交易、交易价格或者与其他经营者的交易等进行不合理限制或者附加不合理条件，或者向平台内经营者收取不合理费用的，由市场监督管理部门责令限期改正，可以处五万元以上五十万元以下的罚款；情节严重的，处五十万元以上二百万元以下的罚款。

第八十三条 电子商务平台经营者违反本法第三十八条规定，对平台内经营者侵害消费者合法权益行为未采取必要措施，或者对平台内经营者未尽到资质资格审核义务，或者对消费者未尽到安全保障义务的，由市场监督管理部门责令限期改正，可以处五万元以上五十万元以下的罚款；情节严重的，责令停业整顿，并处五十万元以上二百万元以下的罚款。

第八十四条 电子商务平台经营者违反本法第四十二条、第四十五条规定，对平台内经营者实施侵犯知识产权行为未依法采取必要措施的，由有关知识产权行政部门责令限期改正；逾期不改正的，处五万元以上五十万元以下的罚款；情节严重的，处五十万元以上二百万元以下的罚款。

第八十五条 电子商务经营者违反本法规定，销售的商品或者提供的服务不符合保障人身、财产安全的要求，实施虚假或者引人误解的商业宣传等不正当竞争行为，滥用市场支配地位，或者实施侵犯知识产权、侵害消费者权益等行为的，依照有关法律的规定处罚。

第八十六条 电子商务经营者有本法规定的违法行为的，依照有关法律、行政法规的规定记入信用档案，并予以公示。

第八十七条 依法负有电子商务监督管理职责的部门的工作人员，玩忽职守、滥用职权、徇私舞弊，或者泄露、出售或者非法向他人提供在履行职责中所知悉的个人信息、隐私和商业秘密的，依法追究法律责任。

第八十八条 违反本法规定，构成违反治安管理行为的，依法给予治安管理处罚；构成犯罪的，依法追究刑事责任。

第七章　附　则

第八十九条　本法自2019年1月1日起施行。

中华人民共和国网络安全法

（2016年11月7日第十二届全国人民代表大会常务委员会第二十四次会议通过　2016年11月7日中华人民共和国主席令第53号公布　自2017年6月1日起施行）

目　录

第一章　总　则

第一条　为了保障网络安全，维护网络空间主权和国家安全、社会公共利益，保护公民、法人和其他组织的合法权益，促进经济社会信息化健康发展，制定本法。

第二条　在中华人民共和国境内建设、运营、维护和使用网络，以及网络安全的监督管理,适用本法。

第三条 国家坚持网络安全与信息化发展并重,遵循积极利用、科学发展、依法管理、确保安全的方针,推进网络基础设施建设和互联互通,鼓励网络技术创新和应用,支持培养网络安全人才,建立健全网络安全保障体系,提高网络安全保护能力。

第四条 国家制定并不断完善网络安全战略,明确保障网络安全的基本要求和主要目标,提出重点领域的网络安全政策、工作任务和措施。

第五条 国家采取措施,监测、防御、处置来源于中华人民共和国境内外的网络安全风险和威胁,保护关键信息基础设施免受攻击、侵入、干扰和破坏,依法惩治网络违法犯罪活动,维护网络空间安全和秩序。

第六条 国家倡导诚实守信、健康文明的网络行为,推动传播社会主义核心价值观,采取措施提高全社会的网络安全意识和水平,形成全社会共同参与促进网络安全的良好环境。

第七条 国家积极开展网络空间治理、网络技术研发和标准制定、打击网络违法犯罪等方面的国际交流与合作,推动构建和平、安全、开放、合作的网络空间,建立多边、民主、透明的网络治理体系。

第八条 国家网信部门负责统筹协调网络安全工作和相关监督管理工作。国务院电信主管部门、公安部门和其他有关机关依照本法和有关法律、行政法规的规定,在各自职责范围内负责网络安全保护和监督管理工作。

县级以上地方人民政府有关部门的网络安全保护和监督管理职责,按照国家有关规定确定。

第九条 网络运营者开展经营和服务活动,必须遵守法律、行政法规,尊重社会公德,遵守商业道德,诚实信用,履行网络安全保护义务,接受政府和社会的监督,承担社会责任。

第十条 建设、运营网络或者通过网络提供服务,应当依照法律、行政法规的规定和国家标准的强制性要求,采取技术措施和其他必要措施,保障网络安全、稳定运行,有效应对网络安全事件,防范网络违法犯罪活动，维护网络数据的完整性、保密性和可用性。

第十一条　网络相关行业组织按照章程，加强行业自律，制定网络安全行为规范，指导会员加强网络安全保护，提高网络安全保护水平，促进行业健康发展。

第十二条　国家保护公民、法人和其他组织依法使用网络的权利，促进网络接入普及，提升网络服务水平，为社会提供安全、便利的网络服务，保障网络信息依法有序自由流动。

任何个人和组织使用网络应当遵守宪法法律，遵守公共秩序，尊重社会公德，不得危害网络安全，不得利用网络从事危害国家安全、荣誉和利益，煽动颠覆国家政权、推翻社会主义制度，煽动分裂国家、破坏国家统一，宣扬恐怖主义、极端主义，宣扬民族仇恨、民族歧视，传播暴力、淫秽色情信息，编造、传播虚假信息扰乱经济秩序和社会秩序，以及侵害他人名誉、隐私、知识产权和其他合法权益等活动。

第十三条　国家支持研究开发有利于未成年人健康成长的网络产品和服务，依法惩治利用网络从事危害未成年人身心健康的活动，为未成年人提供安全、健康的网络环境。

第十四条　任何个人和组织有权对危害网络安全的行为向网信、电信、公安等部门举报。收到举报的部门应当及时依法作出处理；不属于本部门职责的，应当及时移送有权处理的部门。

有关部门应当对举报人的相关信息予以保密，保护举报人的合法权益。

第二章　网络安全支持与促进

第十五条　国家建立和完善网络安全标准体系。国务院标准化行政主管部门和国务院其他有关部门根据各自的职责，组织制定并适时修订有关网络安全管理以及网络产品、服务和运行安全的国家标准、行业标准。

国家支持企业、研究机构、高等学校、网络相关行业组织参与网络安全国家标准、行业标准的制定。

第十六条 国务院和省、自治区、直辖市人民政府应当统筹规划,加大投入,扶持重点网络安全技术产业和项目,支持网络安全技术的研究开发和应用,推广安全可信的网络产品和服务,保护网络技术知识产权,支持企业、研究机构和高等学校等参与国家网络安全技术创新项目。

第十七条 国家推进网络安全社会化服务体系建设,鼓励有关企业、机构开展网络安全认证、检测和风险评估等安全服务。

第十八条 国家鼓励开发网络数据安全保护和利用技术,促进公共数据资源开放,推动技术创新和经济社会发展。

国家支持创新网络安全管理方式,运用网络新技术,提升网络安全保护水平。

第十九条 各级人民政府及其有关部门应当组织开展经常性的网络安全宣传教育,并指导、督促有关单位做好网络安全宣传教育工作。

大众传播媒介应当有针对性地面向社会进行网络安全宣传教育。

第二十条 国家支持企业和高等学校、职业学校等教育培训机构开展网络安全相关教育与培训,采取多种方式培养网络安全人才,促进网络安全人才交流。

第三章 网络运行安全

第一节 一般规定

第二十一条 国家实行网络安全等级保护制度。网络运营者应当按照网络安全等级保护制度的要求,履行下列安全保护义务,保障网络免受干扰、破坏或者未经授权的访问,防止网络数据泄露或者被窃取、篡改:

(一)制定内部安全管理制度和操作规程,确定网络安全负责人,落实网络安全保护责任;

(二)采取防范计算机病毒和网络攻击、网络侵入等危害网络安全行为的技术措施;

(三)采取监测、记录网络运行状态、网络安全事件的技术措施,并按照规定留存相关的网络日志不少于六个月；

（四）采取数据分类、重要数据备份和加密等措施；

（五）法律、行政法规规定的其他义务。

第二十二条　网络产品、服务应当符合相关国家标准的强制性要求。网络产品、服务的提供者不得设置恶意程序；发现其网络产品、服务存在安全缺陷、漏洞等风险时，应当立即采取补救措施，按照规定及时告知用户并向有关主管部门报告。

网络产品、服务的提供者应当为其产品、服务持续提供安全维护；在规定或者当事人约定的期限内，不得终止提供安全维护。

网络产品、服务具有收集用户信息功能的，其提供者应当向用户明示并取得同意；涉及用户个人信息的，还应当遵守本法和有关法律、行政法规关于个人信息保护的规定。

第二十三条　网络关键设备和网络安全专用产品应当按照相关国家标准的强制性要求，由具备资格的机构安全认证合格或者安全检测符合要求后，方可销售或者提供。国家网信部门会同国务院有关部门制定、公布网络关键设备和网络安全专用产品目录，并推动安全认证和安全检测结果互认，避免重复认证、检测。

第二十四条　网络运营者为用户办理网络接入、域名注册服务，办理固定电话、移动电话等入网手续，或者为用户提供信息发布、即时通讯等服务，在与用户签订协议或者确认提供服务时，应当要求用户提供真实身份信息。用户不提供真实身份信息的，网络运营者不得为其提供相关服务。

国家实施网络可信身份战略，支持研究开发安全、方便的电子身份认证技术，推动不同电子身份认证之间的互认。

第二十五条　网络运营者应当制定网络安全事件应急预案，及时处置系统漏洞、计算机病毒、网络攻击、网络侵入等安全风险；在发生危害网络安全的事件时，立即启动应急预案，采取相应的补救措施，并按照规定向有关主管部门报告。

第二十六条 开展网络安全认证、检测、风险评估等活动,向社会发布系统漏洞、计算机病毒、网络攻击、网络侵入等网络安全信息,应当遵守国家有关规定。

第二十七条 任何个人和组织不得从事非法侵入他人网络、干扰他人网络正常功能、窃取网络数据等危害网络安全的活动;不得提供专门用于从事侵入网络、干扰网络正常功能及防护措施、窃取网络数据等危害网络安全活动的程序、工具;明知他人从事危害网络安全的活动的,不得为其提供技术支持、广告推广、支付结算等帮助。

第二十八条 网络运营者应当为公安机关、国家安全机关依法维护国家安全和侦查犯罪的活动提供技术支持和协助。

第二十九条 国家支持网络运营者之间在网络安全信息收集、分析、通报和应急处置等方面进行合作,提高网络运营者的安全保障能力。

有关行业组织建立健全本行业的网络安全保护规范和协作机制,加强对网络安全风险的分析评估,定期向会员进行风险警示,支持、协助会员应对网络安全风险。

第三十条 网信部门和有关部门在履行网络安全保护职责中获取的信息,只能用于维护网络安全的需要,不得用于其他用途。

第二节 关键信息基础设施的运行安全

第三十一条 国家对公共通信和信息服务、能源、交通、水利、金融、公共服务、电子政务等重要行业和领域,以及其他一旦遭到破坏、丧失功能或者数据泄露,可能严重危害国家安全、国计民生、公共利益的关键信息基础设施,在网络安全等级保护制度的基础上,实行重点保护。关键信息基础设施的具体范围和安全保护办法由国务院制定。

国家鼓励关键信息基础设施以外的网络运营者自愿参与关键信息基础设施保护体系。

第三十二条 按照国务院规定的职责分工,负责关键信息基础设施安全保护工作的部门分别编制并组织实施本行业、本领域的关键信息基础设施安全规划，指导和监督关键信息基础设施运行安全保护工作。

第三十三条　建设关键信息基础设施应当确保其具有支持业务稳定、持续运行的性能，并保证安全技术措施同步规划、同步建设、同步使用。

第三十四条　除本法第二十一条的规定外，关键信息基础设施的运营者还应当履行下列安全保护义务：

（一）设置专门安全管理机构和安全管理负责人，并对该负责人和关键岗位的人员进行安全背景审查；

（二）定期对从业人员进行网络安全教育、技术培训和技能考核；

（三）对重要系统和数据库进行容灾备份；

（四）制定网络安全事件应急预案，并定期进行演练；

（五）法律、行政法规规定的其他义务。

第三十五条　关键信息基础设施的运营者采购网络产品和服务，可能影响国家安全的，应当通过国家网信部门会同国务院有关部门组织的国家安全审查。

第三十六条　关键信息基础设施的运营者采购网络产品和服务，应当按照规定与提供者签订安全保密协议，明确安全和保密义务与责任。

第三十七条　关键信息基础设施的运营者在中华人民共和国境内运营中收集和产生的个人信息和重要数据应当在境内存储。因业务需要，确需向境外提供的，应当按照国家网信部门会同国务院有关部门制定的办法进行安全评估；法律、行政法规另有规定的，依照其规定。

第三十八条　关键信息基础设施的运营者应当自行或者委托网络安全服务机构对其网络的安全性和可能存在的风险每年至少进行一次检测评估，并将检测评估情况和改进措施报送相关负责关键信息基础设施安全保护工作的部门。

第三十九条　国家网信部门应当统筹协调有关部门对关键信息基础设施的安全保护采取下列措施：

（一）对关键信息基础设施的安全风险进行抽查检测，提出改进措施，必要时可以委托网络安全服务机构对网络存在的安全风险进行检测评估；

（二）定期组织关键信息基础设施的运营者进行网络安全应急演练，提高应对网络安全事件的水平和协同配合能力；

（三）促进有关部门、关键信息基础设施的运营者以及有关研究机构、网络安全服务机构等之间的网络安全信息共享；

（四）对网络安全事件的应急处置与网络功能的恢复等，提供技术支持和协助。

第四章　网络信息安全

第四十条　网络运营者应当对其收集的用户信息严格保密，并建立健全用户信息保护制度。

第四十一条　网络运营者收集、使用个人信息，应当遵循合法、正当、必要的原则，公开收集、使用规则，明示收集、使用信息的目的、方式和范围，并经被收集者同意。

网络运营者不得收集与其提供的服务无关的个人信息，不得违反法律、行政法规的规定和双方的约定收集、使用个人信息，并应当依照法律、行政法规的规定和与用户的约定，处理其保存的个人信息。

第四十二条　网络运营者不得泄露、篡改、毁损其收集的个人信息；未经被收集者同意，不得向他人提供个人信息。但是，经过处理无法识别特定个人且不能复原的除外。

网络运营者应当采取技术措施和其他必要措施，确保其收集的个人信息安全，防止信息泄露、毁损、丢失。在发生或者可能发生个人信息泄露、毁损、丢失的情况时，应当立即采取补救措施，按照规定及时告知用户并向有关主管部门报告。

第四十三条　个人发现网络运营者违反法律、行政法规的规定或者双方的约定收集、使用其个人信息的，有权要求网络运营者删除其个人信息；发现网络运营者收集、存储的其个人信息有错误的，有权要求网络运营者予以更正。网络运营者应当采取措施予以删除或者更正。

第四十四条　任何个人和组织不得窃取或者以其他非法方式获取个人信息，不得非法出售或者非法向他人提供个人信息。

第四十五条　依法负有网络安全监督管理职责的部门及其工作人员，必须对在履行职责中知悉的个人信息、隐私和商业秘密严格保密，不得泄露、出售或者非法向他人提供。

第四十六条　任何个人和组织应当对其使用网络的行为负责，不得设立用于实施诈骗，传授犯罪方法，制作或者销售违禁物品、管制物品等违法犯罪活动的网站、通讯群组，不得利用网络发布涉及实施诈骗，制作或者销售违禁物品、管制物品以及其他违法犯罪活动的信息。

第四十七条　网络运营者应当加强对其用户发布的信息的管理，发现法律、行政法规禁止发布或者传输的信息的，应当立即停止传输该信息，采取消除等处置措施，防止信息扩散，保存有关记录，并向有关主管部门报告。

第四十八条　任何个人和组织发送的电子信息、提供的应用软件，不得设置恶意程序，不得含有法律、行政法规禁止发布或者传输的信息。

电子信息发送服务提供者和应用软件下载服务提供者，应当履行安全管理义务，知道其用户有前款规定行为的，应当停止提供服务，采取消除等处置措施，保存有关记录，并向有关主管部门报告。

第四十九条　网络运营者应当建立网络信息安全投诉、举报制度，公布投诉、举报方式等信息，及时受理并处理有关网络信息安全的投诉和举报。

网络运营者对网信部门和有关部门依法实施的监督检查，应当予以配合。

第五十条　国家网信部门和有关部门依法履行网络信息安全监督管理职责，发现法律、行政法规禁止发布或者传输的信息的，应当要求网络运营者停止传输，采取消除等处置措施，保存有关记录；对来源于中华人民共和国境外的上述信息，应当通知有关机构采取技术措施和其他必要措施阻断传播。

第五章　监测预警与应急处置

第五十一条　国家建立网络安全监测预警和信息通报制度。国家网信部门应当统筹协调有关部门加强网络安全信息收集、分析和通报工作，按照规定统一发布网络安全监测预警信息。

第五十二条　负责关键信息基础设施安全保护工作的部门，应当建立健全本行业、本领域的网络安全监测预警和信息通报制度，并按照规定报送网络安全监测预警信息。

第五十三条　国家网信部门协调有关部门建立健全网络安全风险评估和应急工作机制，制定网络安全事件应急预案，并定期组织演练。

负责关键信息基础设施安全保护工作的部门应当制定本行业、本领域的网络安全事件应急预案，并定期组织演练。

网络安全事件应急预案应当按照事件发生后的危害程度、影响范围等因素对网络安全事件进行分级，并规定相应的应急处置措施。

第五十四条　网络安全事件发生的风险增大时，省级以上人民政府有关部门应当按照规定的权限和程序，并根据网络安全风险的特点和可能造成的危害，采取下列措施：

（一）要求有关部门、机构和人员及时收集、报告有关信息，加强对网络安全风险的监测；

（二）组织有关部门、机构和专业人员，对网络安全风险信息进行分析评估，预测事件发生的可能性、影响范围和危害程度；

（三）向社会发布网络安全风险预警，发布避免、减轻危害的措施。

第五十五条　发生网络安全事件，应当立即启动网络安全事件应急预案，对网络安全事件进行调查和评估，要求网络运营者采取技术措施和其他必要措施，消除安全隐患，防止危害扩大，并及时向社会发布与公众有关的警示信息。

第五十六条　省级以上人民政府有关部门在履行网络安全监督管理

职责中，发现网络存在较大安全风险或者发生安全事件的，可以按照规定的权限和程序对该网络的运营者的法定代表人或者主要负责人进行约谈。网络运营者应当按照要求采取措施，进行整改，消除隐患。

第五十七条　因网络安全事件，发生突发事件或者生产安全事故的，应当依照《中华人民共和国突发事件应对法》、《中华人民共和国安全生产法》等有关法律、行政法规的规定处置。

第五十八条　因维护国家安全和社会公共秩序，处置重大突发社会安全事件的需要，经国务院决定或者批准，可以在特定区域对网络通信采取限制等临时措施。

第六章　法律责任

第五十九条　网络运营者不履行本法第二十一条、第二十五条规定的网络安全保护义务的，由有关主管部门责令改正，给予警告；拒不改正或者导致危害网络安全等后果的，处一万元以上十万元以下罚款，对直接负责的主管人员处五千元以上五万元以下罚款。

关键信息基础设施的运营者不履行本法第三十三条、第三十四条、第三十六条、第三十八条规定的网络安全保护义务的，由有关主管部门责令改正，给予警告；拒不改正或者导致危害网络安全等后果的，处十万元以上一百万元以下罚款，对直接负责的主管人员处一万元以上十万元以下罚款。

第六十条　违反本法第二十二条第一款、第二款和第四十八条第一款规定，有下列行为之一的，由有关主管部门责令改正，给予警告；拒不改正或者导致危害网络安全等后果的，处五万元以上五十万元以下罚款，对直接负责的主管人员处一万元以上十万元以下罚款：

（一）设置恶意程序的；

（二）对其产品、服务存在的安全缺陷、漏洞等风险未立即采取补救措施，或者未按照规定及时告知用户并向有关主管部门报告的；

（三）擅自终止为其产品、服务提供安全维护的。

第六十一条 网络运营者违反本法第二十四条第一款规定,未要求用户提供真实身份信息,或者对不提供真实身份信息的用户提供相关服务的,由有关主管部门责令改正;拒不改正或者情节严重的,处五万元以上五十万元以下罚款,并可以由有关主管部门责令暂停相关业务、停业整顿、关闭网站、吊销相关业务许可证或者吊销营业执照,对直接负责的主管人员和其他直接责任人员处一万元以上十万元以下罚款。

第六十二条 违反本法第二十六条规定,开展网络安全认证、检测、风险评估等活动,或者向社会发布系统漏洞、计算机病毒、网络攻击、网络侵入等网络安全信息的,由有关主管部门责令改正,给予警告;拒不改正或者情节严重的,处一万元以上十万元以下罚款,并可以由有关主管部门责令暂停相关业务、停业整顿、关闭网站、吊销相关业务许可证或者吊销营业执照,对直接负责的主管人员和其他直接责任人员处五千元以上五万元以下罚款。

第六十三条 违反本法第二十七条规定,从事危害网络安全的活动,或者提供专门用于从事危害网络安全活动的程序、工具,或者为他人从事危害网络安全的活动提供技术支持、广告推广、支付结算等帮助,尚不构成犯罪的,由公安机关没收违法所得,处五日以下拘留,可以并处五万元以上五十万元以下罚款;情节较重的,处五日以上十五日以下拘留,可以并处十万元以上一百万元以下罚款。

单位有前款行为的,由公安机关没收违法所得,处十万元以上一百万元以下罚款,并对直接负责的主管人员和其他直接责任人员依照前款规定处罚。

违反本法第二十七条规定,受到治安管理处罚的人员,五年内不得从事网络安全管理和网络运营关键岗位的工作;受到刑事处罚的人员,终身不得从事网络安全管理和网络运营关键岗位的工作。

第六十四条 网络运营者、网络产品或者服务的提供者违反本法第二十二条第三款、第四十一条至第四十三条规定,侵害个人信息依法得到保护的权利的,由有关主管部门责令改正,可以根据情节单处或者并处警告、没收违法所得、处违法所得一倍以上十倍以下罚款,没有违法所得的,处一百万元以下罚款,对直接负责的主管人员和其他直接责任人员处一万元以上十万元以下罚款;情节严重的,并可以责令暂停相关业务、停业整顿、关闭网站、吊销相关业务许可证或者吊销营业执照。

违反本法第四十四条规定,窃取或者以其他非法方式获取、非法出售或者非法向他人提供个人信息,尚不构成犯罪的,由公安机关没收违法所得,并处违法所得一倍以上十倍以下罚款,没有违法所得的,处一百万元以下罚款。

第六十五条 关键信息基础设施的运营者违反本法第三十五条规定,使用未经安全审查或者安全审查未通过的网络产品或者服务的,由有关主管部门责令停止使用,处采购金额一倍以上十倍以下罚款;对直接负责的主管人员和其他直接责任人员处一万元以上十万元以下罚款。

第六十六条 关键信息基础设施的运营者违反本法第三十七条规定,在境外存储网络数据,或者向境外提供网络数据的,由有关主管部门责令改正,给予警告,没收违法所得,处五万元以上五十万元以下罚款,并可以责令暂停相关业务、停业整顿、关闭网站、吊销相关业务许可证或者吊销营业执照;对直接负责的主管人员和其他直接责任人员处一万元以上十万元以下罚款。

第六十七条 违反本法第四十六条规定,设立用于实施违法犯罪活动的网站、通讯群组,或者利用网络发布涉及实施违法犯罪活动的信息,尚不构成犯罪的,由公安机关处五日以下拘留,可以并处一万元以上十万元以下罚款;情节较重的,处五日以上十五日以下拘留,可以并处五万元以上五十万元以下罚款。关闭用于实施违法犯罪活动的网站、通讯群组。

单位有前款行为的,由公安机关处十万元以上五十万元以下罚款,并对直接负责的主管人员和其他直接责任人员依照前款规定处罚。

第六十八条 网络运营者违反本法第四十七条规定,对法律、行政法规禁止发布或者传输的信息未停止传输、采取消除等处置措施、保存有关记录的,由有关主管部门责令改正,给予警告,没收违法所得;拒不改正或者情节严重的，处十万元以上五十万元以下罚款，并可以责令暂停相关业务、停业整顿、关闭网站、吊销相关业务许可证或者吊销营业执照，对直接负责的主管人员和其他直接责任人员处一万元以上十万元以下罚款。

电子信息发送服务提供者、应用软件下载服务提供者，不履行本法第四十八条第二款规定的安全管理义务的，依照前款规定处罚。

第六十九条　网络运营者违反本法规定，有下列行为之一的，由有关主管部门责令改正；拒不改正或者情节严重的，处五万元以上五十万元以下罚款，对直接负责的主管人员和其他直接责任人员，处一万元以上十万元以下罚款：

（一）不按照有关部门的要求对法律、行政法规禁止发布或者传输的信息，采取停止传输、消除等处置措施的；

（二）拒绝、阻碍有关部门依法实施的监督检查的；

（三）拒不向公安机关、国家安全机关提供技术支持和协助的。

第七十条　发布或者传输本法第十二条第二款和其他法律、行政法规禁止发布或者传输的信息的，依照有关法律、行政法规的规定处罚。

第七十一条　有本法规定的违法行为的，依照有关法律、行政法规的规定记入信用档案，并予以公示。

第七十二条　国家机关政务网络的运营者不履行本法规定的网络安全保护义务的，由其上级机关或者有关机关责令改正；对直接负责的主管人员和其他直接责任人员依法给予处分。

第七十三条　网信部门和有关部门违反本法第三十条规定，将在履行网络安全保护职责中获取的信息用于其他用途的，对直接负责的主管人员和其他直接责任人员依法给予处分。

网信部门和有关部门的工作人员玩忽职守、滥用职权、徇私舞弊，尚不构成犯罪的，依法给予处分。

第七十四条　违反本法规定，给他人造成损害的，依法承担民事责任。

违反本法规定，构成违反治安管理行为的，依法给予治安管理处罚；构成犯罪的，依法追究刑事责任。

第七十五条　境外的机构、组织、个人从事攻击、侵入、干扰、破坏等危害中华人民共和国的关键信息基础设施的活动，造成严重后果的，依法追究法律责任；国务院公安部门和有关部门并可以决定对该机构、组织、个人采取冻结财产或者其他必要的制裁措施。

第七章　附　　则

第七十六条　本法下列用语的含义：

（一）网络，是指由计算机或者其他信息终端及相关设备组成的按照一定的规则和程序对信息进行收集、存储、传输、交换、处理的系统。

（二）网络安全，是指通过采取必要措施，防范对网络的攻击、侵入、干扰、破坏和非法使用以及意外事故，使网络处于稳定可靠运行的状态，以及保障网络数据的完整性、保密性、可用性的能力。

（三）网络运营者，是指网络的所有者、管理者和网络服务提供者。

（四）网络数据，是指通过网络收集、存储、传输、处理和产生的各种电子数据。

（五）个人信息，是指以电子或者其他方式记录的能够单独或者与其他信息结合识别自然人个人身份的各种信息，包括但不限于自然人的姓名、出生日期、身份证件号码、个人生物识别信息、住址、电话号码等。

第七十七条　存储、处理涉及国家秘密信息的网络的运行安全保护，除应当遵守本法外，还应当遵守保密法律、行政法规的规定。

第七十八条　军事网络的安全保护，由中央军事委员会另行规定。

第七十九条　本法自 2017 年 6 月 1 日起施行。

中华人民共和国消费者权益保护法

（1993年10月31日第八届全国人民代表大会常务委员会第四次会议通过　根据2009年8月27日第十一届全国人民代表大会常务委员会第十次会议《关于修改部分法律的决定》第一次修正　根据2013年10月25日第十二届全国人民代表大会常务委员会第五次会议《关于修改〈中华人民共和国消费者权益保护法〉的决定》第二次修正）

目　　录

第一章　总　　则

第一条　为保护消费者的合法权益，维护社会经济秩序，促进社会主义市场经济健康发展，制定本法。

第二条　消费者为生活消费需要购买、使用商品或者接受服务，其权益受本法保护；本法未作规定的，受其他有关法律、法规保护。

第三条　经营者为消费者提供其生产、销售的商品或者提供服务，应当遵守本法;本法未作规定的,应当遵守其他有关法律、法规。

第四条　经营者与消费者进行交易,应当遵循自愿、平等、公平、诚实信用的原则。

第五条　国家保护消费者的合法权益不受侵害。

国家采取措施,保障消费者依法行使权利,维护消费者的合法权益。

国家倡导文明、健康、节约资源和保护环境的消费方式,反对浪费。

第六条　保护消费者的合法权益是全社会的共同责任。

国家鼓励、支持一切组织和个人对损害消费者合法权益的行为进行社会监督。

大众传播媒介应当做好维护消费者合法权益的宣传,对损害消费者合法权益的行为进行舆论监督。

第二章　消费者的权利

第七条　消费者在购买、使用商品和接受服务时享有人身、财产安全不受损害的权利。

消费者有权要求经营者提供的商品和服务,符合保障人身、财产安全的要求。

第八条　消费者享有知悉其购买、使用的商品或者接受的服务的真实情况的权利。

消费者有权根据商品或者服务的不同情况,要求经营者提供商品的价格、产地、生产者、用途、性能、规格、等级、主要成份、生产日期、有效期限、检验合格证明、使用方法说明书、售后服务,或者服务的内容、规格、费用等有关情况。

第九条　消费者享有自主选择商品或者服务的权利。

消费者有权自主选择提供商品或者服务的经营者,自主选择商品品种或者服务方式,自主决定购买或者不购买任何一种商品、接受或者不接受任何一项服务。

消费者在自主选择商品或者服务时,有权进行比较、鉴别和挑选。

第十条 消费者享有公平交易的权利。

消费者在购买商品或者接受服务时，有权获得质量保障、价格合理、计量正确等公平交易条件，有权拒绝经营者的强制交易行为。

第十一条 消费者因购买、使用商品或者接受服务受到人身、财产损害的，享有依法获得赔偿的权利。

第十二条 消费者享有依法成立维护自身合法权益的社会组织的权利。

第十三条 消费者享有获得有关消费和消费者权益保护方面的知识的权利。

消费者应当努力掌握所需商品或者服务的知识和使用技能，正确使用商品，提高自我保护意识。

第十四条 消费者在购买、使用商品和接受服务时，享有人格尊严、民族风俗习惯得到尊重的权利，享有个人信息依法得到保护的权利。

第十五条 消费者享有对商品和服务以及保护消费者权益工作进行监督的权利。

消费者有权检举、控告侵害消费者权益的行为和国家机关及其工作人员在保护消费者权益工作中的违法失职行为，有权对保护消费者权益工作提出批评、建议。

第三章 经营者的义务

第十六条 经营者向消费者提供商品或者服务，应当依照本法和其他有关法律、法规的规定履行义务。

经营者和消费者有约定的，应当按照约定履行义务，但双方的约定不得违背法律、法规的规定。

经营者向消费者提供商品或者服务，应当恪守社会公德，诚信经营，保障消费者的合法权益；不得设定不公平、不合理的交易条件，不得强制交易。

第十七条 经营者应当听取消费者对其提供的商品或者服务的意

见,接受消费者的监督。

第十八条　经营者应当保证其提供的商品或者服务符合保障人身、财产安全的要求。对可能危及人身、财产安全的商品和服务,应当向消费者作出真实的说明和明确的警示,并说明和标明正确使用商品或者接受服务的方法以及防止危害发生的方法。

宾馆、商场、餐馆、银行、机场、车站、港口、影剧院等经营场所的经营者,应当对消费者尽到安全保障义务。

第十九条　经营者发现其提供的商品或者服务存在缺陷,有危及人身、财产安全危险的,应当立即向有关行政部门报告和告知消费者,并采取停止销售、警示、召回、无害化处理、销毁、停止生产或者服务等措施。采取召回措施的,经营者应当承担消费者因商品被召回支出的必要费用。

第二十条　经营者向消费者提供有关商品或者服务的质量、性能、用途、有效期限等信息,应当真实、全面,不得作虚假或者引人误解的宣传。

经营者对消费者就其提供的商品或者服务的质量和使用方法等问题提出的询问,应当作出真实、明确的答复。

经营者提供商品或者服务应当明码标价。

第二十一条　经营者应当标明其真实名称和标记。

租赁他人柜台或者场地的经营者,应当标明其真实名称和标记。

第二十二条　经营者提供商品或者服务,应当按照国家有关规定或者商业惯例向消费者出具发票等购货凭证或者服务单据;消费者索要发票等购货凭证或者服务单据的,经营者必须出具。

第二十三条　经营者应当保证在正常使用商品或者接受服务的情况下其提供的商品或者服务应当具有的质量、性能、用途和有效期限;但消费者在购买该商品或者接受该服务前已经知道其存在瑕疵,且存在该瑕疵不违反法律强制性规定的除外。

经营者以广告、产品说明、实物样品或者其他方式表明商品或者服务的质量状况的,应当保证其提供的商品或者服务的实际质量与表明的质量状况相符。

经营者提供的机动车、计算机、电视机、电冰箱、空调器、洗衣机等耐用商品或者装饰装修等服务,消费者自接受商品或者服务之日起六个月内发现瑕疵,发生争议的,由经营者承担有关瑕疵的举证责任。

第二十四条 经营者提供的商品或者服务不符合质量要求的,消费者可以依照国家规定、当事人约定退货,或者要求经营者履行更换、修理等义务。没有国家规定和当事人约定的,消费者可以自收到商品之日起七日内退货;七日后符合法定解除合同条件的,消费者可以及时退货,不符合法定解除合同条件的,可以要求经营者履行更换、修理等义务。

依照前款规定进行退货、更换、修理的,经营者应当承担运输等必要费用。

第二十五条 经营者采用网络、电视、电话、邮购等方式销售商品,消费者有权自收到商品之日起七日内退货,且无需说明理由,但下列商品除外:

(一)消费者定作的;

(二)鲜活易腐的;

(三)在线下载或者消费者拆封的音像制品、计算机软件等数字化商品;

(四)交付的报纸、期刊。

除前款所列商品外,其他根据商品性质并经消费者在购买时确认不宜退货的商品,不适用无理由退货。

消费者退货的商品应当完好。经营者应当自收到退回商品之日起七日内返还消费者支付的商品价款。退回商品的运费由消费者承担;经营者和消费者另有约定的,按照约定。

第二十六条 经营者在经营活动中使用格式条款的,应当以显著方式提请消费者注意商品或者服务的数量和质量、价款或者费用、履行期限和方式、安全注意事项和风险警示、售后服务、民事责任等与消费者有重大利害关系的内容,并按照消费者的要求予以说明。

经营者不得以格式条款、通知、声明、店堂告示等方式,作出排除或者限制消费者权利、减轻或者免除经营者责任、加重消费者责任等对消费者不公平、不合理的规定,不得利用格式条款并借助技术手段强制交易。

格式条款、通知、声明、店堂告示等含有前款所列内容的,其内容无效。

第二十七条　经营者不得对消费者进行侮辱、诽谤,不得搜查消费者的身体及其携带的物品,不得侵犯消费者的人身自由。

第二十八条　采用网络、电视、电话、邮购等方式提供商品或者服务的经营者,以及提供证券、保险、银行等金融服务的经营者,应当向消费者提供经营地址、联系方式、商品或者服务的数量和质量、价款或者费用、履行期限和方式、安全注意事项和风险警示、售后服务、民事责任等信息。

第二十九条　经营者收集、使用消费者个人信息,应当遵循合法、正当、必要的原则,明示收集、使用信息的目的、方式和范围,并经消费者同意。经营者收集、使用消费者个人信息,应当公开其收集、使用规则,不得违反法律、法规的规定和双方的约定收集、使用信息。

经营者及其工作人员对收集的消费者个人信息必须严格保密,不得泄露、出售或者非法向他人提供。经营者应当采取技术措施和其他必要措施,确保信息安全,防止消费者个人信息泄露、丢失。在发生或者可能发生信息泄露、丢失的情况时,应当立即采取补救措施。

经营者未经消费者同意或者请求,或者消费者明确表示拒绝的,不得向其发送商业性信息。

第四章　国家对消费者合法权益的保护

第三十条　国家制定有关消费者权益的法律、法规、规章和强制性标准,应当听取消费者和消费者协会等组织的意见。

第三十一条　各级人民政府应当加强领导,组织、协调、督促有关行政部门做好保护消费者合法权益的工作,落实保护消费者合法权益的职责。

各级人民政府应当加强监督,预防危害消费者人身、财产安全行为的发生,及时制止危害消费者人身、财产安全的行为。

第三十二条 各级人民政府工商行政管理部门和其他有关行政部门应当依照法律、法规的规定,在各自的职责范围内,采取措施,保护消费者的合法权益。

有关行政部门应当听取消费者和消费者协会等组织对经营者交易行为、商品和服务质量问题的意见,及时调查处理。

第三十三条 有关行政部门在各自的职责范围内,应当定期或者不定期对经营者提供的商品和服务进行抽查检验,并及时向社会公布抽查检验结果。

有关行政部门发现并认定经营者提供的商品或者服务存在缺陷,有危及人身、财产安全危险的,应当立即责令经营者采取停止销售、警示、召回、无害化处理、销毁、停止生产或者服务等措施。

第三十四条 有关国家机关应当依照法律、法规的规定,惩处经营者在提供商品和服务中侵害消费者合法权益的违法犯罪行为。

第三十五条 人民法院应当采取措施,方便消费者提起诉讼。对符合《中华人民共和国民事诉讼法》起诉条件的消费者权益争议,必须受理,及时审理。

第五章 消费者组织

第三十六条 消费者协会和其他消费者组织是依法成立的对商品和服务进行社会监督的保护消费者合法权益的社会组织。

第三十七条 消费者协会履行下列公益性职责:

(一)向消费者提供消费信息和咨询服务,提高消费者维护自身合法权益的能力,引导文明、健康、节约资源和保护环境的消费方式;

(二)参与制定有关消费者权益的法律、法规、规章和强制性标准;

(三)参与有关行政部门对商品和服务的监督、检查;

(四)就有关消费者合法权益的问题,向有关部门反映、查询,提出建议;

（五）受理消费者的投诉，并对投诉事项进行调查、调解；

（六）投诉事项涉及商品和服务质量问题的，可以委托具备资格的鉴定人鉴定，鉴定人应当告知鉴定意见；

（七）就损害消费者合法权益的行为，支持受损害的消费者提起诉讼或者依照本法提起诉讼；

（八）对损害消费者合法权益的行为，通过大众传播媒介予以揭露、批评。

各级人民政府对消费者协会履行职责应当予以必要的经费等支持。

消费者协会应当认真履行保护消费者合法权益的职责，听取消费者的意见和建议，接受社会监督。

依法成立的其他消费者组织依照法律、法规及其章程的规定，开展保护消费者合法权益的活动。

第三十八条　消费者组织不得从事商品经营和营利性服务，不得以收取费用或者其他牟取利益的方式向消费者推荐商品和服务。

第六章　争议的解决

第三十九条　消费者和经营者发生消费者权益争议的，可以通过下列途径解决：

（一）与经营者协商和解；

（二）请求消费者协会或者依法成立的其他调解组织调解；

（三）向有关行政部门投诉；

（四）根据与经营者达成的仲裁协议提请仲裁机构仲裁；

（五）向人民法院提起诉讼。

第四十条　消费者在购买、使用商品时，其合法权益受到损害的，可以向销售者要求赔偿。销售者赔偿后，属于生产者的责任或者属于向销售者提供商品的其他销售者的责任的，销售者有权向生产者或者其他销售者追偿。

消费者或者其他受害人因商品缺陷造成人身、财产损害的，可以向销售者要求赔偿,也可以向生产者要求赔偿。属于生产者责任的,销售者赔偿后,有权向生产者追偿。属于销售者责任的,生产者赔偿后,有权向销售者追偿。

消费者在接受服务时,其合法权益受到损害的,可以向服务者要求赔偿。

第四十一条 消费者在购买、使用商品或者接受服务时,其合法权益受到损害,因原企业分立、合并的,可以向变更后承受其权利义务的企业要求赔偿。

第四十二条 使用他人营业执照的违法经营者提供商品或者服务,损害消费者合法权益的,消费者可以向其要求赔偿,也可以向营业执照的持有人要求赔偿。

第四十三条 消费者在展销会、租赁柜台购买商品或者接受服务,其合法权益受到损害的,可以向销售者或者服务者要求赔偿。展销会结束或者柜台租赁期满后,也可以向展销会的举办者、柜台的出租者要求赔偿。展销会的举办者、柜台的出租者赔偿后,有权向销售者或者服务者追偿。

第四十四条 消费者通过网络交易平台购买商品或者接受服务,其合法权益受到损害的,可以向销售者或者服务者要求赔偿。网络交易平台提供者不能提供销售者或者服务者的真实名称、地址和有效联系方式的,消费者也可以向网络交易平台提供者要求赔偿;网络交易平台提供者作出更有利于消费者的承诺的,应当履行承诺。网络交易平台提供者赔偿后,有权向销售者或者服务者追偿。

网络交易平台提供者明知或者应知销售者或者服务者利用其平台侵害消费者合法权益,未采取必要措施的,依法与该销售者或者服务者承担连带责任。

第四十五条 消费者因经营者利用虚假广告或者其他虚假宣传方式提供商品或者服务,其合法权益受到损害的,可以向经营者要求赔偿。广告经营者、发布者发布虚假广告的,消费者可以请求行政主管部门予以惩处。广告经营者、发布者不能提供经营者的真实名称、地址和有效联系方式的,应当承担赔偿责任。

广告经营者、发布者设计、制作、发布关系消费者生命健康商品或者服务的虚假广告,造成消费者损害的,应当与提供该商品或者服务的经营者承担连带责任。

社会团体或者其他组织、个人在关系消费者生命健康商品或者服务的虚假广告或者其他虚假宣传中向消费者推荐商品或者服务,造成消费者损害的,应当与提供该商品或者服务的经营者承担连带责任。

第四十六条　消费者向有关行政部门投诉的,该部门应当自收到投诉之日起七个工作日内,予以处理并告知消费者。

第四十七条　对侵害众多消费者合法权益的行为,中国消费者协会以及在省、自治区、直辖市设立的消费者协会,可以向人民法院提起诉讼。

第七章　法 律 责 任

第四十八条　经营者提供商品或者服务有下列情形之一的,除本法另有规定外,应当依照其他有关法律、法规的规定,承担民事责任:

(一)商品或者服务存在缺陷的;

(二)不具备商品应当具备的使用性能而出售时未作说明的;

(三)不符合在商品或者其包装上注明采用的商品标准的;

(四)不符合商品说明、实物样品等方式表明的质量状况的;

(五)生产国家明令淘汰的商品或者销售失效、变质的商品的;

(六)销售的商品数量不足的;

(七)服务的内容和费用违反约定的;

(八)对消费者提出的修理、重作、更换、退货、补足商品数量、退还货款和服务费用或者赔偿损失的要求,故意拖延或者无理拒绝的;

(九)法律、法规规定的其他损害消费者权益的情形。

经营者对消费者未尽到安全保障义务,造成消费者损害的,应当承担侵权责任。

第四十九条 经营者提供商品或者服务，造成消费者或者其他受害人人身伤害的，应当赔偿医疗费、护理费、交通费等为治疗和康复支出的合理费用，以及因误工减少的收入。造成残疾的，还应当赔偿残疾生活辅助具费和残疾赔偿金。造成死亡的，还应当赔偿丧葬费和死亡赔偿金。

第五十条 经营者侵害消费者的人格尊严、侵犯消费者人身自由或者侵害消费者个人信息依法得到保护的权利的，应当停止侵害、恢复名誉、消除影响、赔礼道歉，并赔偿损失。

第五十一条 经营者有侮辱诽谤、搜查身体、侵犯人身自由等侵害消费者或者其他受害人人身权益的行为，造成严重精神损害的，受害人可以要求精神损害赔偿。

第五十二条 经营者提供商品或者服务，造成消费者财产损害的，应当依照法律规定或者当事人约定承担修理、重作、更换、退货、补足商品数量、退还货款和服务费用或者赔偿损失等民事责任。

第五十三条 经营者以预收款方式提供商品或者服务的，应当按照约定提供。未按照约定提供的，应当按照消费者的要求履行约定或者退回预付款；并应当承担预付款的利息、消费者必须支付的合理费用。

第五十四条 依法经有关行政部门认定为不合格的商品，消费者要求退货的，经营者应当负责退货。

第五十五条 经营者提供商品或者服务有欺诈行为的，应当按照消费者的要求增加赔偿其受到的损失，增加赔偿的金额为消费者购买商品的价款或者接受服务的费用的三倍；增加赔偿的金额不足五百元的，为五百元。法律另有规定的，依照其规定。

经营者明知商品或者服务存在缺陷，仍然向消费者提供，造成消费者或者其他受害人死亡或者健康严重损害的，受害人有权要求经营者依照本法第四十九条、第五十一条等法律规定赔偿损失，并有权要求所受损失二倍以下的惩罚性赔偿。

第五十六条 经营者有下列情形之一，除承担相应的民事责任外，其他有关法律、法规对处罚机关和处罚方式有规定的，依照法律、法规的规定执行;法律、法规未作规定的,由工商行政管理部门或者其他有关行政部门责令改正,可以根据情节单处或者并处警告、没收违法所得、处以违法所得一倍以上十倍以下的罚款,没有违法所得的,处以五十万元以下的罚款;情节严重的,责令停业整顿、吊销营业执照:

(一)提供的商品或者服务不符合保障人身、财产安全要求的;

(二)在商品中掺杂、掺假,以假充真,以次充好,或者以不合格商品冒充合格商品的;

(三)生产国家明令淘汰的商品或者销售失效、变质的商品的;

(四)伪造商品的产地,伪造或者冒用他人的厂名、厂址,篡改生产日期,伪造或者冒用认证标志等质量标志的;

(五)销售的商品应当检验、检疫而未检验、检疫或者伪造检验、检疫结果的;

(六)对商品或者服务作虚假或者引人误解的宣传的;

(七)拒绝或者拖延有关行政部门责令对缺陷商品或者服务采取停止销售、警示、召回、无害化处理、销毁、停止生产或者服务等措施的;

(八)对消费者提出的修理、重作、更换、退货、补足商品数量、退还货款和服务费用或者赔偿损失的要求,故意拖延或者无理拒绝的;

(九)侵害消费者人格尊严、侵犯消费者人身自由或者侵害消费者个人信息依法得到保护的权利的;

(十)法律、法规规定的对损害消费者权益应当予以处罚的其他情形。

经营者有前款规定情形的,除依照法律、法规规定予以处罚外,处罚机关应当记入信用档案,向社会公布。

第五十七条　经营者违反本法规定提供商品或者服务,侵害消费者合法权益,构成犯罪的,依法追究刑事责任。

第五十八条　经营者违反本法规定,应当承担民事赔偿责任和缴纳罚款、罚金,其财产不足以同时支付的,先承担民事赔偿责任。

第五十九条　经营者对行政处罚决定不服的,可以依法申请行政复议或者提起行政诉讼。

第六十条 以暴力、威胁等方法阻碍有关行政部门工作人员依法执行职务的，依法追究刑事责任；拒绝、阻碍有关行政部门工作人员依法执行职务，未使用暴力、威胁方法的，由公安机关依照《中华人民共和国治安管理处罚法》的规定处罚。

第六十一条 国家机关工作人员玩忽职守或者包庇经营者侵害消费者合法权益的行为的，由其所在单位或者上级机关给予行政处分；情节严重，构成犯罪的，依法追究刑事责任。

第八章　附　　则

第六十二条 农民购买、使用直接用于农业生产的生产资料，参照本法执行。

第六十三条 本法自1994年1月1日起施行。

全国人民代表大会常务委员会
关于加强网络信息保护的决定

（2012年12月28日第十一届全国人民代表大会常务委员会第三十次会议通过）

为了保护网络信息安全，保障公民、法人和其他组织的合法权益，维护国家安全和社会公共利益，特作如下决定：

一、国家保护能够识别公民个人身份和涉及公民个人隐私的电子信息。

任何组织和个人不得窃取或者以其他非法方式获取公民个人电子信息，不得出售或者非法向他人提供公民个人电子信息。

二、网络服务提供者和其他企业事业单位在业务活动中收集、使用公民个人电子信息，应当遵循合法、正当、必要的原则，明示收集、使用信息的目的、方式和范围，并经被收集者同意，不得违反法律、法规的规定和双方的约定收集、使用信息。

网络服务提供者和其他企业事业单位收集、使用公民个人电子信息，应当公开其收集、使用规则。

三、网络服务提供者和其他企业事业单位及其工作人员对在业务活动中收集的公民个人电子信息必须严格保密，不得泄露、篡改、毁损，不得出售或者非法向他人提供。

四、网络服务提供者和其他企业事业单位应当采取技术措施和其他必要措施，确保信息安全，防止在业务活动中收集的公民个人电子信息泄露、毁损、丢失。在发生或者可能发生信息泄露、毁损、丢失的情况时，应当立即采取补救措施。

五、网络服务提供者应当加强对其用户发布的信息的管理，发现法律、法规禁止发布或者传输的信息的，应当立即停止传输该信息，采取消除等处置措施，保存有关记录，并向有关主管部门报告。

六、网络服务提供者为用户办理网站接入服务，办理固定电话、移动电话等入网手续，或者为用户提供信息发布服务，应当在与用户签订协议或者确认提供服务时，要求用户提供真实身份信息。

七、任何组织和个人未经电子信息接收者同意或者请求，或者电子信息接收者明确表示拒绝的，不得向其固定电话、移动电话或者个人电子邮箱发送商业性电子信息。

八、公民发现泄露个人身份、散布个人隐私等侵害其合法权益的网络信息，或者受到商业性电子信息侵扰的，有权要求网络服务提供者删除有关信息或者采取其他必要措施予以制止。

九、任何组织和个人对窃取或者以其他非法方式获取、出售或者非法向他人提供公民个人电子信息的违法犯罪行为以及其他网络信息违法犯罪行为，有权向有关主管部门举报、控告；接到举报、控告的部门应当依法及时处理。被侵权人可以依法提起诉讼。

十、有关主管部门应当在各自职权范围内依法履行职责，采取技术措施和其他必要措施,防范、制止和查处窃取或者以其他非法方式获取、出售或者非法向他人提供公民个人电子信息的违法犯罪行为以及其他网络信息违法犯罪行为。有关主管部门依法履行职责时,网络服务提供者应当予以配合,提供技术支持。

国家机关及其工作人员对在履行职责中知悉的公民个人电子信息应当予以保密,不得泄露、篡改、毁损,不得出售或者非法向他人提供。

十一、对有违反本决定行为的,依法给予警告、罚款、没收违法所得、吊销许可证或者取消备案、关闭网站、禁止有关责任人员从事网络服务业务等处罚,记入社会信用档案并予以公布;构成违反治安管理行为的,依法给予治安管理处罚。构成犯罪的,依法追究刑事责任。侵害他人民事权益的,依法承担民事责任。

十二、本决定自公布之日起施行。

最高人民法院、最高人民检察院关于办理侵犯公民个人信息刑事案件适用法律若干问题的解释

(2017 年 3 月 20 日最高人民法院审判委员会第 1712 次会议、2017 年 4 月 26 日最高人民检察院第十二届检察委员会第 63 次会议通过　2017 年 5 月 8 日公布　法释〔2017〕10 号　自 2017 年 6 月 1 日起施行)

为依法惩治侵犯公民个人信息犯罪活动,保护公民个人信息安全和合法权益,根据《中华人民共和国刑法》《中华人民共和国刑事诉讼法》的有关规定,现就办理此类刑事案件适用法律的若干问题解释如下:

第一条　刑法第二百五十三条之一规定的“公民个人信息”,是指以电子或者其他方式记录的能够单独或者与其他信息结合识别特定自然人

身份或者反映特定自然人活动情况的各种信息,包括姓名、身份证件号码、通信通讯联系方式、住址、账号密码、财产状况、行踪轨迹等。

第二条　违反法律、行政法规、部门规章有关公民个人信息保护的规定的,应当认定为刑法第二百五十三条之一规定的“违反国家有关规定”。

第三条　向特定人提供公民个人信息,以及通过信息网络或者其他途径发布公民个人信息的,应当认定为刑法第二百五十三条之一规定的“提供公民个人信息”。

未经被收集者同意,将合法收集的公民个人信息向他人提供的,属于刑法第二百五十三条之一规定的“提供公民个人信息”,但是经过处理无法识别特定个人且不能复原的除外。

第四条　违反国家有关规定,通过购买、收受、交换等方式获取公民个人信息,或者在履行职责、提供服务过程中收集公民个人信息的,属于刑法第二百五十三条之一第三款规定的“以其他方法非法获取公民个人信息”。

第五条　非法获取、出售或者提供公民个人信息,具有下列情形之一的,应当认定为刑法第二百五十三条之一规定的“情节严重”:

(一)出售或者提供行踪轨迹信息,被他人用于犯罪的;

(二)知道或者应当知道他人利用公民个人信息实施犯罪,向其出售或者提供的;

(三)非法获取、出售或者提供行踪轨迹信息、通信内容、征信信息、财产信息五十条以上的;

(四)非法获取、出售或者提供住宿信息、通信记录、健康生理信息、交易信息等其他可能影响人身、财产安全的公民个人信息五百条以上的;

(五)非法获取、出售或者提供第三项、第四项规定以外的公民个人信息五千条以上的;

(六)数量未达到第三项至第五项规定标准,但是按相应比例合计达到有关数量标准的;

(七)违法所得五千元以上的;

（八）将在履行职责或者提供服务过程中获得的公民个人信息出售或者提供给他人，数量或者数额达到第三项至第七项规定标准一半以上的；

（九）曾因侵犯公民个人信息受过刑事处罚或者二年内受过行政处罚，又非法获取、出售或者提供公民个人信息的；

（十）其他情节严重的情形。

实施前款规定的行为，具有下列情形之一的，应当认定为刑法第二百五十三条之一第一款规定的“情节特别严重”：

（一）造成被害人死亡、重伤、精神失常或者被绑架等严重后果的；

（二）造成重大经济损失或者恶劣社会影响的；

（三）数量或者数额达到前款第三项至第八项规定标准十倍以上的；

（四）其他情节特别严重的情形。

第六条　为合法经营活动而非法购买、收受本解释第五条第一款第三项、第四项规定以外的公民个人信息，具有下列情形之一的，应当认定为刑法第二百五十三条之一规定的“情节严重”：

（一）利用非法购买、收受的公民个人信息获利五万元以上的；

（二）曾因侵犯公民个人信息受过刑事处罚或者二年内受过行政处罚，又非法购买、收受公民个人信息的；

（三）其他情节严重的情形。

实施前款规定的行为，将购买、收受的公民个人信息非法出售或者提供的，定罪量刑标准适用本解释第五条的规定。

第七条　单位犯刑法第二百五十三条之一规定之罪的，依照本解释规定的相应自然人犯罪的定罪量刑标准，对直接负责的主管人员和其他直接责任人员定罪处罚，并对单位判处罚金。

第八条　设立用于实施非法获取、出售或者提供公民个人信息违法犯罪活动的网站、通讯群组，情节严重的，应当依照刑法第二百八十七条之一的规定，以非法利用信息网络罪定罪处罚；同时构成侵犯公民个人信息罪的，依照侵犯公民个人信息罪定罪处罚。

第九条　网络服务提供者拒不履行法律、行政法规规定的信息网络安全管理义务，经监管部门责令采取改正措施而拒不改正，致使用户的公民个人信息泄露，造成严重后果的，应当依照刑法第二百八十六条之一的规定，以拒不履行信息网络安全管理义务罪定罪处罚。

第十条　实施侵犯公民个人信息犯罪，不属于"情节特别严重"，行为人系初犯，全部退赃，并确有悔罪表现的，可以认定为情节轻微，不起诉或者免予刑事处罚；确有必要判处刑罚的，应当从宽处罚。

第十一条　非法获取公民个人信息后又出售或者提供的，公民个人信息的条数不重复计算。

向不同单位或者个人分别出售、提供同一公民个人信息的，公民个人信息的条数累计计算。

对批量公民个人信息的条数，根据查获的数量直接认定，但是有证据证明信息不真实或者重复的除外。

第十二条　对于侵犯公民个人信息犯罪，应当综合考虑犯罪的危害程度、犯罪的违法所得数额以及被告人的前科情况、认罪悔罪态度等，依法判处罚金。罚金数额一般在违法所得的一倍以上五倍以下。

第十三条　本解释自2017年6月1日起施行。

常见类型移动互联网应用程序必要个人信息范围规定

（2021年3月12日国家互联网信息办公室秘书局、工业和信息化部办公厅、公安部办公厅、国家市场监督管理总局办公厅发布　国信办秘字〔2021〕14号　自2021年5月1日起施行）

第一条　为了规范移动互联网应用程序（App）收集个人信息行为，保障公民个人信息安全，根据《中华人民共和国网络安全法》，制定本规定。

第二条　移动智能终端上运行的App存在收集用户个人信息行为

的，应当遵守本规定。法律、行政法规、部门规章和规范性文件另有规定的，依照其规定。

App包括移动智能终端预置、下载安装的应用软件，基于应用软件开放平台接口开发的、用户无需安装即可使用的小程序。

第三条 本规定所称必要个人信息，是指保障App基本功能服务正常运行所必需的个人信息，缺少该信息App即无法实现基本功能服务。具体是指消费侧用户个人信息，不包括服务供给侧用户个人信息。

第四条 App不得因为用户不同意提供非必要个人信息，而拒绝用户使用其基本功能服务。

第五条 常见类型App的必要个人信息范围：

（一）地图导航类，基本功能服务为“定位和导航”，必要个人信息为：位置信息、出发地、到达地。

（二）网络约车类，基本功能服务为“网络预约出租汽车服务、巡游出租汽车电召服务”，必要个人信息包括：

1. 注册用户移动电话号码；

2. 乘车人出发地、到达地、位置信息、行踪轨迹；

3. 支付时间、支付金额、支付渠道等支付信息（网络预约出租汽车服务）。

（三）即时通信类，基本功能服务为“提供文字、图片、语音、视频等网络即时通信服务”，必要个人信息包括：

1. 注册用户移动电话号码；

2. 账号信息：账号、即时通信联系人账号列表。

（四）网络社区类，基本功能服务为“博客、论坛、社区等话题讨论、信息分享和关注互动”，必要个人信息为：注册用户移动电话号码。

（五）网络支付类，基本功能服务为“网络支付、提现、转账等功能”，必要个人信息包括：

1. 注册用户移动电话号码；

2. 注册用户姓名、证件类型和号码、证件有效期限、银行卡号码。

（六）网上购物类，基本功能服务为“购买商品”，必要个人信息包括：

1. 注册用户移动电话号码；

2. 收货人姓名（名称）、地址、联系电话；

3. 支付时间、支付金额、支付渠道等支付信息。

（七）餐饮外卖类，基本功能服务为“餐饮购买及外送”，必要个人信息包括：

1. 注册用户移动电话号码；

2. 收货人姓名（名称）、地址、联系电话；

3. 支付时间、支付金额、支付渠道等支付信息。

（八）邮件快件寄递类，基本功能服务为“信件、包裹、印刷品等物品寄递服务”，必要个人信息包括：

1. 寄件人姓名、证件类型和号码等身份信息；

2. 寄件人地址、联系电话；

3. 收件人姓名（名称）、地址、联系电话；

4. 寄递物品的名称、性质、数量。

（九）交通票务类，基本功能服务为“交通相关的票务服务及行程管理（如票务购买、改签、退票、行程管理等）”，必要个人信息包括：

1. 注册用户移动电话号码；

2. 旅客姓名、证件类型和号码、旅客类型。旅客类型通常包括儿童、成人、学生等；

3. 旅客出发地、目的地、出发时间、车次/船次/航班号、席别/舱位等级、座位号（如有）、车牌号及车牌颜色（ETC 服务）；

4. 支付时间、支付金额、支付渠道等支付信息。

（十）婚恋相亲类，基本功能服务为“婚恋相亲”，必要个人信息包括：

1. 注册用户移动电话号码；

2. 婚恋相亲人的性别、年龄、婚姻状况。

（十一）求职招聘类，基本功能服务为“求职招聘信息交换”，必要个人信息包括：

1. 注册用户移动电话号码;

2. 求职者提供的简历。

(十二)网络借贷类,基本功能服务为“通过互联网平台实现的用于消费、日常生产经营周转等的个人申贷服务”,必要个人信息包括:

1. 注册用户移动电话号码;

2. 借款人姓名、证件类型和号码、证件有效期限、银行卡号码。

(十三)房屋租售类,基本功能服务为“个人房源信息发布、房屋出租或买卖”,必要个人信息包括:

1. 注册用户移动电话号码;

2. 房源基本信息:房屋地址、面积/户型、期望售价或租金。

(十四)二手车交易类,基本功能服务为“二手车买卖信息交换”,必要个人信息包括:

1. 注册用户移动电话号码;

2. 购买方姓名、证件类型和号码;

3. 出售方姓名、证件类型和号码、车辆行驶证号、车辆识别号码。

(十五)问诊挂号类,基本功能服务为“在线咨询问诊、预约挂号”,必要个人信息包括:

1. 注册用户移动电话号码;

2. 挂号时需提供患者姓名、证件类型和号码、预约挂号的医院和科室;

3. 问诊时需提供病情描述。

(十六)旅游服务类,基本功能服务为“旅游服务产品信息的发布与订购”,必要个人信息包括:

1. 注册用户移动电话号码;

2. 出行人旅游目的地、旅游时间;

3. 出行人姓名、证件类型和号码、联系方式。

(十七)酒店服务类,基本功能服务为“酒店预订”,必要个人信息包括:

1. 注册用户移动电话号码；

2. 住宿人姓名和联系方式、入住和退房时间、入住酒店名称。

（十八）网络游戏类，基本功能服务为“提供网络游戏产品和服务”，必要个人信息为：注册用户移动电话号码。

（十九）学习教育类，基本功能服务为“在线辅导、网络课堂等”，必要个人信息为：注册用户移动电话号码。

（二十）本地生活类，基本功能服务为“家政维修、家居装修、二手闲置物品交易等日常生活服务”，必要个人信息为：注册用户移动电话号码。

（二十一）女性健康类，基本功能服务为“女性经期管理、备孕育儿、美容美体等健康管理服务”，无须个人信息，即可使用基本功能服务。

（二十二）用车服务类，基本功能服务为“共享单车、共享汽车、租赁汽车等服务”，必要个人信息包括：

1. 注册用户移动电话号码；

2. 使用共享汽车、租赁汽车服务用户的证件类型和号码，驾驶证件信息；

3. 支付时间、支付金额、支付渠道等支付信息；

4. 使用共享单车、分时租赁汽车服务用户的位置信息。

（二十三）投资理财类，基本功能服务为“股票、期货、基金、债券等相关投资理财服务”，必要个人信息包括：

1. 注册用户移动电话号码；

2. 投资理财用户姓名、证件类型和号码、证件有效期限、证件影印件；

3. 投资理财用户资金账户、银行卡号码或支付账号。

（二十四）手机银行类，基本功能服务为“通过手机等移动智能终端设备进行银行账户管理、信息查询、转账汇款等服务”，必要个人信息包括：

1. 注册用户移动电话号码；

2. 用户姓名、证件类型和号码、证件有效期限、证件影印件、银行卡号码、银行预留移动电话号码；

3. 转账时需提供收款人姓名、银行卡号码、开户银行信息。

（二十五）邮箱云盘类，基本功能服务为“邮箱、云盘等”，必要个人信息为：注册用户移动电话号码。

（二十六）远程会议类，基本功能服务为“通过网络提供音频或视频会议”，必要个人信息为：注册用户移动电话号码。

（二十七）网络直播类，基本功能服务为“向公众持续提供实时视频、音频、图文等形式信息浏览服务”，无须个人信息，即可使用基本功能服务。

（二十八）在线影音类，基本功能服务为“影视、音乐搜索和播放”，无须个人信息，即可使用基本功能服务。

（二十九）短视频类，基本功能服务为“不超过一定时长的视频搜索、播放”，无须个人信息，即可使用基本功能服务。

（三十）新闻资讯类，基本功能服务为“新闻资讯的浏览、搜索”，无须个人信息，即可使用基本功能服务。

（三十一）运动健身类，基本功能服务为“运动健身训练”，无须个人信息，即可使用基本功能服务。

（三十二）浏览器类，基本功能服务为“浏览互联网信息资源”，无须个人信息，即可使用基本功能服务。

（三十三）输入法类，基本功能服务为“文字、符号等输入”，无须个人信息，即可使用基本功能服务。

（三十四）安全管理类，基本功能服务为“查杀病毒、清理恶意插件、修复漏洞等”，无须个人信息，即可使用基本功能服务。

（三十五）电子图书类，基本功能服务为“电子图书搜索、阅读”，无须个人信息，即可使用基本功能服务。

（三十六）拍摄美化类，基本功能服务为“拍摄、美颜、滤镜等”，无须个人信息，即可使用基本功能服务。

（三十七）应用商店类，基本功能服务为“App 搜索、下载”，无须个人信息，即可使用基本功能服务。

（三十八）实用工具类，基本功能服务为“日历、天气、词典翻译、计算器、遥控器、手电筒、指南针、时钟闹钟、文件传输、文件管理、壁纸铃声、截图录屏、录音、文档处理、智能家居助手、星座性格测试等”，无须个人信息，即可使用基本功能服务。

（三十九）演出票务类，基本功能服务为“演出购票”，必要个人信息包括：

1. 注册用户移动电话号码；

2. 观演场次、座位号（如有）；

3. 支付时间、支付金额、支付渠道等支付信息。

第六条　任何组织和个人发现违反本规定行为的，可以向相关部门举报。

相关部门收到举报后，应当依法予以处理。

第七条　本规定自 2021 年 5 月 1 日起施行。

儿童个人信息网络保护规定

（2019 年 8 月 22 日国家互联网信息办公室令第 4 号公布
自 2019 年 10 月 1 日起施行）

第一条　为了保护儿童个人信息安全，促进儿童健康成长，根据《中华人民共和国网络安全法》《中华人民共和国未成年人保护法》等法律法规，制定本规定。

第二条　本规定所称儿童，是指不满十四周岁的未成年人。

第三条　在中华人民共和国境内通过网络从事收集、存储、使用、转移、披露儿童个人信息等活动，适用本规定。

第四条　任何组织和个人不得制作、发布、传播侵害儿童个人信息安全的信息。

第五条 儿童监护人应当正确履行监护职责，教育引导儿童增强个人信息保护意识和能力，保护儿童个人信息安全。

第六条 鼓励互联网行业组织指导推动网络运营者制定儿童个人信息保护的行业规范、行为准则等，加强行业自律，履行社会责任。

第七条 网络运营者收集、存储、使用、转移、披露儿童个人信息的，应当遵循正当必要、知情同意、目的明确、安全保障、依法利用的原则。

第八条 网络运营者应当设置专门的儿童个人信息保护规则和用户协议，并指定专人负责儿童个人信息保护。

第九条 网络运营者收集、使用、转移、披露儿童个人信息的，应当以显著、清晰的方式告知儿童监护人，并应当征得儿童监护人的同意。

第十条 网络运营者征得同意时，应当同时提供拒绝选项，并明确告知以下事项：

（一）收集、存储、使用、转移、披露儿童个人信息的目的、方式和范围；

（二）儿童个人信息存储的地点、期限和到期后的处理方式；

（三）儿童个人信息的安全保障措施；

（四）拒绝的后果；

（五）投诉、举报的渠道和方式；

（六）更正、删除儿童个人信息的途径和方法；

（七）其他应当告知的事项。

前款规定的告知事项发生实质性变化的，应当再次征得儿童监护人的同意。

第十一条 网络运营者不得收集与其提供的服务无关的儿童个人信息，不得违反法律、行政法规的规定和双方的约定收集儿童个人信息。

第十二条 网络运营者存储儿童个人信息，不得超过实现其收集、使用目的所必需的期限。

第十三条 网络运营者应当采取加密等措施存储儿童个人信息，确保信息安全。

第十四条 网络运营者使用儿童个人信息，不得违反法律、行政法规的规定和双方约定的目的、范围。因业务需要，确需超出约定的目的、范围使用的，应当再次征得儿童监护人的同意。

第十五条　网络运营者对其工作人员应当以最小授权为原则，严格设定信息访问权限，控制儿童个人信息知悉范围。工作人员访问儿童个人信息的，应当经过儿童个人信息保护负责人或者其授权的管理人员审批，记录访问情况，并采取技术措施，避免违法复制、下载儿童个人信息。

第十六条　网络运营者委托第三方处理儿童个人信息的，应当对受委托方及委托行为等进行安全评估，签署委托协议，明确双方责任、处理事项、处理期限、处理性质和目的等，委托行为不得超出授权范围。

前款规定的受委托方，应当履行以下义务：

（一）按照法律、行政法规的规定和网络运营者的要求处理儿童个人信息；

（二）协助网络运营者回应儿童监护人提出的申请；

（三）采取措施保障信息安全，并在发生儿童个人信息泄露安全事件时，及时向网络运营者反馈；

（四）委托关系解除时及时删除儿童个人信息；

（五）不得转委托；

（六）其他依法应当履行的儿童个人信息保护义务。

第十七条　网络运营者向第三方转移儿童个人信息的，应当自行或者委托第三方机构进行安全评估。

第十八条　网络运营者不得披露儿童个人信息，但法律、行政法规规定应当披露或者根据与儿童监护人的约定可以披露的除外。

第十九条　儿童或者其监护人发现网络运营者收集、存储、使用、披露的儿童个人信息有错误的，有权要求网络运营者予以更正。网络运营者应当及时采取措施予以更正。

第二十条　儿童或者其监护人要求网络运营者删除其收集、存储、使用、披露的儿童个人信息的，网络运营者应当及时采取措施予以删除，包括但不限于以下情形：

（一）网络运营者违反法律、行政法规的规定或者双方的约定收集、存储、使用、转移、披露儿童个人信息的；

（二）超出目的范围或者必要期限收集、存储、使用、转移、披露儿童个人信息的；

（三）儿童监护人撤回同意的；

（四）儿童或者其监护人通过注销等方式终止使用产品或者服务的。

第二十一条 网络运营者发现儿童个人信息发生或者可能发生泄露、毁损、丢失的，应当立即启动应急预案，采取补救措施；造成或者可能造成严重后果的，应当立即向有关主管部门报告，并将事件相关情况以邮件、信函、电话、推送通知等方式告知受影响的儿童及其监护人，难以逐一告知的，应当采取合理、有效的方式发布相关警示信息。

第二十二条 网络运营者应当对网信部门和其他有关部门依法开展的监督检查予以配合。

第二十三条 网络运营者停止运营产品或者服务的，应当立即停止收集儿童个人信息的活动，删除其持有的儿童个人信息，并将停止运营的通知及时告知儿童监护人。

第二十四条 任何组织和个人发现有违反本规定行为的，可以向网信部门和其他有关部门举报。

网信部门和其他有关部门收到相关举报的，应当依据职责及时进行处理。

第二十五条 网络运营者落实儿童个人信息安全管理责任不到位，存在较大安全风险或者发生安全事件的，由网信部门依据职责进行约谈，网络运营者应当及时采取措施进行整改，消除隐患。

第二十六条 违反本规定的，由网信部门和其他有关部门依据职责，根据《中华人民共和国网络安全法》《互联网信息服务管理办法》等相关法律法规规定处理；构成犯罪的，依法追究刑事责任。

第二十七条 违反本规定被追究法律责任的，依照有关法律、行政法规的规定记入信用档案，并予以公示。

第二十八条　通过计算机信息系统自动留存处理信息且无法识别所留存处理的信息属于儿童个人信息的，依照其他有关规定执行。

第二十九条　本规定自2019年10月1日起施行。

电信和互联网用户个人信息保护规定

（2013年7月16日工业和信息化部令第24号公布
自2013年9月1日起施行）

第一章　总　　则

第一条　为了保护电信和互联网用户的合法权益，维护网络信息安全，根据《全国人民代表大会常务委员会关于加强网络信息保护的决定》、《中华人民共和国电信条例》和《互联网信息服务管理办法》等法律、行政法规，制定本规定。

第二条　在中华人民共和国境内提供电信服务和互联网信息服务过程中收集、使用用户个人信息的活动，适用本规定。

第三条　工业和信息化部和各省、自治区、直辖市通信管理局（以下统称电信管理机构）依法对电信和互联网用户个人信息保护工作实施监督管理。

第四条　本规定所称用户个人信息，是指电信业务经营者和互联网信息服务提供者在提供服务的过程中收集的用户姓名、出生日期、身份证件号码、住址、电话号码、账号和密码等能够单独或者与其他信息结合识别用户的信息以及用户使用服务的时间、地点等信息。

第五条　电信业务经营者、互联网信息服务提供者在提供服务的过程中收集、使用用户个人信息，应当遵循合法、正当、必要的原则。

第六条　电信业务经营者、互联网信息服务提供者对其在提供服务过程中收集、使用的用户个人信息的安全负责。

第七条 国家鼓励电信和互联网行业开展用户个人信息保护自律工作。

第二章 信息收集和使用规范

第八条 电信业务经营者、互联网信息服务提供者应当制定用户个人信息收集、使用规则,并在其经营或者服务场所、网站等予以公布。

第九条 未经用户同意,电信业务经营者、互联网信息服务提供者不得收集、使用用户个人信息。

电信业务经营者、互联网信息服务提供者收集、使用用户个人信息的,应当明确告知用户收集、使用信息的目的、方式和范围,查询、更正信息的渠道以及拒绝提供信息的后果等事项。

电信业务经营者、互联网信息服务提供者不得收集其提供服务所必需以外的用户个人信息或者将信息用于提供服务之外的目的,不得以欺骗、误导或者强迫等方式或者违反法律、行政法规以及双方的约定收集、使用信息。

电信业务经营者、互联网信息服务提供者在用户终止使用电信服务或者互联网信息服务后,应当停止对用户个人信息的收集和使用,并为用户提供注销号码或者账号的服务。

法律、行政法规对本条第一款至第四款规定的情形另有规定的,从其规定。

第十条 电信业务经营者、互联网信息服务提供者及其工作人员对在提供服务过程中收集、使用的用户个人信息应当严格保密,不得泄露、篡改或者毁损,不得出售或者非法向他人提供。

第十一条 电信业务经营者、互联网信息服务提供者委托他人代理市场销售和技术服务等直接面向用户的服务性工作,涉及收集、使用用户个人信息的,应当对代理人的用户个人信息保护工作进行监督和管理,不得委托不符合本规定有关用户个人信息保护要求的代理人代办相关服务。

第十二条　电信业务经营者、互联网信息服务提供者应当建立用户投诉处理机制,公布有效的联系方式,接受与用户个人信息保护有关的投诉,并自接到投诉之日起十五日内答复投诉人。

第三章　安全保障措施

第十三条　电信业务经营者、互联网信息服务提供者应当采取以下措施防止用户个人信息泄露、毁损、篡改或者丢失:

(一)确定各部门、岗位和分支机构的用户个人信息安全管理责任;

(二)建立用户个人信息收集、使用及其相关活动的工作流程和安全管理制度;

(三)对工作人员及代理人实行权限管理,对批量导出、复制、销毁信息实行审查,并采取防泄密措施;

(四)妥善保管记录用户个人信息的纸介质、光介质、电磁介质等载体,并采取相应的安全储存措施;

(五)对储存用户个人信息的信息系统实行接入审查,并采取防入侵、防病毒等措施;

(六)记录对用户个人信息进行操作的人员、时间、地点、事项等信息;

(七)按照电信管理机构的规定开展通信网络安全防护工作;

(八)电信管理机构规定的其他必要措施。

第十四条　电信业务经营者、互联网信息服务提供者保管的用户个人信息发生或者可能发生泄露、毁损、丢失的,应当立即采取补救措施;造成或者可能造成严重后果的,应当立即向准予其许可或者备案的电信管理机构报告,配合相关部门进行的调查处理。

电信管理机构应当对报告或者发现的可能违反本规定的行为的影响进行评估;影响特别重大的,相关省、自治区、直辖市通信管理局应当向工业和信息化部报告。电信管理机构在依据本规定作出处理决定前,可以要求电信业务经营者和互联网信息服务提供者暂停有关行为,电信业务经营者和互联网信息服务提供者应当执行。

第十五条 电信业务经营者、互联网信息服务提供者应当对其工作人员进行用户个人信息保护相关知识、技能和安全责任培训。

第十六条 电信业务经营者、互联网信息服务提供者应当对用户个人信息保护情况每年至少进行一次自查,记录自查情况,及时消除自查中发现的安全隐患。

第四章 监督检查

第十七条 电信管理机构应当对电信业务经营者、互联网信息服务提供者保护用户个人信息的情况实施监督检查。

电信管理机构实施监督检查时,可以要求电信业务经营者、互联网信息服务提供者提供相关材料,进入其生产经营场所调查情况,电信业务经营者、互联网信息服务提供者应当予以配合。

电信管理机构实施监督检查,应当记录监督检查的情况,不得妨碍电信业务经营者、互联网信息服务提供者正常的经营或者服务活动,不得收取任何费用。

第十八条 电信管理机构及其工作人员对在履行职责中知悉的用户个人信息应当予以保密,不得泄露、篡改或者毁损,不得出售或者非法向他人提供。

第十九条 电信管理机构实施电信业务经营许可及经营许可证年检时,应当对用户个人信息保护情况进行审查。

第二十条 电信管理机构应当将电信业务经营者、互联网信息服务提供者违反本规定的行为记入其社会信用档案并予以公布。

第二十一条 鼓励电信和互联网行业协会依法制定有关用户个人信息保护的自律性管理制度,引导会员加强自律管理,提高用户个人信息保护水平。

第五章 法律责任

第二十二条 电信业务经营者、互联网信息服务提供者违反本规定

第八条、第十二条规定的,由电信管理机构依据职权责令限期改正,予以警告,可以并处一万元以下的罚款。

第二十三条　电信业务经营者、互联网信息服务提供者违反本规定第九条至第十一条、第十三条至第十六条、第十七条第二款规定的,由电信管理机构依据职权责令限期改正,予以警告,可以并处一万元以上三万元以下的罚款,向社会公告;构成犯罪的,依法追究刑事责任。

第二十四条　电信管理机构工作人员在对用户个人信息保护工作实施监督管理的过程中玩忽职守、滥用职权、徇私舞弊的,依法给予处理;构成犯罪的,依法追究刑事责任。

第六章　附　　则

第二十五条　本规定自2013年9月1日起施行。

后　记

在立法机构、专家学者、社会各界的持续关注和共同努力下,《个人信息保护法》历经十余年磨砺,终于在 2021 年 8 月 20 日第十三届全国人民代表大会常务委员会第三十次会议审议通过,并将于 2021 年 11 月 1 日起施行。《个人信息保护法》既是凝聚了个人信息保护的中国智慧和世界经验的集大成之作,更意味着我国个人信息保护制度体系建设进入新时期。为积极宣传、推进、保障《个人信息保护法》实施,确保《个人信息保护法》得到全面有效执行,法律出版社组织专家学者编写了本书。全书由孙莹统稿并审定,各章的编写分工如下:

第一章、第四章　常宇豪(西南政法大学经济法博士)

第二章、第三章　赵精武(北京航空航天大学法学院助理教授)

第五章　曾天灵(西南政法大学创新型国家建设法治研究院助理研究员)

第六章　葛　鑫(中国信息通信研究院安全研究所研究员)

适用提要、第七章、第八章　孙　莹(西南政法大学民商法学院副教授)

本书在编写过程中力求做到如下几个方面:一是严谨性。本书在编写过程中,遣词用句务求科学严谨,以期准确揭示《个人信息保护法》之意旨。二是全面性。本书紧密结合《个人信息保护法》全篇 74 条,内容既涵盖了对立法意旨和条文内涵的深入剖析,还适当加入立法过程梳理、学界前沿观点和域外立法情况。三是实用性。本书以方便司法、执法机关和实务工作者理解、适用《个人信息保护法》为编写宗旨之一,不仅详细阐释每条的适用要点,还特别设置了关联法规和案例指引,为准确适用相关条文提供参照。

本书付梓之际,特别感谢法律出版社对本书的大力支持,感谢编辑翁潇潇认真严谨、不辞辛劳的工作,感谢关心本书的领导、师友、同仁。本书倾注了编写组成员大量心血,但囿于水平和时限,本书仍存一些不足之处,恳请读者不吝赐教。

本书编写组

2021 年 9 月 27 日